Mohamed Nedali

Grâce à Jean de La Fontaine !

roman

Editions
Le Fennec

Du Même Auteur

Morceaux de choix, Les amours d'un apprenti boucher,
280 pages, Editions Le Fennec, Casablanca, 2003.

89 B. Bd. d'Anfa, 20 000 Casablanca (Maroc)
ISBN 9954-415-32-7

Couverture
Khadija Kabbaj

A Hanane, ma femme.

Il n'est pas de destin qui ne se surmonte par le mépris.

A. Camus

Avertissement

Les personnages et les lieux de ce roman sont le fruit de l'imagination de l'auteur. Toute ressemblance ne pourrait, par conséquent, être que le fait d'un pur hasard.

1

Le PV d'entrée

J'arrivai à Tinghir le seize septembre mil neuf cent quatre-vingt-cinq, vers le milieu de l'après-midi. Pour tout bagage, j'avais un petit sac de voyage, mes vingt-trois hivers, quelques notions de grammaire française, autant d'incertitudes et le ferme espoir de tirer les miens d'une gêne matérielle de plus en plus insoutenable.

L'autocar, un vieux Daf déglingué et asthmatique, toucha enfin au terme de son voyage, après une panne de radiateur, deux crevaisons et cinq *barrages-racket* de gendarmes.

Le voyage lui-même fut une épreuve longue et exténuante pour les passagers, un véritable calvaire pour quelques-uns : fièvres, vertiges, migraines, vomissements, malaises en tous genres.

Ma part de misères se limitait heureusement à un léger mal de tête et quelques troubles intestinaux, pas trop invalidants.

En quittant mon siège au cuir usé, je me rendis compte que mes oreilles vrillaient douloureusement ; de l'air y sifflait à me crever les tympans toutes les trois ou quatre secondes. Le bruit se transformait par la suite en un désagréable vrombissement, qui se répercutait dans toute ma tête.

Les passagers, la face pâle, l'œil hagard, s'éloignaient les uns après les autres du tacot surchauffé et nauséabond. Ils s'affaissaient sur le trottoir ou s'adossaient à un mur, le temps de reprendre quelque peu leurs esprits.

Mais Tinghir n'était point accueillante ce jour-là. Un sirocco impétueux soufflait du sud-est, charriant du feu et des vagues de poussière. De violents tourbillons traversaient la place du village, soulevant sur leur passage des sacs en plastique éventrés, des papiers d'emballage, des lambeaux de tissu usés, des chiffons effilochés... Ces ordures prenaient de l'envol dans un tournoiement de tous les diables pour aller se disperser au loin. Les objets les moins légers retombaient les premiers sur les terrasses des maisons, tandis que les plastiques et les papiers poursuivaient leur folle ascension vers le ciel.

Le soleil venait d'entamer sa descente sur l'horizon, mais il tapait encore fort, à vous liquéfier le cerveau.

Je me débarrassai de mon sac de voyage dans un petit local sombre de la CTM[1], lequel servait à la fois de guichet et de consigne à la compagnie. L'employé, un jeune homme d'un abord facile, m'indiqua le chemin du collège. Je devais m'y rendre le plus vite possible. On m'avait souvent mis en garde

1. Compagnie des Transports Marocains.

contre tout retard le jour de la signature du PV d'entrée ; les chefs d'établissements n'hésitaient souvent pas à renvoyer les retardataires s'expliquer devant le Délégué du Ministre de l'Éducation Nationale, une perspective qui donnait la chair de poule aux enseignants.

Ma montre *Mortima* affichait seize heures vingt. Les établissements scolaires fermaient en principe à dix-huit heures. Je devais donc faire vite, d'autant plus que j'ignorais à quelle distance de la place du village se trouvait le collège et combien de temps il me faudrait pour y parvenir.

Ayant sans doute deviné à quel point j'étais pressé, le jeune employé de la CTM m'indiqua un raccourci :

– Cela vous fera gagner au moins une vingtaine de minutes ! ajouta-t-il dans un arabe à l'accent fortement berbère.

Je le remerciai et filai au pas de course.

Le sirocco soufflait de plus en plus fort ; les tourbillons redoublaient de violence. J'avais de la poussière partout : dans les cheveux, dans les yeux, dans les oreilles, dans les narines et jusque dans le gosier. Mes vêtements empestaient un mélange âcre fait de mazout brûlé, de poussière et de transpiration accumulée. Mais je poursuivais ma marche athlétique, sans trop me soucier de mon état : le PV d'entrée !

A dix-sept heures précises, je franchis le seuil du collège Zaïd ou H'mad, tout en nage et couvert de poussière. Deux pans de tableau noir, portant chacun un avis soigneusement écrit, étaient dressés face à l'entrée, de manière à accrocher immédiatement le regard. Le premier avis indiquait aux élèves les différentes pièces à fournir pour une inscription en bonne et due forme. Le second leur rappelait que les cours allaient débuter le lendemain même, tout en les mettant en garde contre les absences non justifiées.

Au bout de l'allée, quelques fonctionnaires en manches de chemise devisaient, tirant de temps en temps sur leur cigarette d'un air nonchalant. Un peu plus loin, deux chiens piquaient un somme à l'ombre d'un bigaradier aux feuilles poussiéreuses. Les deux bêtes étaient étendues sur leur flanc, les pattes écartées, les oreilles mollement rabattues, les paupières closes, le museau assailli par un essaim de mouches zélées. Rien en apparence ne les distinguait de leurs congénères qui pourrissent au bord de nos routes, longtemps après avoir été fauchés par quelque chauffard sans scrupules.

Pas l'ombre d'un élève alentour. Un silence de cimetière pesait sur les lieux.

Comme tous ses semblables construits au début des années quatre-vingts, le collège Zaïd ou H'mad était formé d'un seul bâtiment en forme de E, un gigantesque E en béton armé couché sur des terres expropriées. Malgré le rouge Marrakech des façades, l'ensemble avait quelque chose de morose et de rebutant, quelque chose qui rappelait inévitablement l'univers carcéral. Peut-être l'architecte avait-il d'abord fait ses preuves dans la conception des maisons d'arrêt, avant de se voir confier celle des établissements scolaires.

Hormis l'aile centrale, réservée aux bureaux, tout le reste du bâtiment était constitué de salles de cours, qui s'alignaient uniformément le long des couloirs. Les portes et les fenêtres donnaient sur une vaste cour de récréation, où les élèves devaient se déplacer avec précaution, parce que couverte d'une caillasse glissante, celle-là même que l'on trouve en abondance dans les oueds du pays.

Au bout de chaque couloir, de larges escaliers, aux marches revêtues d'un simulacre de mosaïque, conduisaient au premier et unique étage.

Là-haut, l'architecture reproduisait scrupuleusement celle du rez-de-chaussée ; les salles de classe, les couloirs et les bureaux se superposaient et se ressemblaient à s'y méprendre.

Le bureau du directeur se trouvait évidemment à l'étage.

La porte était grand ouverte. Je frappai deux timides coups avec l'index plié. Le directeur, ou celui que je supposais tel, était occupé à se curer l'oreille à l'aide d'un capuchon de stylo Bic. Au bruit des coups sur la porte, il leva la tête et braqua les yeux sur moi, pas du tout content de me voir. Sa personne entière se raidit, prit une attitude froide, hostile, même. Peut-être étais-je arrivé à un mauvais moment. L'homme me dévisagea pendant une vingtaine de secondes, avant de se décider enfin à grommeler un *zid* ! avance, sur ce ton despotique et dédaigneux, dont se servent habituellement nos agents du *Makhzen* quand ils reçoivent un citoyen du petit peuple. J'avançai, dépité, le pas incertain, le moral déjà sérieusement entamé. Les choses commençaient décidément mal pour moi.

Une odeur, spécifique aux bureaux de nos dirigeants vint à ma rencontre, une synthèse de quatre principaux ingrédients : le tabac jaune, le parfum *Masculin*, le pouvoir absolu et la bêtise crasse. Je m'arrêtai à deux pas du bureau et prononçai un *salam* ou *'aleïkoum* de bon aloi. Le directeur continuait de me dévisager sans un mot, sans un signe, rien.

Ma déception fut profonde, autant par la froideur de l'accueil que par l'aspect physique de l'homme. Le directeur était, sans exagération, une parfaite illustration de la laideur dans toute son étendue : des traits épais et vulgaires, un crâne difforme, des yeux frappés d'un strabisme à vous mettre dans l'embarras, la bouche de travers, la moustache à la Hitler, un corps mou et tombant, la cinquantaine tout au moins.

Outre cette odeur de dirigeant tout-puissant, quelque chose d'insolent et d'injurieux se dégageait de sa personne ; il fallait vraiment être aveugle pour ne pas tout de suite le remarquer. Un instant, je me demandais même si ce n'était pas par quelque grossière erreur du destin qu'une créature aussi laide s'était hissée jusqu'à un poste d'une telle importance.

Une erreur du destin ? Mais le cas était loin d'être particulier ! Bon nombre d'établissements et administrations publics de ce pays étaient en effet gérés par des créatures beaucoup plus ratées que celle que j'avais en face de moi. Non, tout laissait à penser que c'était plutôt une politique délibérée de la part de nos décideurs. A travers ces choix pervers, ceux-ci visaient sans doute à dégoûter le citoyen du service public. Sinon, comment expliquer que la plupart des postes-clé soient octroyés à une bande de mal fichus et d'estropiés de tous poils : des infirmes, des alcooliques, des pédophiles, des obsédés sexuels, des handicapés du cœur, des boulimiques, des prédateurs... ?

L'homme continuait de me dévisager, l'air toujours aussi malveillant. Embarrassé, je détournai le regard. Mes yeux se posèrent sur une bibliothèque en bois rouge vernissé, placée derrière le bureau. Les rayons bien garnis de livres divers, dont certains richement reliés : recueils de hadiths, dictionnaires, encyclopédies, annuaires, mini-glossaires, anthologies, manuels d'histoire et de géographie en plusieurs volumes... Tous les directeurs, y compris la proportion illettrée d'entre eux, tiennent à avoir un ameublement pareil dans leur bureau. Cela leur confère une importance de tous les diables, une apparence d'hommes de savoir et de culture qu'ils ne sont point en vérité.

Près de la bibliothèque, se tenait un grand meuble métallique gris, composé de sept ou huit séries de casiers superposés, portant chacun une étiquette marquée en caractères gras. Toute la paperasse de l'établissement devrait en principe sommeiller à l'intérieur. Une panoplie de coupes, médailles et autres trophées étaient soigneusement rangés au-dessus du meuble – témoignages éternels de tant de victoires obtenues par les jeunes sportifs du collège lors des jeux scolaires, récompenses confisquées immédiatement après la photo souvenir pour orner le bureau de monsieur le directeur.

Un craquement de papier attira mon attention vers le fond de la pièce. Je remarquai la présence d'un autre individu, un homme un peu plus jeune, occupant un bureau d'aspect moins important, mais beaucoup plus encombré de paperasse. Un crayon HB2 entre les doigts, il parcourait des yeux une feuille imprimée. Mon arrivée dans le bureau ne le détourna point de sa tâche.

– Ce n'est pas une curiosité du pays, l'autre ! grogna le directeur.

Je me retournai, stupéfié par le ton.

– Puis-je savoir les raisons de ce débarquement ? ajouta-t-il en me toisant hargneusement des yeux.

– Je m'appelle Mohamed Né… , balbutiai-je, troublé par tant de malveillance injustifiée et injustifiable. Je viens d'être affecté dans cet établissement comme professeur de…

– Et après ! m'interrompit-il en grimaçant dédaigneusement. La signature du PV, c'était à dix heures ce matin, et non pas à deux minutes de la fermeture de l'établissement !

– Je m'excuse, mais je viens de très loin, de Tahe...

– Ne me racontez pas votre vie ! Je n'en ai rien à cirer !

Je connaissais déjà bien ces petits potentats, à qui l'État avait délibérément fait présent de tant de pouvoir avec, en contrepartie, une consigne à exécuter, une seule : mâter. Pour un oui ou pour un non, ils pouvaient vous causer bien des ennuis, ou mettre carrément un terme à votre carrière. L'expérience m'avait appris que face à ces tyrans, il ne fallait ni se laisser complètement écraser ni entrer en lutte ouverte. La seule façon de se tirer d'affaire sans trop de dégâts consistait à défendre sereinement ses droits tels qu'ils sont prévus par la loi – une réalité dont ces petits despotes ne se souciaient guère, sans pour autant aller jusqu'à la transgresser ouvertement, comme faisaient leurs supérieurs hiérarchiques installés à Rabat.

Je fis donc un énorme effort sur moi-même pour me ressaisir, redevenir maître de mes mots et de mes gestes. Il ne fallait surtout pas que je commette quelque gaffe dont les conséquences porteraient préjudice à ma cause.

– Je ne vous raconte pas ma vie ! répliquai-je en m'efforçant de paraître le plus calme possible. Je vous explique tout simplement les raisons de mon retard, si retard il y a ; car, à ma connaissance, le règlement prévoit un délai de quarante-huit heures pour la signature des PV !

D'un brusque coup de reins, le directeur poussa son fauteuil à bascule vers l'arrière, redressant l'échine comme pour se relever ; une rougeur écarlate envahit sa face et sa nuque, son regard durcit, des veines saillirent sur son front... Il finit par cogner furieusement de la paume sur le bureau :

– En voilà un, le lait maternel encore sur les dents, qui vient me donner des leçons sur le règlement ! tonna-t-il, les yeux hors la tête, les veines du cou gonflées. Ils ne manquent vraiment pas de culot ces enseignants de la dernière averse !

Le secrétaire poussa un petit *oh !* accompagné d'une moue désapprobatrice à mon intention, moins pour me blâmer que pour faire montre d'une certaine solidarité avec son supérieur hiérarchique.

– Je ne vous donne pas de leçon sur le règlement, repris-je avec le plus de flegme possible. Je vous le rappelle, on ne sait jamais !

Le directeur cogna à nouveau de la paume sur le bureau, plus fort, la face crispée par la colère et la haine, les lèvres humides et baveuses :

– *Hak ! hak !* rugit-il, tiens. Qu'est-ce que j'en...

Il n'acheva pas sa riposte. Sa colère tomba d'un seul coup sans que rien ne le laissât prévoir, les traits de son faciès se détendirent, un éclair passa dans ses yeux. De l'index, il fit glisser ses lunettes à monture d'or jusqu'au bout du nez ; en même temps, il tendit le cou vers la porte :

– Otez-vous de mon champ de vision ! m'enjoignit-il d'une voix basse, mais nerveuse.

Comme il se penchait de plus en plus vers la porte avec un vif intérêt, je me retournai, curieux de voir ce qui pourrait l'attirer à ce point.

– Avancez ! je vous en prie, avancez ! fit-il, tout sourire, à l'intention d'une jeune fille bien mise, qui attendait patiemment à l'entrée du bureau.

Je m'écartai un peu pour céder le passage.

– Veuillez m'excuser quelques minutes ! me demanda le directeur, la main droite tendue vers la porte.

Je retroussai les lèvres sur un rictus de carnassier et ne bougeai pas d'un iota. L'homme rougit, puis pâlit, puis rougit de nouveau. Je sentis qu'il avait sur les lèvres des mots grossiers, orduriers, furieux, prêts à sortir, mais il n'osa pas les lâcher devant la jolie fille. Il se contenta de me fixer des yeux bouillant de rage, les traits convulsés, la respiration courte. Je demeurai figé dans ma position, moitié par défi, moitié par malice. Toute la pression du monde ne m'aurait de toute façon pas fait changer d'avis. Sa main resta, pendant encore une dizaine de secondes, tendue vers la sortie, m'exhortant vivement au retrait. Je demeurai impassible, inébranlable comme une bête qui ne cédera pas, même sous les coups. Il finit par renoncer avec, dans l'air, la promesse de me faire payer chèrement mon insolence.

– Nouveau professeur, n'est-ce pas ? fit le directeur en se relevant, la main tendue vers la jeune fille.

Son comportement avait totalement changé. J'en restai abasourdi.

– Malika Tazi ! répondit-elle d'une voix aux inflexions douces. Mademoiselle Malika Tazi, professeur de français !

Elle obliqua légèrement de mon côté, hésita un instant avant de me tendre une main fine, douce et d'une transparence de chlorose. Je la serrai comme il se doit, sous le regard foudroyant du chef de l'établissement.

Le secrétaire avait relevé le nez de ses papiers et s'était figé dans une admiration extatique.

– Enchanté, mademoiselle ! reprit le directeur en l'invitant de la main à s'asseoir sur l'un des sièges entourant son auguste bureau.

Sans intention préalable, je me retournai vers le secrétaire : l'homme coulait à présent des regards troublés sur la jeune fille, ses yeux luisaient, sa moustache frémissait... Un instant, il desserra les lèvres et je vis ses dents blanches comme celles d'un loup affamé.

Malika Tazi était en effet une beauté comme on n'en voit que rarement dans ces régions calcinées et inhospitalières du sud. Elle faisait partie de ces rares jeunes filles sur lesquelles tous les mâles s'arrêtent, sans distinction d'âge ni d'état. D'un type fassi très prononcé, elle avait tout, ou presque, pour être ce qu'on appelle communément *une créature féminine de rêve* : la taille moyenne, le corps divinement proportionné, le teint clair, la poitrine pleine et ferme d'une adolescente bien nourrie, les traits réguliers, avec une sorte de transparence aérienne, de grands yeux dont l'iris noir ressortait nettement sur le blanc, des sourcils épilés, soulignés au crayon bleu et très arqués – touche qui lui donnait un air légèrement étonné...

En outre, la parure raffinée de Malika Tazi concourait intensément à la mise en valeur des faveurs dont Mère-Nature l'avait comblée. La fille était vêtue d'un ensemble de velours bleu flambant neuf. La veste à manches courtes et le débardeur rose pâle exposaient aux regards les blancheurs neigeuses du cou et des bras. Le pantalon, très ajusté, presque collant, épousait étroitement le galbe parfait de sa croupe et les contours irrésistibles de ses cuisses. Des mocassins sans attaches et de même couleur que le vêtement, finissaient par produire un assortiment de parfaite connivence, un heureux effet d'ensemble, qui attestait de beaucoup de raffinement dans le goût.

La seule fausse note chez cette ravissante créature venait peut-être de ses cheveux coupés au carré, qui avaient tendance à friser au vent, malgré l'huile de santal. Mais la perfection de son galbe et la grâce de ses chairs plantureuses à souhait, la classaient d'emblée parmi les quelques rares beautés engagées par la Fonction Publique de ce pays, plutôt réputée par ses laiderons, à tel point que l'on se demande parfois si l'on n'y recrute le deuxième sexe que sur le seul critère de sa laideur.

Malika Tazi ouvrit le fermoir de son petit sac à main. Ses doigts aux ongles peints avec un vernis rouge sang, retirèrent du sac une feuille pliée. Ses gestes étaient lents, mesurés, élégants et si pleins de grâce que l'on éprouvait de la peine à en détourner le regard. Le directeur les suivait, l'air alléché, les yeux louchant à donner le vertige, un sourire de demeuré sur les lèvres. La jolie fille lui présenta le papier après l'avoir déplié. Il s'en saisit vite, comme un chat affamé gobe un souriceau :

– Rouch !

Le secrétaire accourut. Le directeur lui tendit le papier. Le jeune homme se pencha un peu sur son oreille droite et commença à lui en lire le contenu, en prenant soin de bien articuler les mots :

– Malika Tazi... professeur de français... collège Zaïd ou H'mad... localité de Tinghir... délégation Ouarzazate...

– Parfait ! Parfait ! l'interrompit le directeur en lui retirant le papier de la main.

Il se tut un moment, l'air ébloui, la bouche béante ; ses mauvais yeux jouaient avec le corps du jeune professeur, effleurant ses seins, léchant son ventre et glissant le long de ses hanches. Un éclat incandescent brillait dans ses pupilles.

– Malika... ! fit-il en passant la langue sur ses lèvres à la manière des chats, Malika ! C'est pour la première fois, paraît-il, qu'une *malika*[2] est affectée parmi nous ! Oui, pour la première fois !... Sachez

---

2. Reine, en arabe.

donc, *Malika*, que cet établissement est désormais votre émirat ! Un émirat tout entier à votre service ! Et même l'Émir est à votre service ! ajouta-t-il en souriant, très content de sa métaphore.

J'avançai, le pas ferme, et étalai sous ses yeux le document attestant de mon affectation. D'un revers de main, il le repoussa vers le bout de son bureau, comme on repousse un plat infect ou une infusion imbuvable. Presque en même temps, ses mauvais yeux retombèrent sur Malika Tazi, sa tête s'inclina sur le côté, les traits de sa face de crapaud cédèrent à nouveau au ravissement. L'homme s'embrasait, un regard lubrique allumait ses prunelles. Un instant, il desserra les lèvres pour dire quelque chose, mais il n'y arriva pas.

Après un immense effort sur lui-même, il parvint enfin à émettre un bruit imperceptible, une espèce de balbutiement accompagné d'un sourire idiot. *L'Émir* était visiblement ensorcelé, prêt à tout pour obtenir les faveurs de la jolie fille, quitte à dynamiter son émirat, si la fille le lui demandait.

Lorsque, quelques minutes plus tard, son regard croisa le mien, il sursauta, gêné, confus ; sans doute avait-il complètement oublié ma présence dans son bureau. Je le fixai, l'œil goguenard, pour l'enfoncer davantage dans l'embarras. Il s'éclaircit la gorge, essaya de se ressaisir, de se redonner une certaine contenance.

– Je... je voulais..., reprit-il avec une feinte perplexité, oui, je voulais vous demander quelque chose mais... mais j'avais peur que vous considériez ma demande comme une ingérence dans votre vie privée... Je...

– Ne vous gênez pas, monsieur ! intervint Malika Tazi avec l'assurance d'une femme rompue aux boniments de ses prétendants. Allez-y, je vous en prie, parlez !

– Je voulais seulement savoir si vous comptez loger avec quelqu'un de votre famille ou...

– Non, fit-elle en souriant, vous imaginez bien, monsieur, que je ne peux me permettre ce luxe... En tout cas, pas avant que ma situation financière ne soit régularisée. Non, je... je compte... je compte plutôt habiter avec une ou deux collègues célibataires comme moi... avec qui je pourrais partager les frais du loyer et, éventuellement, de tout le reste...

– Justement, reprit le directeur, de plus en plus enflammé, j'ai une proposition qui vous évitera, paraît-il, tout ce tracas. Vous... vous me donnerez votre avis... Voilà : nous avons dans cet établissement un internat mixte... et... et il se trouve que cette année, nous avons un poste de maîtresse d'internat vacant... Je ne sais pas, mais... je serais très content que vous l'acceptiez... Vous êtes, paraît-il, quelqu'un de sérieux et vous avez de la personnalité et du charisme, deux atouts indispensables à tout maître d'internat pour faire régner l'ordre dans son étude, y faire respecter le règlement, surtout par les éléments subversifs... Votre travail se limitera en somme à quelques heures de surveillance dans les études et une ou deux tournées le soir dans les dortoirs, rien de plus ! En contrepartie, vous aurez une piaule meublée pour vous seule et vous serez nourrie, logée et blanchie gratuitement ! Et si jamais vous avez besoin de quoi que ce soit, mon bureau vous sera toujours ouvert ! Je serais vraiment heureux de vous rendre service... Alors, n'est-ce pas là une offre à saisir ? Une occasion en or ? Je vous assure, *Lalla*[3] Malika, que si je n'étais pas directeur de cet établissement, je choisirais d'être maître d'internat pour le restant de mes jours dans ce bas monde ! Je...

Un petit regard égaré de mon côté lui rappela une fois de plus qu'il n'était pas en tête-à-tête avec la fille. Il se tut donc, laissant sa phrase en suspens. Ses doigts ouvrirent un dossier qui traînait devant lui, puis le refermèrent aussitôt, geste inutile, mais preuve certaine de l'immense agitation qui régnait dans son cœur. Il secoua légèrement le crâne, fronça le sourcil pour se ressaisir un peu, se redonner des airs dignes de son statut. Un directeur, ça ne se laisse tout de même pas emballer de la sorte ! Il se passa la main sur le menton, durcit les muscles du visage, simula une petite toux... enfin il reprit son babil avec un sérieux sonnant faux :

– Le tout est d'assumer sa responsabilité, de respecter les consignes, de maintenir l'ordre et la discipline parmi les internes...! Alors, qu'en pensez-vous, *Lalla* Malika ?

Ma jeune collègue réfléchissait. La proposition de l'Emir l'intéressait visiblement beaucoup. Un air d'agréable surprise s'était figé sur sa ravissante

3. Titre honorifique donné aux femmes.

figure, quelque chose scintilla vivement dans son regard limpide ; ses lèvres, avivées d'un rouge discret, se desserrèrent, mais elle ne put répondre, ni par oui ni par non, comme si un vague doute était survenu au dernier moment dans son cœur. Les traits de son visage prirent alors un air perplexe et suspicieux. Ses yeux firent lentement le tour du bureau à la recherche de quelque âme conseillère ; ils errèrent un instant sur les livres rangés dans les rayons de la bibliothèque, balayèrent les bibelots avoisinants, glissèrent jusqu'au fond de la pièce, croisèrent ceux, mourant de désir, du secrétaire, puis revinrent de mon côté. Je présentai une mine de marbre, froide, impassible, dénuée de toute expression. Malika détourna lentement les yeux avec un petit air de désappointement et les reposa à nouveau sur la face ratée de l'Emir.

– C'est... c'est vraiment très gentil de votre part..., commença-t-elle, gênée et perplexe. Mais... mais je préfère me donner un temps de réflexion avant de vous répondre.

– Pourquoi pas, *Lalla* Malika ! fit l'Émir en dissimulant tant bien que mal sa déception. Pourquoi pas ! C'est toujours une bonne chose de réfléchir avant d'agir ! C'est même, paraît-il, nécessaire dans certaines situations... Tâchez toutefois de me donner une réponse, au plus tard dans trois jours, parce que, voyez-vous, il y a des dizaines de candidates qui ne guettent qu'un mot de moi pour sauter sur l'occasion !... Cela dit, je vous prie, *Lalla* Malika de me signer ceci... c'est le PV d'entrée !

En même temps, il retira de la pochette de sa chemise un stylo à bille Parker et le lui tendit, le regard plein d'un fluide séducteur. Malika signa les six exemplaires. J'avançai aussitôt après, mon stylo Bic noir prêt entre les doigts. D'une main ferme, je m'emparai des imprimés et les glissai à l'autre bout du bureau. L'Émir ébaucha un mouvement hostile dans ma direction, comme pour me les arracher, mais il se ravisa, préférant sans doute éviter une épreuve de force, dont il n'était pas très sûr de sortir gagnant devant la ravissante fille. Je repérai mon nom dans la liste, écartai le Parker du revers de la main, puis me mis à signer.

Même sans les voir, je sentais les yeux bigles de l'Émir braqués sur moi, j'en sentais le regard me transpercer la peau comme des flèches chargées de venin.

– Vous croyez m'avoir berné, pauvret ? me demanda-t-il, la face crispée par la haine. Dites-vous bien que vous vous êtes fourré le doigt dans l'œil, et jusqu'à l'os !... Est-il besoin de vous rappeler que l'année ne fait que commencer ? Nous aurons, paraît-il, bien plus d'une occasion de nous connaître et nous apprécier, chacun à sa juste valeur !... A présent, je vous ordonne de débarrasser le plancher, et tout de suite !

– Pas avant de vous faire une petite demande ! répliquai-je. Une idée qui m'est venue comme ça, en vous écoutant parler tout à l'heure à ma collègue !

– Une demande ? reprit-il en ricanant avec un bruit de poulie mal graissée. Qu'entends-je là, une demande ? Ha ! ha ! vous croyez-vous dans les locaux de l'Entraide Sociale ?

– Ma demande relève du scolaire et non du social, monseigneur *l'émir* ?

– Assez de parlote ! Dites brièvement ce que vous avez à dire et ne me faites pas perdre mon temps !

– Voilà : ayant constaté que vous manifestez beaucoup de bienveillance envers les nouveaux professeurs, je me suis dit que vous en feriez peut-être autant avec moi, si je vous demandais de m'offrir un poste de maître d'internat !

L'Émir jeta un regard du côté de Malika Tazi, avec l'air de lui dire qu'elle avait tort de ne pas avoir rapidement saisi l'occasion. Il détourna ensuite les yeux vers moi, une grimace simiesque sur le rictus :

– Je vous en trouverai bientôt un en enfer, inchallah ! grogna-t-il en menaçant de la main droite. A vous, mais aussi à tous les malotrus de votre trempe, tous les vauriens que ces fainéants de Rabat n'arrêtent pas de m'expédier, comme si je disposais d'un centre de rééducation par ici... !

Il jurait, fulminait, dévidant, hors de lui et sans plus aucun égard pour la beauté, tout son répertoire de vulgarités ; c'était comme un flot d'ordures, un déversement effréné d'égout de médina. Je lui tournai le dos et m'en allai avec, dans le ventre, l'angoisse d'avoir désormais à compter avec un ennemi de plus, et de taille : l'Émir de l'établissement !

L'homme m'avait décidément pris en grippe ; plus rien à faire. Mon séjour à Tinghir s'annonçait très mal, un long chemin semé d'embûches et de traquenards. Y aurait-il à chaque fois une Malika Tazi pour m'éviter d'y tomber ?

2

Première rencontre

Dans le hall de l'hôtel Todgha, je fis la connaissance d'Aziz, affecté comme professeur d'arabe dans le même établissement que moi. Aziz était arrivé à Tinghir avec quatre jours d'avance. Il fallait bien s'initier un peu à la vie dans la localité avant d'y commencer le travail, il fallait aussi disposer du temps nécessaire pour trouver un logement convenable, un véritable parcours du combattant parfois...

Grâce à une recommandation imaginaire, Aziz était parvenu à dénicher une assez grande maison : quatre chambres, une cuisine, un cabinet de toilettes et une vaste terrasse donnant sur l'oasis. Le seul inconvénient était le prix : six cents dirhams. Aziz avait beau négocier, le propriétaire demeurait inflexible : six cents dirhams, pas un sou de moins ; la fausse recommandation avait atteint ses limites.

Aziz voulait savoir si cela m'intéressait de partager la maison avec lui. Bien sûr que cela m'intéressait. Mais, même à deux, le loyer restait très élevé. Nous décidâmes alors, d'un commun accord, de trouver deux autres colocataires, de préférence des enseignants car, me dit Aziz, avec des collègues, on s'entendrait mieux.

En attendant, nous fîmes connaissance autour d'un tajine au bœuf carottes, commandé dans une gargote portant un drôle de nom : *Restaurant Al'aouda*, le retour.

Au moment du thé à la menthe, Aziz se confectionna un joint, sous le regard amusé du maître des lieux nonchalamment accoudé à son comptoir. Le stupéfiant sentait très fort, sans doute était-ce du *noug'a*, qualité très prisée parce que de grande toxicité. A la troisième bouffée, le corps du jeune homme perdit de sa fermeté, son regard devint lent, les muscles de son visage s'amollirent, sa langue se délia. Après quelques propos banals, il entama le récit de sa vie antérieure, entrecoupé tantôt de bouffées de fumée, tantôt d'accès d'une toux sèche et nerveuse qui le mettait dans un état pitoyable.

Aziz était originaire d'Errachidia, un simulacre de ville situé encore plus à l'est, sur une étendue aride et hostile à toute forme de vie. Le jeune homme m'apprit que les seuls êtres vivants qui s'y sentaient vraiment à l'aise étaient les crapauds, les serpents à sonnettes, les gros scorpions à la queue chargée de venin et les lézards gris.

Comme elle abritait l'un des derniers bagnes de l'histoire humaine, on avait décidé, d'un tacite accord, de ne jamais en parler dans les médias, sauf peut-être au cours des bulletins météorologiques, car la ville a la sinistre réputation de battre régulièrement tous les records de la canicule durant la saison estivale. Une cité abandonnée, reniée, oubliée de tous, comme d'ailleurs son bagne et les malheureux forçats qui y pourrissaient depuis tant d'années.

Aziz était un jeune homme petit et osseux, l'air futé, le regard méfiant, le teint terreux, le visage sec, le nez busqué, les lèvres minces et noircies par la cigarette. Il en allumait une toutes les dix minutes et, toutes les cinq, une violente quinte de toux le saisissait et lui faisait affluer un flot de sang au visage et des larmes aux yeux.

Mais cette souffrance physique en dissimulait une autre, d'ordre affectif, beaucoup plus profonde, l'une de ces terribles plaies qui ne se referment jamais.

C'était une histoire où les flics de Fès auraient joué un très sale rôle, une manœuvre digne de la Gestapo du temps de Klaus Barbie. Aziz ne se lassait pas de pester contre eux, les qualifiant de bouchers, de cannibales, de nazis, de vampires, de fils de putes..., tout un chapelet d'injures qu'il dévidait hargneusement.

De toute évidence, Aziz avait été victime des méthodes barbares de notre Sécurité Nationale. J'imaginai très vite le scénario habituel : traquenard, enlèvement, passage à tabac, tortures puis incarcération sans jugement pendant quelques mois, ou quelques années.

Aziz poursuivait sa virulente diatribe contre les flics de Fès. De l'écume clapotait aux commissures de ses lèvres, des nerfs tordus saillaient sur son front et sur ses tempes, ses mains tremblotaient, une teinte bleuâtre lui couvrait les paupières, le blanc de ses yeux virait au rouge, ses propos commençaient à s'embrouiller... Il extirpa une cigarette de son paquet de *Marquises*. La fumée aspirée goulûment finit par le rendre un peu à lui même.

Son histoire avait-elle quelque chose d'exceptionnel ? Face à ma curiosité croissante, Aziz s'esquivait, ne lâchait de sa tragédie que quelques bribes entrecoupées d'injures de plus en plus violentes contre la flicaille de Fès. Il ne se décidera à vider son sac que bien des heures plus tard, au terme du troisième joint.

Aziz était étudiant en littérature arabe à la Faculté des Lettres de Fès. Naïma, sa copine, étudiait la langue de Shakespeare. Les deux amoureux ont juré, la main sur *Le Manifeste du Parti Communiste*, qu'hormis la mort, rien ne les séparerait ici-bas.

Le chemin d'Aziz avait croisé celui de Naïma quatre ans plus tôt, en première année de Faculté, lors d'un meeting estudiantin organisé en solidarité avec les détenus politiques de Marrakech, alors en grève de la faim.

Naïma et Aziz militaient au sein de l'UNEM[1] depuis leur première année de Faculté ; tous deux en étaient des membres très actifs. Les activités de leur cellule avaient débordé l'enceinte de l'Université, pour s'étendre à toutes les grandes

1. UNEM, Union Nationale des Étudiants Marocains

écoles de la ville, et même bien au-delà. La police secrète de Fès reçut alors l'ordre de réduire l'ensemble de l'organisation au silence ; pour cela, elle avait *les mains libres*, disait le message venu de Rabat.

Semlali, l'éternel ministre de la Jeunesse et des Sports, venait de donner le coup d'envoi de la CAN[2]. Des matchs de haut niveau allaient se jouer dans toutes les grandes villes du Maroc. *Les lions de l'Atlas*, menés par l'illustre entraîneur brésilien Faria, se préparaient à affronter, en match d'ouverture, un adversaire de taille : le Nigeria !

Le pays entier ne parlait que de la rencontre, une fièvre, une obsession nationale. La presse écrite, toutes tendances confondues, mettait notre entraîneur en garde contre Rashidi Yekini, l'avant-centre et le fer de lance de l'attaque nigériane, lui conseillant vivement de le faire surveiller durant toute la partie par Elbiaz, seul défenseur national capable de stopper les fougueux élans du redoutable attaquant.

Pendant ce temps-là, les flics de Fès se mirent au boulot : embuscades, enlèvements, interrogatoires musclés, tortures, viols des domiciles et des corps... La consigne était claire : il fallait que l'organisation gauchiste soit démantelée et ses dirigeants coffrés avant l'élimination de notre sélection nationale, prévue au plus tard au quart de finale.

Aziz échappa de justesse à trois traquenards, dont l'un lui fut tendu au sein même de la Bibliothèque Municipale de Fès.

---

2. CAN, Coupe d'Afrique des Nations.

Naïma, elle, n'eut pas autant de chance : elle fut enlevée dès la première vague d'arrestations, et sans coup férir. Les militantes ont toujours été de toute façon des proies faciles. Il semble même que les flics chargés de les enlever et de les interroger se réjouissaient d'avance de leur mission ; et il fallait vraiment faire partie des préférés du commissaire divisionnaire pour se voir confier une telle tâche.

Naïma fut interrogée cinq jours durant par cinq moustachus, dans une villa située à la périphérie de la cité impériale. Comme elle niait toujours que l'UNEM de Fès bénéficiait d'un quelconque soutien de la part d'intelligences étrangères, les flics la soumirent sans ménagement aux différents instruments de torture alors en vigueur dans les locaux de notre police : flagellations, supplices de la roue, suspension par les pieds, brûlures au mégot, électrochocs sur les parties génitales... Naïma réagissait à chaque fois par de longs évanouissements.

Fatigués et à bout de nerf, les moustachus la violèrent à tour de rôle, autant de fois qu'une fille peut l'être, et par les deux orifices.

Le lendemain, aux premières lueurs du jour, quelque passant buta, à l'entrée du quartier, sur le corps d'une jeune fille à demi-inconsciente.

Comme il était inconcevable de recourir à la justice du Makhzen contre des agents du même nom, les parents de Naïma s'en remirent, résignés et impuissants, à celle d'Allah le Tout-Puissant.

A l'hôpital Mohamed V de Fès, les médecins jugèrent l'état de Naïma *très critique*. Comme elle refusait de s'alimenter et même de parler, ils la mirent sous sérum, en attendant qu'elle reprît un peu ses forces. Mais l'état de santé de la patiente allait de mal en pis. En quelques jours, elle avait perdu une vingtaine de kilos, son teint avait viré au jaune, ses yeux s'étaient sensiblement retirés dans leurs orbites, un air de bête traquée ne quittait plus son visage.

Pendant ce temps, Aziz se cachait chez son cousin à Rabat, en attendant que la traque fléchît un peu. Ayant appris la tragique nouvelle par l'un de ses camarades du bureau exécutif encore en cavale, il sortit de sa cachette et se rendit au chevet de sa bien-aimée. Mais celle-ci était déjà entrée dans le coma, sa survie n'était plus assurée que par des perfusions intraveineuses.

Quelques jours plus tard, Naïma rejoignit sa céleste demeure. La masse estudiantine de Fès lui fit des funérailles grandioses, avec des slogans révolutionnaires et des you-you.

Le lendemain même, Aziz renonça à la préparation de son DES ; Fès lui était devenue haïssable, la vie entre ses remparts insoutenable, les études au sein de son Université tout simplement impossibles. Après un ultime recueillement sur la tombe de son aimée disparue, il quitta définitivement la ville, jura même de ne plus jamais y remettre les pieds.

L'année suivante, Aziz entra à la Faculté des Sciences de l'Education de Rabat. Au terme de neuf mois de formation et de stages pédagogiques intensifs, il fut affecté à Tinghir.

Deux ans plus tard, Aziz ne s'était visiblement pas encore remis du terrible traumatisme ; à l'écouter, on eût dit que le drame ne datait que de la veille. Sa haine des assassins de Naïma s'attisait dans son cœur à mesure que le temps passait. Il tempêtait, jurait en gesticulant contre les flics de Fès et d'ailleurs, contre ce régime tyrannique qui massacrait les meilleurs de ses citoyens, contre le silence complice des gouvernements occidentaux, contre ces pauvres et ces exploités incapables de secouer leurs chaînes, contre cette soi-disant élite qui se plaisait dans la servilité, contre ce Ciel éternellement confiné dans un calme insultant...

Les gens attablés autour de nous regardaient, sidérés, ce jeune homme qui osait tenir des propos si dangereux dans un lieu public et sans crainte aucune.

Je profitai d'une courte pause pour proposer à Aziz d'aller faire un tour du côté de l'oasis, peut-être la promenade l'apaiserait-elle quelque peu. Aziz reprit sa virulente diatribe sans prêter attention à ma proposition. Il criait, injuriait, écumait comme un énergumène, jusqu'à ce qu'une violente quinte de toux le contraignît à s'interrompre. Je réglai alors l'addition et le traînai en direction de l'oasis.

L'oasis de Tinghir était l'unique espace vert, bien des lieues à la ronde. De petits champs bordés d'oliviers et de palmiers-dattiers s'alignaient à perte de vue sur les berges du Todgha. Les paysans y cultivaient des plantes fourragères pour leur bétail, de la luzerne surtout. De temps en temps, on y trouvait aussi quelques carrés d'oignons, de tomates, de courgettes, d'aubergines, de piments, de menthe... L'oued provenait de sous les gorges situées à une dizaine de kilomètres en amont. De l'eau claire y coulait avec presque le même débit durant toute la saison sèche. Les touristes occidentaux s'arrêtaient, médusés, devant cette source cristalline qui jaillissait des profondeurs d'un désert rocailleux, où il ne pleuvait que deux ou trois fois par an. Leurs guides locaux hésitaient, s'empêtraient, se dépêtraient..., ils ne parvenaient jamais à trouver une explication qui puisse satisfaire la curiosité croissante de leurs troupeaux.

Les gens du pays, eux, ne s'embarrassaient pas autant : l'eau du Todgha était un don d'Allah, point final. Alors, ils en étanchaient leur soif, en irriguaient leurs bouts de champs, y lavaient leur linge, y faisaient leurs ablutions..., jamais ils ne se posaient de question sur sa mystérieuse origine. A quoi bon.

Nous nous accroupîmes, Aziz et moi, sur deux grosses pierres contiguës, les pieds dans le cours d'eau. Aziz s'était un peu calmé, sa toux aussi ; il tirait sur sa cigarette et observait nonchalamment les volutes de sa fumée nauséabonde s'élever dans l'air. Sans m'en rendre compte, je ramassai une poignée de petits cailloux et me mis à les lancer sur le tronc noueux d'un olivier séculaire. Le bruit du choc variait légèrement d'un caillou à l'autre. D'une pichenette, Aziz balança le bout de sa *Marquise* dans le cours d'eau puis se retourna vers moi :

– Au fait, me demanda-t-il, pourquoi as-tu interrompu si tôt tes études ?

Dans le champ d'en face, une femme drapée dans une longue pièce d'étoffe noire fauchait machinalement de la luzerne. Sa tête et son buste ondulaient au rythme de ses gestes. Derrière elle, une ribambelle d'enfants criaient, gambadaient, bondissaient, se roulaient dans l'herbe... Le plus grand lançait dans l'air un ballon de fortune et essayait par la suite de le saisir au vol, sans trop se soucier des plus petits qui jouaient à ses pieds. Alors, quand l'un ou l'autre braillait, la mère redressait l'échine et tançait vertement le lanceur du ballon.

– C'est pour Zaïna, ma sœur aînée, lui répondis-je, une femme exactement comme celle-là, avec autant de gosses à élever et un mari voué au désœuvrement éternel.

Le soleil venait de disparaître derrière les sommets abrupts des Gorges de Todgha. Les quelques rayons qui persistaient sur les hauts remparts des casbahs cédaient peu à peu la place à la lumière bleutée annonçant le soir. L'appel du muezzin à la prière d'*Almaghreb* retentit dans le ciel ; d'autres appels, amplifiés par des décibels puissants, s'élevèrent de tous les minarets environnants. La paysanne drapée de noir quitta son champ, une énorme botte de luzerne sur la tête ; ses enfants la suivirent, gambadant et sautillant toujours. La famille emprunta un sentier escarpé menant au douar d'Afanour, à travers le versant abrupt et dénudé d'une montagne.

Je proposai à Aziz de rentrer ; l'histoire de ma sœur Zaïna serait pour une autre fois. Il froissa l'étui de son paquet de *Marquises*, le roula en boule puis le balança à son tour dans le cours d'eau. La boule ricocha légèrement à la surface avant de se laisser entraîner. Aziz la suivit un moment des yeux, l'air songeur. Oui, il était temps de rentrer.

3

La distribution des tableaux de service

Le lendemain matin, il y eut au collège la distribution des tableaux de service, une cérémonie qui faisait le bonheur des uns et le malheur des autres, toujours les mêmes, d'ailleurs.

Cent vingt-huit professeurs attendaient avec une impatience fébrile l'arrivée du chef de l'établissement. Cela faisait déjà deux heures qu'ils attendaient. Rien d'anormal : un supérieur qui ne se fait pas attendre par ses subalternes ne s'en fera pas non plus respecter.

Pour les réunions générales comme celle de ce matin-là, l'administration réquisitionnait toujours le réfectoire de l'internat – le seul local de l'établissement qui soit à même de recevoir la totalité du personnel. Le lieu était frais et bien éclairé, mais il sentait fort les grandes cuisines collectives, des odeurs de vieille graisse, de sauces rances et de persistantes fritures, qui ne devraient visiblement pas exciter l'appétit des internes.

La réunion était d'autant plus importante qu'elle devrait déterminer, pour toute l'année scolaire, les heures de travail et les niveaux à prendre en charge par chaque professeur, autrement dit, un enjeu de taille. Il n'était, par conséquent, pas étonnant que l'ambiance soit en général extrêmement tendue. Une certaine angoisse se lisait sur les visages. Les professeurs du Préparatoire redoutaient surtout d'être renvoyés à l'annexe du collège, quelques salles réquisitionnées dans une école primaire voisine pour absorber le surplus des effectifs. Être renvoyé à l'annexe, auprès des instituteurs – des collègues de bas étage, était considéré par la plupart comme une mesure disciplinaire, ou carrément une dégradation.

En observant ce grand rassemblement humain, on pouvait aisément se faire une idée très précise sur les différentes tendances qui composaient, et composent toujours, les milieux enseignants dans notre société. Les professeurs, en majorité entre vingt-cinq et quarante ans, formaient des cercles d'intimes nettement séparés les uns des autres.

Le cercle le plus dense et le plus animé était incontestablement celui surnommé, à tort ou à raison, les *N'chaïtiyyas*, les noceurs. La plupart étaient originaires de Marrakech ou de Casablanca. On les reconnaissait sans difficulté à leur habillement et leurs accessoires haut de gamme : chemises ou polos signés, pantalons de toile sur mesure, chaussures impeccablement cirées, Ray Ban sur le nez, montres de prix, chaînes de cou et gourmettes en or massif... avec, toujours dans tout cela, un fin souci d'assortiment.

Les *N'chaïtiyyas* étaient des célibataires invétérés et habitaient tous l'immeuble *Ouh'ddou*, situé dans le secteur le plus animé, ou plutôt, le moins inanimé de Tinghir, à deux pas de l'unique bar de la région et d'Akeddar, le quartier aux prostituées.

Mais c'était au café L'Oasis que les *N'chaïtiyyas* tuaient la majeure partie de leur temps libre : thé, café, cigarettes, joints, pipettes de kif, parties de cartes, blagues et calembours de tous genres, grasses plaisanteries, médisances éculées, histoires obscènes...

Le cercle comptait aussi quelques cruciverbistes chevronnés, qui s'attaquaient tous les jours aux grilles des quotidiens et magazines arabophones. En conjuguant leur savoir-faire en la matière, ils parvenaient à lever les énigmes, aplanir les obstacles et venir ainsi à bout de la grille. Quelle joie quand l'un ou l'autre réussissait à trouver : *vice-président de l'Union sportive de Berkane, ou avant-centre ivoirien expulsé lors du match retour Africa Sport d'Abidjan - Zamalek du Caire, comptant pour les éliminatoires de la Coupe des Coupes, ou encore, prénom de la maîtresse de l'homme d'affaire Rodrigo Valverde dans le célèbre feuilleton mexicain l'Amour Impossible !*

Mais, parfois, nos cruciverbistes se heurtaient à quelque farouche résistance, qui les forçait à abandonner la partie avant son terme.

En plus des goûts et du mode de vie, les N'chaïtiyyas partageaient aussi les mêmes rêves, ou plutôt le même rêve : rentrer une fois pour toutes dans leur ville natale. Mais, avec l'Émir à la tête de l'établissement, ils savaient, de science certaine, que, même en travaillant quinze ans dans cet exil, et avec tout le sérieux et tout le dévouement du monde, ils n'obtiendraient pas la note qu'il fallait pour concrétiser un tel rêve ; c'était aussi sûr que les morts ne reviennent pas à la vie !

L'Émir haïssait au plus haut point les *N'chaïtiyyas*. Et ils le lui rendaient bien.

Restait alors une solution, tout aussi sûre et aussi efficace que la note : le coup de piston. En soudoyant quelque grosse légume de Rabat ou d'ailleurs, le rêve se réaliserait du jour au lendemain. Il suffisait évidemment d'entrer en contact avec, à titre d'exemples, un chef de service dans un ministère quelconque, un parlementaire ou sa femme, un chef d'entreprise ou sa secrétaire personnelle, un cadre supérieur ou sa maîtresse, un baron de haschisch ou sa pute préférée, un footballeur de la sélection nationale ou sa copine... , et le tour serait joué, en un battement de cils !

Or, là aussi, un obstacle infranchissable se dressait devant les malheureux enseignants : comment pourraient-ils payer la grosse légume, eux qui, les trois quarts du mois, tiraient le diable par la queue ?

Le second clan était composé uniquement de professeurs originaires de Tinghir ou des environs. Impossible d'en faire partie sans être *imerghade*[3] de souche. Les *N'chaïtiyyas* les avaient surnommés les

---

3. De *Imerghadens*, tribu berbère majoritaire dans la région

Sloughis, en référence sans doute à cette espèce de lévriers du pays réputés par leur fidélité aveugle et éternelle à leurs maîtres.

L'Émir appréciait beaucoup les Sloughis parce que dociles, disciplinés et soumis jusqu'à l'écrasement ; ils auraient renié père, mère, femme et enfants s'il le leur avait demandé. Lui-même *imerghade* de père en fils, il les considérait comme son bras droit, et pouvait donc à tout moment compter sur eux pour exécuter ses basses manœuvres, les magouilles dans les examens notamment.

L'Émir se comportait avec les Sloughis en patriarche, un seigneur adulé et redouté à la fois. Tous les samedis, il se faisait inviter à dîner par l'un ou l'autre, à tour de rôle. Il débarquait chez eux avec trois ou quatre bouteilles de *Moghrabi*[4] dans le coffre de sa R12 blanche. L'accueil devait être à la hauteur de l'invité, le dîner riche en viande rouge et blanche. L'Émir dévorait son poulet rôti à point, faisait place nette dans le tajine de bœuf aux prunes, sifflait de temps à autre un verre de son vin rouge... Ce faisant, il débitait en se rengorgeant les cruelles humiliations qu'il infligeait à ceux, parmi ses administrés, qui aimaient à faire les rebelles, les *N'chaïtiyyas* notamment. Ses hôtes l'écoutaient avec une admiration craintive, remerciant Allah d'être du bon côté.

Soûl comme un Polonais, l'Émir attaquait alors le récit de ses multiples exploits galants à Tinghir

4. Moghrabi, gros vin rouge.

et ailleurs, ou encore celui des orgies organisées à la casbah d'Afanour en compagnie d'Ikker, le caïd, Allouch, l'adjudant-chef de la gendarmerie locale, Akka, le grossiste, et bien d'autres hauts dignitaires de Tinghir.

Son dernier verre de Moghrabi absorbé, l'Émir lâchait, en guise de remerciements, une suite de rôts tonitruants et autant de pets non moins sonores, que le Sloughi, son hôte, accueillait par des *à votre santé, Sidi*[5] *Abder'hmane* !

L'Émir titubait alors jusqu'à sa R12 et démarrait en braillant ce refrain d'un vulgaire chansonnier de la région : *n'tcha, n'soua, ouri khessa bla...* ! on s'est gavé, on s'est soûlé, il ne manque plus que...

Sur ces airs grossiers, le directeur du plus grand établissement scolaire de la province prenait le chemin d'Akeddar, le quartier aux prostituées, pour finir le restant de sa soirée dans le bas-ventre de quelque adolescente mise au ban de la société.

Les Sloughis étaient tous mariés, puis divorcés, puis remariés, en tout cas toujours géniteurs d'une terrible marmaille, déguenillée et sous-alimentée.

Dans la vie, les Sloughis avaient deux passions : la thésaurisation et le bâtiment. Le reste, tout le reste n'était que littérature. Ils réservaient les deux tiers de leur salaire à la construction de maisons destinées à la location. Rien dans le bâtiment ne leur échappait ; ils connaissaient le métier comme

5. Titre honorifique pour hommes.

un imam les cent quatorze sourates du Livre, et mettaient volontiers la main à la pâte pendant les après-midi libres, les jours fériés et les vacances.

Le dernier des Sloughis possédait au moins trois maisons de location construites en dur, alors qu'eux-mêmes et leur terrible marmaille habitaient des masures en pisé, héritées de leurs ancêtres, parce que, prétendaient-ils, ces ruines les préservaient du mauvais œil et des manigances des envieux.

Au collège, on reconnaissait les Sloughis à leur accoutrement de portefaix et à leurs souliers, surtout. Ils portaient tous, comme d'un commun accord, des chaussures à crampons noires, plutôt conçues pour taper sur le ballon rond, bien qu'ils n'aient pas de penchant pour le football, ni d'ailleurs pour aucun autre sport.

Le troisième clan, encore minoritaire à l'époque, regroupait les *Frérots* de toutes tendances : les *Frères Musulmans*, les *Salafistes*, les *Benyasinistes*, les *Wahhabites*... Ces hommes divergeaient sur quelques détails, comme l'interprétation de certains versets ou hadiths, le débit à adopter dans la lecture du texte sacré, la position des bras et des jambes pendant la prière, la forme de la barbe ... Les Frérots se chamaillaient souvent sur ces insignifiances, mais ils s'accordaient parfaitement sur l'essentiel, à savoir l'observance rigoureuse des principaux dogmes, la sobriété vestimentaire, la haine de tout ce qui sentait l'Occident, les plaisirs de la table et ceux de l'onanisme.

Avec l'Émir, les Frérots se montraient, en général, respectueux et très obéissants, sans pour autant aller jusqu'à la soumission aveugle des Sloughis. Le sachant à la fois puissant et dangereux, ils s'arrangeaient pour éviter tout conflit ouvert avec lui.

En réalité, ces Frérots, comme le reste de leurs congénères à travers le pays, préparaient en sourdine le terrain à la *Grande Révolution Islamiste* tant rêvée – une vaste campagne généreusement financée par les pétrodollars coulant à flots de l'Arabie Saoudite. Les Frérots semaient à la volée leur graine vénéneuse au collège, dans les mosquées, dans les souks et sur tous les terrains propices au prosélytisme. Le Makhzen qui trouvait là un rempart inespéré contre la montée de la mouvance gauchiste, fermait les yeux, laissant ainsi la gangrène du fanatisme s'étendre à son gré. Une dizaine d'années plus tard, la gangrène se métamorphosera en un cancer. Le corps entier en sera atteint, y compris certains organes vitaux. La guérison s'avérera alors douloureuse, l'amputation tout simplement impossible.

Loin de leurs collègues mâles, les professeurs femmes et filles s'étaient isolées dans un coin, à l'autre bout du réfectoire, comme pour éviter tout risque de fécondation par le vent. Elles étaient une douzaine, la plupart emmitouflées dans leur djellaba et foulard, les autres vêtues plutôt à l'occidentale, pas trop tout de même. Elles devisaient entre elles en s'inclinant, de temps en temps, les unes vers les autres pour mieux se faire entendre.

D'un coup d'œil, je repérai Malika Tazi, assise légèrement à l'écart des autres. C'était d'ailleurs par leur position vis-à-vis des clans dûment constitués, que l'on reconnaissait les nouveaux arrivants comme Malika Tazi, Aziz ou moi.

Dans la jungle, beaucoup d'espèces animales se comportent exactement de la même façon avec leurs congénères qui désirent intégrer tel ou tel groupe. Avant d'être acceptés, ils sont rudement soumis à une quarantaine de sécurité, durant laquelle ils doivent subir certains rites et faire preuve de certaines dispositions.

Malika Tazi avait troqué l'ensemble de la veille contre une longue robe de jeans marron fendue sur le côté et un body blanc, qui lui moulait exquisément la poitrine. Sa coiffure négligée, en coup de vent, et ses lunettes de soleil noires – gardées sans doute pour se protéger des regards indiscrets – lui conféraient un look branché, évoquant quelque mythique actrice hollywoodienne.

De toute évidence, Malika Tazi était une fille hors ligne, une beauté qui promettait de faire bien des ravages dans ce terrible monde fait de mâles concupiscents et constamment en rut.

A peine fut-elle arrivée, qu'une certaine agitation se déclencha partout dans le réfectoire. Les N'chaïtyyas se retournaient l'un après l'autre vers elle avec, dans le regard, un air de prédateur ayant repéré une proie rare. Ils s'agitaient fébrilement, se lançaient des œillades, se donnaient des coups de coude dans les côtes, échangeaient des commentaires crûs à l'oreille...

L'agitation s'amplifiait et finit par attirer l'attention des Sloughis, jusque-là assis tranquillement au premier rang, face au fauteuil encore inoccupé du directeur. Ils se retournèrent alors presque tous en même temps ; leurs yeux au regard niais errèrent un instant dans la salle avant de suivre le mouvement général et tomber ainsi sur Malika Tazi. Avec un sans-gêne insoutenable, ils la dévisageaient, de pied en cap, étudiant lentement chaque partie de son corps. Sur leurs faces d'échalas envieux, il y avait quelque chose d'avide et de frustré, quelque chose qui rappelait immanquablement l'air d'un gamin désargenté devant une confiserie. L'un des *N'chaïtiyyas* intervint alors sur un ton où la colère se mêlait à la raillerie :

– *Baraka* ! *baraka* ! s'écria-t-il en gesticulant, assez. Vous avez dépassé les limites du tolérable !

Les Sloughis détournèrent aussitôt les yeux sans réagir. Ils ne réagissaient jamais aux agressions verbales des *N'chaïtiyyas*, par peur de leur étourdissante volubilité de citadins rompus à l'art de l'offense.

Personne ou presque dans cette salle ne s'était retenu de se retourner, au moins une fois, en direction de Malika Tazi. Même les *Frérots*, au front marqué du sceau de la piété, n'y résistèrent pas. De temps en temps, ils jetaient, à la dérobée, un regard flambant de désir sur la ravissante fille avant de retrouver leur position initiale, l'air songeur, les doigts lissant machinalement les poils rêches de leur barbe. Inutile de chercher à savoir ce qui mijotait dans leur tête de masturbateurs en manque d'imagination.

En dehors de ces clans hermétiquement fermés les uns aux autres, évoluaient beaucoup d'enseignants hors caste. Certains étaient de nouvelles recrues encore en phase d'observation ; d'autres attendaient, pour se découvrir, de voir de quel côté allait souffler le vent. Il y avait aussi les opportunistes qui passaient d'un clan à l'autre, au gré de leurs intérêts du moment, les informateurs personnels de l'Émir, deux coopérantes du *Peace Corps*, un professeur de français et sa femme qui se prenaient pour Sartre et Beauvoir, un cancéreux en phase avancée, un sosie du prince Charles, un malade imaginaire, un kleptomane, deux pique-assiettes, un unijambiste, deux bricoleurs confirmés, un brocanteur émérite, un boute-en-train, un colérique, un cordon bleu, un neveu de Assou Baslam, un peintre raté, deux chercheurs de trésors, un somnambule, un sadomasochiste, un mélomane, un polygame, un proxénète occasionnel, un collectionneur de reptiles, un fan de Bob Marley, une dizaine de connards, dont deux de l'espèce cosmique, une fausse blonde, un fabulateur, un ulcéreux, deux connasses et une pute.

Pour l'instant, tout le monde attendait la distribution des tableaux de service, comme on attend un verdict. L'atmosphère était extrêmement tendue dans les rangs des N'chaïtiyyas ainsi que parmi tous les malheureux en discrédit auprès du chef de l'établissement. Mais, en général, c'était un fatalisme de vieux derviches qui régnait dans la salle. Les enseignants savaient en fait qu'il n'y aurait point de surprise : les tableaux de service les plus aérés reviendraient indéniablement aux favoris de l'Émir, c'était aussi sûr qu'un chat retombe toujours sur ses pattes. Il n'y avait rien à faire ; Zaïd ou H'mad n'était pas une exception, le pays entier fonctionnait ainsi ; le népotisme était partout érigé en système.

– Allons nous dégourdir un peu les jambes dans la cour ! me proposa Aziz.

Nous nous apprêtions à quitter le réfectoire et son tintamarre assourdissant lorsqu'un bruit de crampons raclant le sol nous contraignit à retrouver nos sièges : c'étaient les Sloughis qui venaient de se lever d'un seul coup pour saluer l'entrée en scène de l'homme tant attendu.

Vêtu d'un costume trois-pièces beige et cravate rouge, l'Émir s'installa sur son fauteuil à bascule, sans mot dire. Les membres de sa cour prirent place derrière lui. Rouch, son secrétaire, s'assit à sa droite.

L'Émir promena un moment ses yeux bigles à travers le réfectoire, une grimace dédaigneuse sur le museau. Tous les bruits cessèrent ; un silence frissonnant de chapelle s'abattit sur la salle. Les regards, tous les regards se braquèrent sur lui. Pour faire durer le suspense, l'Émir retira de sa poche une *Koutoubia* et la planta entre les babines. Un Sloughi avança, l'échine courbée, l'air rampant, un briquet allumé dans le creux de la main. D'un coup de menton, l'Émir intima un ordre à Rouch ; celui-ci ouvrit aussitôt une chemise en carton contenant une liasse de papiers et la lui présenta.

– Avant... avant de vous distribuer les tableaux de service que voici, commença l'Émir sur un ton de jugement dernier, je vous rappelle que les cours débuteront demain, à huit heures du matin ! Si, par exemple, demain, vous avez classe de huit heures à midi, vous devrez être présents sur votre lieu de travail de huit à midi ! DE HUIT HEURES À MIDI ! En d'autres termes : toute absence, même d'une minute, sera immédiatement sanctionnée !

– Permettez-moi, monsieur le directeur..., intervint un grand brun sur un ton trop respectueux pour être vrai, permettez-moi de vous apprendre que jusqu'au jour d'aujourd'hui, les élèves ne se sont pas encore inscrits, l'internat n'a pas encore ouvert ses portes ! Qu'allons-nous donc faire, quatre heures durant, dans des salles sans élèves ?

– Ce n'est pas mon problème ! répliqua l'Émir en tranchant l'air d'une main nerveuse. Ma fonction de directeur consiste, à vous surveiller ! On n'arrête pas de me le répéter : *Surveillez-les* ! *Surveillez-les* !

– Mais, monsieur le chef de l'établissement, reprit le grand brun en se marrant presque, on ne surveille pas quand on est en costume trois pièces ! Dites-leur plutôt qu'ils vous fournisse un treillis de sentinelle, un fusil à baïonnette et des jumelles !

Hormis les Sloughis toujours sérieux et graves comme des cardinaux en présence du pape, tout le monde éclata de rire. L'Émir cogna furieusement de la paume sur la table :

– Assez ! aboya-t-il, exacerbé. Vous, Drébine, vous qui ne ratez jamais une occasion pour vous foutre de ma gueule, tenez, j'ai pour vous une récompense parfaitement à la mesure de votre insolence ! Tenez !

Un rictus fielleux sur les lèvres, L'Émir lui tendit une feuille que son secrétaire venait de retirer de la chemise.

– A vos ordres, sergent ! répondit Drébine en se dirigeant vers l'Émir. Je vous remercie infiniment de votre bonté et prie autant le Ciel de vous remettre les yeux à leur place initiale !

La salle éclata à nouveau de rire. Drébine parcourut des yeux son tableau de service. L'Émir l'observait avec hargne.

– Que les saints des Pygmées et des Massaïs veillent sur vous, sergent, ainsi que sur votre compagnie ! lui dit Drébine en levant les paumes au ciel. Croyez-moi, je ne sais vraiment pas comment vous remercier de m'avoir libéré toute la journée du dimanche !

Les rires reprirent à nouveau, plus fort.

– Rejoignez votre siège, Drébine ! s'écria l'Émir, déçu que le mauvais tableau de service n'ait pas eu l'effet escompté sur lui. Rejoignez votre siège, sinon je téléphone tout de suite au caïd !

Comme l'hilarité se poursuivait, plus particulièrement dans les rangs des *N'chaïtiyyas*, l'Émir se décida aussitôt à distribuer les autres tableaux, répétant à haute voix les noms des enseignants que lui soufflait à chaque fois son secrétaire.

– Serait-il analphabète ? me demanda Aziz, stupéfait.

Ce fut une chose fort aisée de repérer d'ores et déjà les protégés du directeur : ils étaient les seuls à être appelés par leurs noms et prénoms, précédés, dans le cas des favoris, par le titre honorifique Si, *Moulay* ou *Lalla*. Il y eut, par exemple, *Si* Mourad Allouch, le fils de l'adjudant-chef de la gendarmerie locale, *Si* Hassan Imghri, gendre d'une grosse légume de la région, *Lalla* Hasna Lotfi, épouse légitime du président de la commune, *Lalla* Fatima Chaouki, professeur d'éducation physique du lundi au vendredi et pute le samedi, le dimanche et les jours fériés, *Lalla* Malika Tazi, pour sa belle frimousse et le galbe parfait du reste, *Moulay* Ahmed El Alaoui, *Si* Hassan Chraïbi, *Si* Nasser Sebti, dont les noms se passent de commentaire...

Moi, j'eus droit à un Né... grommelé du bout des lèvres et un tableau de service des plus abominables : vingt-quatre heures de cours, trois niveaux différents, trois heures creuses et le samedi après-midi chargé de quatorze à dix-huit heures, sans compter que c'était à prendre ou à laisser. L'Émir ne discutait pas ; il menaçait même, à la moindre contestation, de faire appel aux flics.

Une colère noire monta en moi, envahissant toutes mes cellules, le sang s'embrasa dans mes veines, un nuage épais me voila brusquement la vue, plus rien ne ressemblait à rien. Un moment, je me vis saisir la crapule par le col et lui fourrer mon poing en plein dans le nez, puis, avec un uppercut à la Clay, le balancer, la gueule en marmelade, dans les bras de ses lèche-bottes alignés derrière lui.

J'avais toujours rêvé d'arranger ainsi le portrait à pas mal de connards, qui, à un moment ou un autre de ma vie, s'étaient mis en travers de mon chemin, ou que j'avais tout simplement pris en grippe : une demi-douzaine d'enseignants, autant de pions, un Cheïkh et son Mokaddem, deux présentateurs de la TVM (qu'il n'est guère difficile de deviner), tous les caïds et présidents de communes qu'il m'est donné de connaître, presque tous les directeurs d'établissements scolaires que j'avais fréquentés comme élève, ainsi que tous ceux que je fréquenterais plus tard comme enseignant, la plupart des flics, autant de parlementaires, et même une dizaine de personnages très haut perchés, dont il vaut mieux, pour moi, taire le nom.

Une raison m'avait toutefois toujours empêché de passer à l'acte et voir ainsi se concrétiser mon rêve : ma sœur Zaïna et ses sept enfants. A chaque fois, au moment crucial, leur image surgissait devant moi : Zaïna m'implorant et ses mômes s'agrippant à mes bras, réduisant à néant ma détermination d'étancher ma soif et assouvir ainsi ma rage. Ce fut cette même image, pathétique et désarmante, qui me contraignit, et me contraindrait à maintes reprises, à obtempérer face à l'Émir.

J'accusai donc le coup, malgré moi. Ce n'était pas grave, j'en avais vu bien d'autres au cours de ma vie, des vertes et des pas mûres, que je vous raconterai peut-être un jour par le menu.

– Au fait, me dit Aziz une fois installés au café l'Oasis, tu ne m'as pas encore raconté comment ta sœur et ses enfants t'ont empêché de poursuivre tes études !

4

Zaïna et ses enfants

De trois ans mon aînée, Zaïna n'avait cependant pas la même chance que moi d'aller à l'école, mon père ayant jugé bon la garder à la maison.

Ma mère lui apprit à entretenir le feu dans l'âtre, préparer le levain, pétrir le pain, rouler le couscous, faire le ménage, ravauder, fourrager, traire la vache, faire les cinq prières, obéir... De toute évidence, mes parents projetaient, depuis le début, de faire de Zaïna une parfaite femme au foyer.

Leur objectif sera atteint, sans aucune difficulté, et dans une large mesure.

J'étais élève au collège Elmansour Eddahbi à Marrakech, lorsqu'un quidam vint demander la main de Zaïna. L'homme se nommait Omar Irkem (littéralement : Omar *Le Navet*) et habitait un hameau situé au pied de Tizi n'Illarebbi, à deux heures de marche de chez nous.

Omar Irkem était vannier de profession. Avec l'osier tressé par des femmes et des enfants de son hameau, en échange d'une légère rétribution, il confectionnait des corbeilles, des paniers, des cabas, des nattes... Des produits qu'il revendait ensuite tous les mardis au souk de Tahennaoute.

C'était justement un mardi qu'il avait vu ma sœur pour la première fois. Zaïna revenait d'une corvée de bois dans un champ attenant au souk. Au détour d'un sentier empierré, habituellement peu fréquenté, elle se retrouva nez à nez avec un homme d'une trentaine d'années, qui déféquait gentiment au beau milieu du chemin. Troublée par l'incongruité de la situation, Zaïna lâcha son fardeau par terre. L'homme se redressa d'un bond, le visage empourpré de confusion. Il remonta rapidement son pantalon, le reboutonna tant bien que mal, rabaissa sa gandoura... Pendant ce temps, Zaïna s'efforçait en vain de remettre sa botte de bois sur le dos ; la gêne l'avait rendue incapable et maladroite. A la troisième tentative, Omar Irkem se vit dans l'obligation d'intervenir ; il souleva alors le fardeau et le lui plaça sur la nuque ; en même temps, il bredouilla une excuse. Zaïna fila aussitôt, les yeux rivés au sol, sans arriver à émettre le moindre son.

L'incident devrait normalement être ainsi clos si le destin n'en avait décidé autrement : cette courte entrevue avec la jeune bûcheronne fut accompagnée d'un terrible coup de foudre, dont le vannier ne se remettra jamais.

La situation était certes vraiment inconvenante, mais que faire ? L'amour se fiche autant des situations que des convenances. Le cœur d'un jeune homme ne choisit pas le temps convenable pour s'éprendre ; cela peut lui arriver à tout moment, et en toutes circonstances, même les plus malséantes qui soient.

Un vieux commerçant de mon douar m'a avoué un jour qu'il était tombé follement amoureux d'une libanaise croisée lors de son pèlerinage à la Mecque et, ironie du sort, au moment même de la lapidation de Satan le Maudit !

L'un de mes anciens camarades de classe, lui, s'était entiché du médecin qui l'avait opéré d'une tumeur kystique au testicule gauche !

Durant la guerre du Vietnam, Les annales de l'*U.S. Army* notaient, avec une certaine stupéfaction, que des dizaines de *Marines* étaient tombés amoureux de Vietnamiennes, autrement dit des ennemies, sinon en action du moins en puissance.

J'ai même lu quelque part qu'un résistant français arrêté en décembre quarante-trois dans la région lyonnaise, a fait sa vie avec une jeune juive rencontrée pour la première fois dans les wagons à bétail qui les transportaient de Drancy au camp de Bergen-Belsen !

A entendre ce genre de récits, le coup de foudre d'Omar serait par conséquent tout à fait compréhensible, quoiqu'il eût lieu à un moment fort malséant.

Alors, au lieu de retourner à son point de vente pour écouler le reste de ses corbeilles et cabas, le vannier emboîta le pas à Zaïna, fermement déterminé à débusquer son terrier. Arrivé à un jet de pierre de chez nous, il s'arrêta, observa minutieusement les murs, la porte, les fenêtres, regarda à droite, regarda à gauche, puis dans tous les sens.

L'objectif : se mettre définitivement dans la mémoire la situation de notre maison.

Comme cela ne suffisait pas à répondre à toutes les autres interrogations qui le turlupinaient, il chercha quelqu'un du coin pour le renseigner, trouva très vite deux badauds, entièrement disponibles. En échange de quelques dirhams, ils le mirent au courant de l'histoire de Zaïna depuis sa venue au monde, de celle de toute la famille, de celle de nos proches, de celle de nos amis, de celle de nos ennemis...

Sa curiosité apaisée, Omar retourna alors à ses corbeilles et cabas, le cœur léger, l'âme en paix. Sur le chemin, il ramassa trois pierres rondes et rugueuses. Il les examina un moment en souriant à l'idée que ses nuits allaient bientôt changer de couleur. Une chaleur molle et sirupeuse le saisit au creux de l'estomac, quelque chose palpita au côté gauche de sa poitrine, son corps entier frémit plusieurs fois de plaisir... Enfin, il glissa les trois pierres rondes dans la vaste poche de sa gandoura et reprit son chemin.

Arrivé à l'orée du souk, Omar se retira derrière le tronc noueux d'un olivier séculaire, certain que cette fois-ci, personne ne le surprendrait. Il retira alors les trois pierres de sa poche, baissa son pantalon et s'en essuya lentement le trou du cul pas encore torché depuis le malheureux, ou plutôt l'heureux incident avec Zaïna.

Le soir même, après l'ultime prière du jour, le vannier et quatre de ses parents frappèrent à notre porte. Mon père ouvrit : Omar se cassa en deux et baisa ardemment la manche de sa djellaba. L'un de ses accompagnateurs, un bègue d'une soixantaine d'années, lui mit dans la main un panier en osier contenant un quartier de mouton, cinq ou six pains de sucre, un coupon de tissu, une paire de babouches brodées et quelques bijoux de pacotille.

Flatté de voir un adulte lui baiser la main, mon père enjoignit tout de suite à ma mère d'apprêter un tajine et un couscous dignes des grandes circonstances.

En attendant le festin, les hommes sirotaient leur thé à la menthe en parlant de tout et de rien : de la sécheresse qui sévissait rudement dans le pays, de la cherté de la vie, du relâchement des mœurs, des jeunes qui ne rêvaient que de tout plaquer et d'aller s'installer en ville, des méthodes de plus en plus répressives des agents de l'autorité et de leurs acolytes, des vertus infinies de la patience...

Omar et le vieux bègue se contentaient d'approuver les autres, hochant continuellement la tête, émettant de temps à autre quelques monosyllabes... Le premier semblait coincé par un mélange de timidité et de gêne, que lui imposait sans doute la présence de son futur beau-père près de lui ; le second l'était plutôt par la crainte de trop étaler son handicap.

Après le dîner et le thé à la menthe de rigueur, les hommes levèrent leurs paumes au ciel pour une courte prière. Quelqu'un entonna aussitôt *Amma yatassa'aloune* – un verset du Livre cité aussi pour sceller toutes sortes de transactions entre les hommes. Les autres remuaient discrètement les lèvres, l'air plein de piété. La lecture s'acheva par un *Amiiin* ! long, collectif et solennel. Les hommes baisèrent le bout de leurs doigts puis retrouvèrent leur posture initiale. Le sort de ma sœur Zaïna venait ainsi de se confondre à tout jamais avec celui d'Omar Irkem, pour le pire et pour le pire.

5

Les noces de Zaïna

Pour fêter convenablement l'événement, mon père dut vendre une de ses deux vaches et quasi toute sa récolte de blé. La fête des noces dura trois jours et trois nuits, conformément aux us et coutumes. Le douar entier y fut convié, hommes, femmes et enfants. De vastes assiettes de couscous aux sept légumes succédaient aux succulents tajines de poulets au citron macéré, sans compter la limonade, les énormes théières d'argent apprêtées incessamment et incessamment vidées. La canaille ripaillait en remerciant le Ciel pour tant de bonté.

Moi, je jouais au serveur zélé et toujours souriant. Je faisais la navette entre la cuisine et les chambres bondées : j'allais, revenais, souhaitais la bienvenue à l'un, répondais aux salutations obséquieuses de l'autre, riais, malgré moi, aux plaisanteries de mauvais goût d'un troisième...

Le soir venu, mon père me confiait une tâche non moins délicate : surveiller les dizaines de chenapans qui s'amassaient comme des mouches à merde à l'entrée de notre maison. Un énorme gourdin à la main, je devais dissuader les plus turbulents parmi eux de tenter quoi que ce soit qui pourrait gâcher l'ambiance festive régnant à l'intérieur de la demeure.

De son côté, Omar avait décidé de célébrer sa noce avec le plus d'éclat possible, *On ne se marie qu'une fois* ! lui disaient et répétaient les goinfres de son hameau pour l'inciter à donner une joyeuse bombance. Le vannier souriait, promettant à tous un festin sans précédent. *Et chose promise chose due* ! ajoutait-il à chaque fois sur un ton plein de fierté, qu'on ne lui connaissait pas jusque-là.

Mais, la veille de la fête, Omar se rendit compte, après un long calcul mental, que ses économies suffisaient à peine à couvrir la moitié des frais !

Que faire donc ? Renoncerait-il au festin promis ? Non, s'il y renonçait, il deviendrait à coup sûr la risée de tout le douar, et cela il ne le souffrirait pas, lui, Omar ! Reporterait-il alors la fête de quelques semaines ou de quelques mois, le temps de trouver l'argent qu'il fallait ? Cela non plus ne serait pas la bonne solution ; en agissant de la sorte, il encourrait un risque dont les conséquences seraient très fâcheuses. Tout report, même de quelques semaines, serait interprété par sa belle-famille comme un manquement à la parole donnée, un revirement, une dérobade, ou quelque chose dans le genre. Le malheureux vannier frémit tout entier à l'hypothèse de se voir brusquement privé de Zaïna. Que faire donc ? se demanda-t-il à nouveau sans guère d'espoir de trouver une réponse satisfaisante.

Le père d'Omar avait quitté ce bas monde depuis très longtemps. Sa mère s'apprêtait à le rejoindre.

La vieille femme avait déjà perdu l'essentiel : la vue, la mémoire, la raison ; seuls les besoins corporels les plus élémentaires la retenaient encore à la vie. Elle passait la majeure partie de son temps à soliloquer dans sa mansarde, devisant avec des parents disparus depuis belle lurette, souhaitant la bienvenue à des hôtes invisibles, intimant des ordres à des valets imaginaires...

Omar n'avait pas de frère ; ses sœurs, elles, ne pouvaient lui apporter aucun soutien, étant toutes les cinq mariées à des paysans plus démunis que lui ; leurs baraques grouillaient de mioches mal nourris et tout dépenaillés. Omar ne comptait donc jamais sur elles, ni elles sur lui. Pour la première fois, le vannier prit conscience de l'extrême précarité de sa situation ; jusqu'à présent, il ne s'en souciait pas, ou alors vraiment très peu.

Comme tout être humain en difficulté, Omar éprouva le besoin de faire part de sa peine à quelque âme consolatrice. *Un chagrin confié pèse dix fois moins qu'un chagrin tu*, comme aurait probablement dit Jean de La Fontaine s'il s'était intéressé à ce genre de choses. Le malheureux vannier alla donc soulager son cœur auprès de Lehcen, son cousin, le fils de son oncle, le bègue.

Lehcen était un pauvre meunier, mais un conseiller sans égal à Tizi n'Illarebbi. La nature de son travail lui permettait de jaser sans cesse avec autant d'hommes que de femmes, amassant ainsi, tous les jours que Dieu fait, une impressionnante somme d'informations sur la vie des gens du douar et des alentours.

Après une longue et mûre réflexion, le meunier conseilla au vannier d'aller emprunter de l'argent à son propre père, l'oncle d'Omar. Aux dires du fils, le père venait de recevoir une somme considérable en héritage de sa seconde épouse.

Omar avait besoin de cinq mille dirhams. Le vieux bègue nia catégoriquement avoir jamais été en possession d'une telle somme, jurant tous les grands saints du pays qu'il parlait vrai. Le vannier n'insista pas ; à quoi bon, son oncle ne s'était de toute façon jamais montré serviable à son égard ; pourquoi allait-il donc réagir autrement cette fois-ci ?

Un miracle se produisit toutefois à la dernière minute : au moment où Omar allait prendre congé du bègue, celui-ci le retint et lui apprit qu'il pourrait peut-être lui *trouver* la somme. Il y mit cependant deux conditions sine qua non : un taux d'intérêt de cinquante pour cent et un remboursement échelonné sur vingt souks, pas un de plus ! Omar, qui n'en croyait pas ses oreilles, accepta les deux conditions sans discuter. Il baisa par trois fois le crâne de son oncle et s'en alla, soulagé, avec les cinq mille dirhams dans la vaste poche de sa gandoura.

Le vannier offrit une fête de tous les diables, une bombance mémorable, unique dans l'histoire du hameau. Ses cinq sœurs cuisinaient sans arrêt, nuit et jour. Tous les habitants du douar y étaient conviés. Les gens se goinfraient de tajines et de couscous, ingurgitaient du thé et jasaient ou chantaient à pleins poumons, tandis que le marié allait d'un cercle à l'autre, la calotte incliné avec coquetterie sur le haut de la tête.

Comme prévu, la fête dura trois jours et trois nuits. Le quatrième jour, Omar invita à dîner les dignitaires du hameau et de ses environs : le Cheïkh, son Mokaddem, l'Imam, les Gardes Forestiers ainsi qu'une poignée de nantis. Ces invités de marque eurent droit à un mouton bien rôti et du Coca-cola à souhait.

Le cinquième jour, Omar loua une vieille camionnette pour ramener la mariée dans sa nouvelle demeure. Au retour, il se rendit compte qu'il n'avait plus de quoi régler la course, sa bourse ayant tout simplement rendu l'âme. Le chauffeur de la camionnette, un nabot avec de vilaines dents qui lui sortaient de la bouche, réclama son dû. Omar le pria de lui accorder quelques jours de délai, rien que quelques jours. Le nabot exigea d'être payé hic et nunc, sinon, il ferait un malheur. Omar fouilla à nouveau dans ses poches avec le mince espoir d'y dénicher un billet oublié dans un recoin, mais ses doigts n'en sortirent qu'une malheureuse pièce jaune. Irrité, le nabot se mit alors à tempêter, sans plus aucun égard pour personne. Il en avait assez de ces passagers sans-le-sou qui battaient de plus en plus les trottoirs de ce maudit bled ! Il ne comprenait pas ces mariés de la dernière averse qui s'apprêtaient à mettre au monde des gosses alors qu'ils n'avaient pas un billet de cinquante dirhams dans leur bourse ! Et ces soi-disant parents qui bradaient leurs filles en les donnant au premier venu, sans même s'assurer qu'elles avaient de quoi dîner le soir des noces... !

Face au déversement, Omar se tenait coi, l'air écrasé, le visage blême, les doigts tourmentant machinalement sa pièce de vingt centimes. Derrière lui, Zaïna gardait les yeux baissés, le cœur serré, la gorge comme étranglée ; jamais elle n'avait vécu une situation si humiliante.

Omar proposa alors de régler son voyage avec une dizaine de pains de sucre reçus comme cadeaux de mariage. Le nabot répondit par un *ouhouy*[1] catégorique. Il voulait de l'argent ! des billets et des pièces avec l'image de Hassan, que le Ciel allongeât ses jours ! Les pains de sucre, il n'en avait rien à cirer, lui ! Dans les stations-services du pays, on n'acceptait que de l'argent liquide ! Les gendarmes, l'épicier, le boucher, le maraîcher... tout ce monde n'acceptait que de l'argent liquide... !

Comme le malheureux vannier avoua qu'il ne pouvait, dans l'état actuel des choses, régler sa course autrement que par ses pains de sucre, le nabot, à bout de nerfs, lui sauta à la gorge comme un pit-bull enragé, les prunelles chauffées à blanc. Les deux hommes se saisirent par les cheveux, roulèrent sur le sol en échangeant, dans un nuage de poussière, coups de poings, coups de pieds, ordures

1. Non, en berbère.

et obscénités à confondre une bête... Quelques paysans présents sur les lieux s'interposèrent enfin, non sans peine.

Cependant, le nabot ne lâcha pas prise. Il ne rendrait les bagages de la mariée qu'une fois son dû encaissé, tout son dû, et en espèces ! Il pourrait patienter encore une demi-heure ! Mais si, d'ici là, rien n'était fait, il revendrait tout le bazar à la criée sur la place du douar... !

Touché par le triste sort du vannier, un vieil homme invita les paysans présents sur les lieux à se cotiser pour régler la course et restituer ainsi ses affaires à la pauvre mariée. ce serait à coup sûr une bonne action qu'Allah récompenserait généreusement le moment venu !

Aussitôt dit aussitôt fait. Le nabot empocha alors l'argent, grogna encore un moment en roulant des yeux furibonds, proféra quelques gros jurons, cracha à plusieurs reprises autour de lui... enfin, il grimpa sur le toit de son tacot. Pour décharger le reste de sa bile, il se mit à balancer les bagages de Zaïna sur le sol poussiéreux. Omar protesta vivement. Le nabot poursuivit le sabotage sans prêter attention aux protestations. Exaspéré, le vannier bondit en l'air, saisit l'avorton par le pan arrière de sa blouse et tira de toutes ses forces vers le bas pour le flanquer par terre. Les paysans intervinrent de nouveau, traînèrent un peu plus loin le vannier, lui recommandèrent de se tenir tranquille, de maudire Satan... Il obéit, moins par conviction que par respect pour ses bienfaiteurs.

Mais le nabot profita de l'incident pour reprendre de plus belle ses injures et menaces contre Omar. Par la tête de feu son grand-père, il réglerait bientôt son compte au vannier ! Il lui ferait payer sa roublardise au centuple ! Il lui roulerait dessus si jamais il le retrouvait au bord de sa route... ! Il le réduirait en bouillie... !

Omar encaissait sans réagir. Il ne voulait pas fâcher les gens de son douar, qui l'exhortaient de plus en plus à la retenue.

Avant de remonter dans son véhicule, le nabot tira contre le vannier une violente salve d'injures, puis une autre contre tous les vanniers de la terre, puis une autre contre le douar, ses hommes, ses femmes et ses enfants... Plus personne ne semblait à même d'arrêter l'avorton ; il criait, pestait, menaçait des bras, les yeux hors la tête, les lèvres baveuses ; c'était comme un torrent d'insultes ordurières et de grossièretés obscènes, une débâcle d'égout. Enfin, il démarra en trombe, laissant derrière lui une longue traînée de poussière et de fumée.

Les noces d'Omar et de Zaïna eurent lieu en août mil neuf cent quatre-vingts. Quelques mois plus tard, le pays entra dans une très longue période de sécheresse, laquelle resta gravée dans la mémoire de tous les paysans. Les ruisseaux, les sources et les puits se tarissaient l'un après l'autre ; le sol se craquelait sous l'effet de la chaleur ; les arbres mouraient par le sommet. Dans certains douars, les gens n'avaient même plus de quoi étancher leur soif. Ils bradaient alors leur bétail squelettique, désertaient en grappes leur campagne natale pour aller s'agglutiner aux abords des grandes villes.

Bientôt ce furent les émeutes de la faim à Marrakech, à Fès, à Agadir et partout dans le pays.

Avant d'être touché à son tour par la sécheresse, Omar le fut d'abord très durement par son prêteur. Sept mois s'étaient écoulés après son mémorable mariage et le vannier n'avait pas encore remboursé un dirham de sa lourde dette. Son oncle l'avait pourtant prévenu à maintes reprises : si, au terme du vingtième souk, sa dette n'était pas payée, lui, sa femme et sa mère devraient immédiatement évacuer la maison !

Le pauvre Omar voulait bien payer sa dette, même si payer ses dettes n'enrichissait plus personne par les temps qui couraient. Lui, il voulait quand même la payer, et même bien avant la fatale échéance. Mais, dans ce bas monde, il ne suffit pas toujours de vouloir pour pouvoir.

Contrairement aux paysans de son hameau, Omar n'avait qu'une source de vie, et une seule : la vannerie. Il ne savait rien faire d'autre, pas même élever des poules ou des lapins. Or, les corbeilles, les paniers et les nattes ne se vendaient plus comme avant. C'était normal, les paysans n'avaient même plus de quoi payer leur caisse de farine et leur pain de sucre hebdomadaires ; comment pouvaient-ils donc se permettre des superfluités ?

Quant à l'osier, son principal matériau de travail, il poussait de moins en moins dans la vallée, à cause bien sûr de la sécheresse ; il avait même pratiquement disparu de certains endroits. Conséquence : Omar était décidément dans l'incapacité totale de rembourser sa dette.

Le bègue, son prêteur, continuait cependant de réclamer son dû. Passé le délai fixé, il menaça son neveu de porter plainte contre lui chez le caïd. Le caïd ? Rien que le mot suffisait à serrer le cœur du malheureux vannier et lui donner de terribles frissons d'angoisse. Entre se jeter dans une cage à tigres et se présenter devant un caïd, il choisirait volontiers la première solution.

Pour ne pas en arriver là, le vannier décida alors de céder sa demeure au bègue. Où irait-il après ? De quoi vivrait-il ? Omar ne dévoila son plan à personne, pas même à Zaïna.

Un matin, au chant du coq, il extirpa les deux femmes de leur sommeil. Zaïna posait des questions, cherchait à savoir ce qui se passait. Pour toute réponse, Omar lui intima l'ordre de plier bagage. Zaïna s'exécuta illico ; une femme digne de ce nom ne désobéit pour ainsi dire jamais à son mari, *même quand il est dans l'erreur*, dit le hadith chérifien ! Omar bâta sa mule, la chargea des rares meubles et ustensiles qui méritaient d'être emportés, installa confortablement sa mère au-dessus puis referma la porte derrière lui.

Zaïna portait un baluchon contenant ses maigres affaires et un ventre gros d'à peu près six mois. Pas le moindre signe de vie dans la venelle, ni tout autour ; le douar entier était encore au lit.

Avant de s'en aller, le vannier réveilla son oncle et lui abandonna la grosse clé rouillée de la maison.

– Que... que... , fit le vieux bègue encore à moitié endormi, que Di... Dieu... v... v... vous... bé... bé... béni... bénisse... mes... mes... mes en... mes en... mes enf... mes enfants !

– Vous ne porterez plus plainte contre moi chez le caïd, mon oncle ? lui demanda Omar sur un ton suppliant.

– N... n... non... non, m... m... mon... mon fi... mon fi... mon fils. Non !

Omar prit la tête de son oncle entre ses deux mains et la baisa avec ferveur. Zaïna suivait la scène sans rien y comprendre. Un instant, elle s'approcha un peu de son mari, avec l'idée de lui demander à nouveau une explication à tout cela, mais, ayant vu qu'elle n'était pas vraiment mécontente de quitter Tizi n'Illarebbi, elle se ravisa ; là où le destin la conduisait ne serait sans doute pas pire, pensa-t-elle.

Omar enjoignit à sa bête d'avancer, tandis que le vieux bègue restait planté dans l'embrasure de sa maison, regardant la grosse clé rouillée comme un athlète sa première médaille.

Arrivés au douar voisin, Omar confia, sans cérémonie, sa mère à Tidare, sa sœur aînée. La vieille délirait comme à l'accoutumée ; tantôt, elle intimait des ordres à des valets invisibles, tantôt, elle réclamait en gémissant son bol de soupe matinale. Le vannier prit vite congé de sa sœur en lui recommandant de bien prendre soin de leur mère.

Sur le chemin, Omar remarqua que sa mule avançait moins péniblement à présent qu'elle était débarrassée de la vieille. Presque en même temps, il se sentit lui aussi soulagé, comme d'un lourd fardeau. Mais, l'instant d'après, il regretta de s'être laissé aller à des pensées aussi condamnables. Ses lèvres balbutièrent alors une molle excuse à l'intention de sa mère désormais abandonnée derrière lui.

Omar et Zaïna débarquèrent chez nous au milieu de la matinée, après deux heures de marche à travers *Talatines*, une immense étendue de collines arides et rocailleuses.

Vers midi, je rentrai de Marrakech pour passer la fin de la semaine chez moi ou, plutôt, pour m'approvisionner en argent et nourriture. Sur place, il n'y avait personne pour me tirer d'embarras. Mes proches, dispersés un peu partout dans la cité rouge, étaient, soit trop pauvres, soit trop riches, et dans les deux cas, je n'avais absolument rien à espérer d'eux. Les pauvres aimeraient bien m'aider de temps en temps mais... Les riches, eux, ignoraient ou feignaient d'ignorer mon existence.

Omar était affalé sur une natte de raphia dans un coin de la cour, le buste tassé, les jambes paresseusement écartées, la gorge renversée, l'air épuisé. Jusqu'à présent, je ne l'avais vu qu'une seule fois, le lendemain du mariage, quand il était venu emmener Zaïna dans la camionnette. Nous avions alors eu juste le temps d'échanger quelques platitudes de circonstance.

Dès qu'il m'eut vu, Omar se releva et vint me donner une chaleureuse accolade, me serra dans ses bras, me souhaita la bienvenue... Je m'accroupis sur la natte, à trois ou quatre mètres de lui, une distance dictée sans doute par cette méfiance, légère mais constante, que l'on éprouve toujours à l'égard du beau-frère.

On a beau dire, le beau-frère ne fait jamais vraiment partie de la famille ; même avec toutes les qualités du monde, il reste avant tout l'individu qui, toutes les nuits que Dieu fait, agresse les intimités de votre sœur. Il est donc tout à fait naturel que les rapports avec lui soient toujours quelque peu tendus.

Omar voulait savoir pourquoi je ne lui avais jamais rendu visite dans son douar. A vrai dire, je ne le savais pas moi-même. Comme je ne répondis rien, il en profita pour m'accabler de reproches, mais sur un ton plutôt bienveillant, voire paternel. N'était-il pas mon beau-frère, le conjoint légitime de ma propre sœur ? N'avions-nous pas dorénavant des liens de chair et de sang ? Ne serais-je pas bientôt l'oncle bien-aimé de son enfant... ?

Je finis par lui promettre une visite pendant les grandes vacances, plus par envie de mettre un terme à ses reproches merdiques que par celle de me rendre dans son hameau médiéval.

Ma réponse eut cependant un effet inattendu : le vannier se tut d'un seul coup, comme une machine à qui l'on a coupé le courant. Croyant m'être fait mal entendre, je réitérai ma promesse : l'homme demeura silencieux ; un vrai malaise commença à se profiler sur les traits de sa figure. Après une ou deux minutes de conciliabules avec lui-même, il releva la tête comme pour me confier un secret, hésita un moment, bredouilla même quelques mots... enfin, il changea d'avis, ayant sans doute trouvé qu'il était trop tôt pour épancher son cœur.

Alors, il brancha de nouveau son babillage sur moi, m'assaillant de questions sur ma santé, sur mes études, sur la vie en ville, sur la place Jama'a Lefna, ses conteurs, ses charmeurs de serpents, ses diseuses de bonne aventure... Mes réponses furent à chaque fois courtes, banales, des lieux communs et des platitudes rebattues.

Toute mon attention était en fait captée par cet homme pour le moins énigmatique, qui venait de faire irruption dans notre vie. Je ne me lassais pas de l'observer, avec de plus en plus d'intérêt, de plus en plus de curiosité, peut-être aussi avec une certaine inquiétude.

Âgé d'une trentaine d'années, Omar était gros et plutôt petit de taille. Mais son embonpoint restait bien dans les limites du tolérable ; ses gestes et mouvements n'en semblaient nullement gênés, au contraire. Bien que large, sa gandoura de lin usée ne dissimulait guère le principal défaut de son corps, à savoir une absence totale d'harmonie. Le vannier était en effet doté d'un long buste planté sur des jambes courtes, légèrement en retrait. Ses petits bras potelés se terminaient sur des mains de charretier, aux phalanges épaisses, aux ongles rognés.

Mais, c'était plutôt la figure de l'homme qui frappait le plus l'attention : Omar avait un visage de bédouin insoucieux, rond, plein et presque imberbe, les joues creusées d'une fossette de poupon, le front large et légèrement en saillie, le crâne à moitié couvert avec une calotte d'un jaune fatigué. Ses grands yeux, au regard hébété, fixaient sur ses traits un air bon enfant, enjoué et rieur. Et comme il riait effectivement souvent, de tout et de rien, on distinguait nettement ses dents rares et fort mal plantées.

Omar avait une singulière façon de rire : il renversait le crâne en arrière et éclatait d'un rire de baleine, qui faisait tressauter ses épaules et la graisse de ses joues ; en même temps, il s'allongeait une suite de tapes sur les cuisses, ou sur le ventre. Ces manières, d'un comique déroutant, déclenchaient immédiatement autour de lui une hilarité générale, dont il n'avait sans doute jamais soupçonné l'origine véritable.

A vrai dire, il ne fallait pas beaucoup de temps pour se rendre compte que l'homme était bête ; cela crevait les yeux. En même temps, on n'osait, sous aucun prétexte, lui manifester la moindre hostilité, car on voyait bien qu'il était bon, profondément bon, le genre incapable de nuire, même à une bestiole. Mon père trouvera bientôt une phrase qui résume parfaitement son drôle de gendre : *ce Omar*, dira-t-il souvent, *est un brave bougre, mais pas deux rials de tête* !

C'était Zaïna qui annonça à mon père qu'ils désiraient s'installer chez nous, le temps qu'Omar trouvât une solution, avec l'aide du Très-Haut et de Son Messager, prière et salut d'Allah soient sur Lui.

Étant de la vieille espèce qui se considère père et protecteur de sa progéniture jusqu'au tout dernier de ses jours, mon père lui répondit en souriant :

– Ma fille, on ne demande point la permission de s'installer chez soi !

Le soir même, mon père me pria de céder ma mansarde à Zaïna.

– C'est provisoire ! ajouta-t-il pour me faire avaler la pilule.

Je rangeai tout de suite les quelques affaires en ma possession et rejoignis mes petits frères entassés dans une pièce basse de plafond et empestant toujours la vieille urine.

Les premières semaines, Omar parlait souvent d'un probable départ en ville. Il disait qu'il y dénicherait un travail stable et bien rémunéré, dans le bâtiment, dans l'entretien, dans la restauration, ou dans tout autre secteur. S'il ne le trouvait pas, il deviendrait marchand ambulant de n'importe quelle pacotille, vendeur à la sauvette des cigarettes au détail, fripier dans quelque vieux souk de la médina, ou alors revendeur de paniers. Les paniers, ça le connaissait bien ! c'était sa spécialité ! Il pouvait aussi se lancer dans le petit commerce des bidons et des boîtes de lait vides ou celui des fruits abîmés – deux créneaux, disait-on, en plein épanouissement à Marrakech... Une fois sa fortune faite, il concrétiserait son rêve de toujours : être propriétaire d'une charrette-snack ! Mais, juste avant, il devrait trouver une chambre avec des voisins, peut-être même une maisonnette, qui savait ! Ensuite, il reviendrait chercher Zaïna. Zaïna et lui seraient à coup sûr un *ménage béni*, comme disaient les Marrakchis...

Au début, Omar parlait ainsi tous les soirs, à l'heure du thé. Il détaillait ses projets d'avenir en dégustant l'infusion à petits coups sifflants. Zaïna buvait ses paroles, l'air alléché, le regard rêveur. Sans doute s'imaginait-elle déjà une citadine à part entière, jouissant de tous les agréments de la vie en ville : l'eau régulièrement disponible au robinet, le gaz butane, l'électricité, la radio, peut-être même la télévision... De temps en temps, la femme poussait un léger soupir. Vivement le départ à Marrakech !

Ayant heureusement l'oreille dure, ma mère se contentait de filer sa laine ; parfois, elle hochait la tête ou répétait un mot, juste pour montrer qu'elle n'était pas en déphasage complet avec ce qui se disait.

Pour ne pas avoir à écouter les bobards de son drôle de gendre, mon père, lui, faisait semblant de somnoler, la tête dans le creux de l'épaule, le capuchon de la djellaba rabattu sur les yeux.

Quelques mois plus tard, Zaïna accoucha dans ma chambre de son enfant, le premier d'une longue série ; un super poupon, rougeaud et joufflu, qui pesait vraisemblablement bien plus de cinq kilos le jour de sa venue au monde.

Omar passait alors ses soirées à bercer son bébé, le dorloter, le choyer ... Il ne parlait pratiquement plus de s'établir à Marrakech.

Il faut dire que l'homme s'était rapidement intégré dans le village. En quelques mois, il y avait noué plus de relations que moi en dix-huit années. Sa bonne humeur, sa grande sociabilité, sa faconde intarissable, son obligeance et sa drôlerie spontanée lui valurent, en très peu de temps, la sympathie de tous les villageois, hommes et femmes, jeunes et vieux.

Tous les matins, après le petit déjeuner, Omar s'en allait aux champs, sous prétexte de donner un coup de main à mon père. Sur le chemin, il s'arrêtait avec toute personne ayant manifesté une quelconque disposition au bavardage. L'ancien vannier avait toujours quelque chose d'intéressant à raconter, quelque chose qui pouvait aller de la parabole aux enseignements hautement édifiants jusqu'à la plaisanterie la plus lubrique que l'on puisse imaginer. Il savait très vite repérer le centre d'intérêt de son interlocuteur, et y orienter aussitôt le babil avec toute la motivation du monde.

Les petits fellahs, qui trimaient dans leurs champs, l'invitaient de bon cœur à partager leur pitance ou à prendre un verre de thé avec eux ; le travail physique se faisant toujours beaucoup mieux dans la compagnie que dans la solitude. Outre le réconfort et le plaisir qu'il leur apportait par sa volubilité et ses histoires à divertir un mourant, Omar n'hésitait jamais à leur donner un coup de main, quand la situation l'exigeait. De leur côté, ils lui offraient, presque à chaque fois, quelque chose en signe de reconnaissance ou de sympathie : des légumes, des fruits, une ou deux gerbes de menthe, du bois pour le feu...

Les maçons aussi appréciaient beaucoup la compagnie d'Omar ; les boutiquiers et les artisans se le disputaient ; les jeunes n'organisaient jamais de soirée ni de festin sans l'y avoir convié. Omar était de toutes les fêtes du village, toutes les cérémonies, toutes les bombances... Quand parfois les hôtes avaient oublié de le convier, c'étaient les invités eux-mêmes qui réclamaient sa venue, envoyaient deux ou trois hommes pour le chercher... On le priait quand il tergiversait ou avançait quelque prétexte, on priait aussi Zaïna, ou même mon père. *Une fête sans Omar Irkem est comme un thé sans sucre* ! disaient les villageois, tellement ils ne pouvaient plus se passer de sa compagnie. Les gens adoraient ses manières bouffonnes, ses rires de baleine, ses histoires à la con et ses plaisanteries salaces, sans compter que l'ex-vannier était un préparateur de thé hors pair.

Dés qu'il arrivait dans une fête, on posait devant lui le service à thé. A la maison, mon père disait toujours que le thé d'Omar dissipait ses migraines et lui remontait le moral.

Un camionneur du village, qui faisait de longs trajets la nuit, l'emmenait souvent avec lui, l'entretenant de bout en bout du voyage. En échange, l'ex-vannier devait mobiliser toute sa faconde pour le divertir et l'empêcher ainsi de s'endormir au volant.

De toute façon, quand Omar découchait, personne à la maison ne s'en souciait vraiment, pas même Zaïna ; à peine si on regrettait un peu son thé à la mousse épaisse et son babil intarissable.

Bien qu'il vive pour l'essentiel sur le dos de mon père, Omar était ce qu'on appelle communément *un homme bien.* Il se montrait toujours respectueux vis-à-vis de ma famille, toujours serviable, généreux, accommodant, ne se dérobait jamais devant le travail, ne contrariait jamais personne, pas même un enfant.

Son seul et unique défaut était sa fécondité : Omar engrossait ma sœur tous les ans, sans discontinuer. En six années de mariage, le score fut sans appel : six enfants, trois garçons et trois filles, tous gros, beaux et très bien portants, bien qu'ils n'aient jamais franchi le seuil d'un hôpital ni celui d'un cabinet médical.

Brahim, l'aîné, venait de boucler ses six années quand j'obtins mon bac. Deux ans plus tard, Zineb et Fatima atteignirent, elles aussi, l'âge d'aller à l'école. Mais ni leurs parents ni les miens ne songeaient à les y inscrire. La situation économique de la famille s'était sérieusement détériorée à cause de la sécheresse, qui sévissait durement dans le pays.

Comme tous les petits paysans, mon père dut se débarrasser de toutes ses bêtes en quelques mois. L'année agricole suivante était encore pire ; la courbe pluviométrique atteignit son plus bas niveau dans toute la région du sud. De mémoire de paysan, on n'avait vu une pareille sécheresse. Hormis quelques rares champs dotés de puits, tous les autres étaient littéralement calcinés. Une singulière odeur de feu de bois s'en dégageait dès qu'on s'en approchait.

Pour subvenir aux besoins les plus élémentaires de la famille, mon père brada aussi l'un de ses deux champs au profit d'un nabab de la région. L'État le déposséda bientôt de l'autre pour cause d'utilité publique. L'indemnisation fut la plus dérisoire, la plus ridicule qu'un propriétaire terrien ait jamais reçue : deux dirhams le mètre carré, dont on préleva immédiatement quarante centimes d'impositions et taxes diverses.

Un an plus tard, mon père fut contraint de revendre à vil prix les cinq ou six tapis tissés avec science et patience par ma mère. Il revendit aussi le métier à tisser, puis son propre burnous de laine écrue... Comme la farine, le sucre et l'huile connaissaient une flambée de prix sans précédent, l'argent obtenu à chaque fois suffisait à peine à couvrir les dépenses de quelques semaines.

Il y avait, à la maison, trop de bouches à nourrir, quinze au total, sans compter les visiteurs, et surtout les visiteuses pique-assiette, qui s'arrangeaient toujours pour débarquer chez nous à l'heure des repas.

Pendant ce temps-là, mes neveux, qui devaient normalement être sur les bancs de l'école, gambadaient toute la journée devant la maison, sous le regard insoucieux de leur père. Le mien se donnait déjà assez de peine pour les nourrir correctement ; ce serait le tuer que de lui demander de payer aussi leur scolarité.

Manifestement, Brahim, Zineb, Fatima ainsi que leurs frères et sœurs étaient destinés à grossir davantage les rangs des analphabètes, qui empêchent et empêcheront encore longtemps ce pays d'aller de l'avant. Mais, fallait-il toujours, au nom de la sécheresse ou de la misère, sacrifier l'avenir d'enfants innocents ?

Un soir, alors que je lisais à haute voix *Le bateau ivre* de Rimbaud, je surpris le petit Brahim qui m'observait, les yeux écarquillés, l'air hébété :

– Dis donc, mon oncle, me demanda-t-il dès que j'eus terminé ma lecture, comment fait-on pour parler à un livre ?

Bien sûr, je ne sus que répondre à une question aussi déconcertante ; mais, le lendemain même, je quittai l'Université et m'inscrivis au CPR[2] de la ville. Poursuivre mes études supérieures dans de pareilles circonstances relèverait carrément de la non-assistance à sa famille en danger – un acte d'égoïsme que j'aurais sur la conscience le restant de mes jours dans ce bas monde.

---

2. Centre Pédagogique Régional.

6

Deux années au CPR de Marrakech

Entre quatre-vingt-trois et quatre-vingt-cinq, je fis dix-huit mois de formation pédagogique au CPR de Marrakech. Mes professeurs étaient, pour la plupart, des Français de souche. Quoi de plus naturel que le français soit enseigné par des Français !

Comme dans toute école, les professeurs du CPR de Marrakech allaient de l'enseignant compétent et compréhensif, dont on se souvient toujours avec un agréable pincement au cœur, à l'ignare pur sucre, face auquel on se demande sans cesse si ce n'est pas par quelque grossière méprise qu'il a fini dans un tel poste.

Elmahi, Cordier et Filatre font partie de la première catégorie. Dans l'écheveau de ce qui forme un enseignant, je leur suis redevable de beaucoup. Les autres, malheureusement majoritaires, ne m'ont laissé que le vilain souvenir d'imposteurs éhontés et cyniques. Leur pratique de la profession semblait si dilettante, si erronée que nous les soupçonnions fortement d'avoir usurpé le titre d'enseignant.

Madame Pastorale, notre soi-disant professeur de *littérature*, était en réalité une spécialiste de ce que mes camarades et moi appelions la *lecture-suivologie* : tous les jours que Dieu concevait, madame Pastorale nous faisait lire, un par un, et pendant cinquante minutes, de longs extraits du *Père Goriot*, consacrant les quelques autres minutes qui lui restaient pour se débarrasser de nous, à trois questions, toujours les mêmes, de bout en bout de l'année : *Où se passe la scène ? Quand se passe la scène ? Quels sont les principaux personnages de la scène ?*

Monsieur Boulier, le présumé lexicologue du CPR, avait trouvé une méthode, qu'il qualifiait de *ludique*, pour nous apprendre le vocabulaire de Molière : les mots croisés. Monsieur Boulier arrivait tous les matins en classe avec une demi-douzaine de grilles arrachées aux quotidiens nationaux. Il les recopiait ensuite soigneusement au tableau noir, tâche qui lui prenait la moitié de la plage horaire, en principe consacrée à la lexicologie. Pendant l'autre moitié, c'était à notre tour de recopier les grilles dans nos cahiers, avec la même application, le même soin, monsieur Boulier étant un maniaque de la présentation.

Pour remplir la grille, nous avions alors toute une semaine et, bien entendu, la totale liberté de recourir à tout ouvrage pouvant nous faciliter la tâche : dictionnaires, encyclopédies, manuels de sciences, livres d'histoire... etc.

Quant à monsieur Vigneron, le professeur des *Travaux Encadrés*, ou supposé comme tel, l'acte d'apprendre allait de pair avec celui de chanter. Monsieur Vigneron disait que la chanson était incontestablement le meilleur moyen d'apprendre le français. Aussi ne se lassait-il pas de nous faire écouter Henri Salvador, Claude François ou encore Mireille Mathieu, avec une nette prédilection pour cette dernière. Car, nous avoua-t-il une après-midi où il était un peu éméché, la diva avait accepté de se faire prendre en photo avec lui à la fin d'un concert à Paris-Bercy. Et, pour dissiper tout doute, il retira de son portefeuille la preuve religieusement plastifiée et nous la montra, l'air en proie à une vive émotion. Monsieur Vigneron consentit même, l'effet de l'alcool aidant, à nous laisser admirer longuement la photographie.

Driss Bensaïd, l'un des rares Marocains à enseigner le français au CPR de Marrakech, était un gaillard de haute et forte stature, débordant de dynamisme et très soucieux de sa mise, au demeurant. Il arrivait au CPR comme un dandy à une soirée galante : tiré à quatre épingles, rasé de près, parfumé à outrance, les cheveux enduis de cosmétique, l'air plein de lui-même, l'œil lubrique, un véritable Don Juan en parade.

Driss Bensaïd venait de rentrer au pays après quelques années d'études de langue française à l'Université de Bucarest, où il avait été envoyé par son oncle, Omar Bensaïd, membre très influant du parti communiste, patron d'une grande tuyauterie à Casablanca et parlementaire à vie.

Grâce à sa carte d'adhérent à la *Jeunesse Communiste Révolutionnaire,* Bensaïd bénéficia, durant toutes ses années roumaines, de conditions de séjour idéales et d'une bourse d'études bien grasse, le tout offert par le gouvernement de Nicolae Ceaucescu.

Tous les Bensaïd avaient transité par l'Université de Bucarest, d'où ils revenaient bardés de diplômes, et dans différentes spécialités : le français, l'anglais, la pharmacie, la médecine, les sciences sociales, le journalisme...

Driss Bensaïd prononçait le français du bout des lèvres, la langue massée en avant et avec un accent roumain exagéré : il roulait les r, accentuait à tort et à travers les syllabes, sonorisait les consonnes sourdes, assourdissait celles sonores... Bensaïd maltraitait tellement la langue française que lorsqu'il parlait vite, ses propos ressemblaient à un baratin bouddhiste.

Dès le début, Bensaïd avait décidé de prendre le pas sur le reste de ses collègues en se donnant une réputation de professeur compétent et rudement calé. Il se spécialisa alors dans *l'Analyse du Texte Littéraire*, une discipline dure, compliquée, ésotérique, la bête noire de tous les enseignants du français.

Bensaïd étudiait avec nous *La Peste*. Au premier cours, il nous fixa *l'objectif opérationnel* à atteindre : déceler le *non-dit* dans l'œuvre de Camus.

– Le dit, ou le sens, nous déclara-t-il, est l'affaire du lecteur ordinaire, l'amateur qui survole le texte littéraire comme un touriste en montgolfière survole la médina ! Une analyse digne de ce nom, ne survole pas : elle pénètre, creuse, fonce, défonce, sonde, plonge et nous mène jusqu'au fin fond du texte, là où gît le non-dit comme un trésor enfoui dans les profondeurs abyssales de la terre ! Lire, c'est déterrer le non-dit, affirmait l'illustre *Irena Antonescu*...

Pour déterrer ce *non-dit*, Bensaïd ne lésinait pas sur les moyens. Il faisait appel, ou du moins le prétendait-il, à des disciplines hermétiques et obscures, dont rien que le nom nous donnait la chair de poule : la sémiologie, la sémantique, la psychologie, la philologie, la psychanalyse...

– Le non-dit est comme le diable, disait Bensaïd, il réside dans le détail, autrement dit, dans la phrase, dans l'expression, dans le mot, parfois carrément dans un blanc typographique !

Bensaïd choisissait au hasard une phrase et s'y arrêtait la séance durant. Il lui faisait subir les cinq stades de sa soi-disant analyse : *la dislocation, l'éclatement, le morcellement, la refonte et la synthèse.*

A chaque étape, Bensaïd nous demandait de lui livrer en vrac les images qu'un terme ou une expression évoquaient en nous. En même temps, il notait pêle-mêle nos stupidités dans des schémas sphériques qu'il appelait, tantôt des *creusets analytiques*, tantôt des *champs sémiques*, c'était selon. Il procédait ensuite à des rapprochements, des comparaisons, des confrontations compliqués et bizarres des creusets et des champs.

Bensaïd utilisait le tableau noir d'une manière aussi intensive qu'anarchique. A la fin de la séance, celui-ci ressemblait toujours à un immense brouillon surchargé, raturé, sillonné de signes et de symboles de toutes sortes, un véritable obélisque couvert d'hiéroglyphes. Et, comme la plupart des mots techniques y étaient souvent écrits en roumain, nous ne nous donnions même pas la peine de prendre des notes.

La classe entière se contentait de regarder Bensaïd divaguer et gesticuler comme un énergumène. Nous ne lui fîmes jamais la moindre critique, ni la moindre remarque sur ses cours ni sur sa manière de faire. Rien de toute façon n'aurait justifié une telle méchanceté de notre part : tout bizarre qu'il était, Bensaïd avait en effet tout ce qu'il fallait à un enseignant pour plaire à ses étudiants. C'était le genre *hypercool*, le professeur complaisant, très facile, pour ne pas dire laxiste. Il ne nous donnait jamais d'exercice à faire en classe, ni de devoir à la maison, ne contrôlait pas non plus les absences, un professeur idéal, pour tout dire. Hormis les regards louches qu'il coulait sur nos camarades filles, il était vraiment difficile de lui trouver un quelconque défaut.

En matière de notation, Bensaïd était incontestablement l'enseignant le plus généreux qu'il m'eut été donné de connaître : les notes variaient en général de douze à dix-neuf. Même totalement hors-sujet, on était sûr d'obtenir sa moyenne ainsi qu'une appréciation toujours positive. Si, en outre, l'élève-professeur était une belle minette ou, tout simplement, avait le tact de saupoudrer son devoir de quelques termes roumains et d'une ou deux citations d'*Irena Antonescu*, il pouvait alors être sûr de décrocher un dix-neuf avec les honneurs, aussi sûr qu'un chat retombe toujours sur ses pattes !

Au bout de quelques semaines à défoncer *La Peste* de Camus en quête du mystérieux *non-dit*, nous comprîmes finalement le véritable *objectif opérationnel*, ou plutôt l'*objectif non-dit* de Bensaïd : épater les élèves-professeurs de sexe mâle et conquérir ceux de sexe femelle ! Le reste, tout le reste n'était même pas littérature.

Durant ces dix-huit mois passés au CPR de Marrakech, j'avais toujours remercié le Très-Haut de m'avoir doté d'un sexe mâle ; car, autrement, que de semences professorales j'aurais à encaisser ! Mes infortunées camarades filles s'étaient presque toutes résignées à recevoir les membres, à la fois circoncis ou non circoncis, de leurs professeurs, l'une après l'autre, à tour de rôle. Il n'y avait rien à faire de toute façon ; c'était cela ou l'antipathie, l'hostilité, la mise en quarantaine... , des réactions qui finissaient toujours par influencer négativement la notation des devoirs. Après tout, ces enseignants n'étaient que des êtres humains, avec leur lot de faiblesses et de désirs d'autant plus difficiles à refouler que la tentation était omniprésente devant eux.

En réalité, ce n'était pas coucher avec leurs professeurs qui leur déplaisait ; toutes les étudiantes du monde rêvent de le faire, au moins une fois. Non, ce qui les gênait vraiment était que leurs partenaires avaient parfois, en matière de copulation, des penchants quasi-pervers.

Monsieur Boulier, par exemple, exigeait d'elles du coït anal, brutal et sans les préliminaires d'usage, ni vaseline !

Vautrot, le professeur de la Pédagogie Spéciale, voulait à tout prix des pipes, sans prendre en considération que la pratique était peu connue par les filles du pays et que Bil Clinton, l'homme qui sera derrière sa planétarisation, mass-media obligent, n'était encore qu'un simple gouverneur dans son Arkansas natal.

Mais le pire de tous, celui que les *cépériennes* redoutaient au plus haut point, était, sans conteste, Driss Bensaïd, le professeur de *l'Analyse Littéraire*. Lui, c'était carrément des rapports sado-masochistes qu'il exigeait de ses partenaires, beaucoup plus sadiques que masochistes, d'ailleurs. Les filles rentraient de chez lui comme de la PJ après un interrogatoire musclé : meurtries, brisées, à ramasser à la petite cuillère. *Mieux vaut une saison en enfer*, se disaient-elles, *qu'une heure en compagnie de Bensaïd* !

Face à ces terribles assauts professoraux, mes malheureuses camarades de classe faisaient preuve d'une résignation et d'un stoïcisme dignes de Zénon. Elles encaissaient les bites professorales avec un abandon de soi exemplaire, jamais la moindre plainte, jamais le moindre gémissement ; elles acceptaient leur triste sort comme on accepte le mauvais temps.

Le lendemain de l'annonce des résultats finals, le CPR organisa une grande fête d'adieu dans la salle vingt-deux, la plus spacieuse de l'établissement. Hormis une trentaine de malheureux non admis à l'examen de sortie, les élèves-professeurs de toutes les sections y étaient présents. Il y avait aussi l'ensemble du personnel administratif avec, à sa tête, monsieur Kanyamakane, le directeur du CPR, les enseignants de toutes les disciplines, marocains et étrangers, les inspecteurs, les conseillers pédagogiques, les représentants de l'Académie, ceux du Ministère et, bien entendu, quelques flics en civil comme il était de coutume dans toute réunion ou tout attroupement.

Il y eut ensuite du thé sucré à vomir et des allocutions à ennuyer un rat mort, suivies à chaque fois de longues acclamations et de sourires sonnant faux.

Mes camarades de la Section Française décidèrent, d'un commun accord, que ce serait moi qui prononcerais un mot en leur nom.

Moi ? Mais qu'est-ce qui leur avait pris, à ces dégénérés ? Ils savaient parfaitement que je n'étais pas fait pour jouer un rôle pareil ; je n'en avais ni la carrure, ni l'éloquence, ni le culot non plus. Mon refus fut, par conséquent, immédiat et catégorique : un *lla* ! sec et ferme. Ils ne renoncèrent néanmoins pas : certains me prièrent, d'autres se montrèrent plutôt fâchés, quelques-uns m'accusèrent d'avoir la grosse tête...

Avaient-ils, en ce dernier jour, résolu de me jouer quelque mauvais tour ? Ma méfiance monta d'un cran ; la leur aussi. Ils s'agglutinèrent tout de suite autour de moi comme des mouches à merde, m'exhortant de toutes parts à *y aller.* Je visai la sortie avec la nette intention de prendre la poudre d'escampette. Mais, à peine eus-je quitté mon siège que la foule m'emporta, malgré moi, jusqu'à deux pas de la tribune, dans une fausse ambiance de liesse. Je me retrouvai aussitôt face à des centaines d'yeux, autrement dit la situation la plus embarrassante de toute ma vie de *cépérien.* Mes cheveux se hissèrent, mon corps entier se figea, les pieds comme cloués au sol, plus un filet de salive dans ma bouche ni dans ma gorge, deux grosses gouttes de sueur glaciale coulèrent de mes aisselles et glissèrent lentement sur mes côtes... Je me secouai un peu, me passai la main sur la figure, fouillai au fond de mes poches comme à la recherche d'un papier, d'un stylo ou de n'importe quoi... Je simulai ensuite une petite toux, le temps de me ressaisir, retrouver un peu mes esprits. Quelques cris railleurs commencèrent à se faire entendre au fond de la salle. Bientôt, ce furent des huées, puis des sifflets. Je respirai un grand coup, fermai les yeux et essayai, l'espace de trois ou quatre secondes, de faire un peu le vide dans ma tête. Je savais que le trac tomberait dès les premiers mots prononcés.

– Au nom de mes camarades de la Section Française ici présents..., commençai-je en adoptant un débit très lent pour dissimuler mon trouble, j'exprime notre vif soulagement de voir enfin ces deux années de *formation pédagogique* toucher à leur terme ! Est-il besoin de rappeler que cela était très dur pour nous les élèves-professeurs, et plus particulièrement pour les filles ? Durant les deux années passées dans cette institution bénie, ces malheureuses, et là je pèse mes mots, ont souffert le martyre ! Pour ne pas s'attirer les foudres de nos chers professeurs ici présents, elles étaient contraintes d'ouvrir leurs cuisses et leur faire ainsi don du seul et unique bien auquel toute femme arabe tient dans ce bas monde : son pucelage !

Une agitation nerveuse se fit sentir parmi les professeurs de français, toutes nationalités confondues. Ils se regardèrent, s'interpellèrent, se consultèrent, l'air scandalisé. Monsieur Vigneron, se dressa, le visage défait par la colère, les yeux hors la tête, prêt à faire éclater son indignation. Mais, comme aucun de ses collègues ne paraissait déterminé à le suivre dans sa démarche, il se rassit et avala sa salive. J'enchaînai, animé d'une audace et d'une détermination qui me surprirent moi-même :

– Au nom donc de tous les élèves-professeurs de sexe mâle, je rends un hommage particulier à mes camarades filles ! Je salue leur abnégation et leur générosité, bien marocaines, envers nos professeurs ! Je salue leur courage et leur stoïcisme face aux pratiques, parfois dépravées, que ces derniers leur imposaient et qu'elles subissaient dans la dignité et le silence ! Aujourd'hui, et du haut de cette honorable tribune, je vous dis : n'ayez aucunement honte de vos agissements, mes chères camarades ! Toutes les grandes femmes de ce monde ne sont justement devenues grandes que de la sorte, quoi qu'elles s'en défendent ! Le chemin qui mène à la gloire est montant, tortueux et semé d'embûches, de nids de poule et de bites dressées ; en concédant une coucherie par-ci, une autre par-là, il se transforme, comme par enchantement, en un chemin descendant, certain et faisable d'une seule traite !

Monsieur Vigneron quitta brusquement son siège et alla protester auprès de Kanyamakane, le directeur de l'établissement. Driss Bensaïd et monsieur Boulier lui emboîtèrent aussitôt le pas, s'indignant et gesticulant de colère. Kanyamakane, qui n'avait évidemment rien compris à mon discours pour cause de son monolinguisme, consulta un de ses proches collaborateurs. Informé, il leva sa longue gueule de diplomate vers moi et m'intima l'ordre de débarrasser le plancher.

– Monsieur le président directeur général de cette honorable institution, lui dis-je dans la langue du dernier Livre céleste, et sur un ton des plus révérencieux, veuillez m'accorder encore une minute, une seule, que le Tout-Puissant et Son Messager vous accordent longue vie et déclenchent rapidement votre promotion à l'un des postes-clé de ce vénérable pays !

Touché par ma prière, Kanyamakane me fit signe de poursuivre mon discours. Je repris, au grand dam de Vigneron et compagnie :

– Avant de retrouver mon siège, je voudrais remercier infiniment monsieur Vigneron, pour m'avoir initié à la chanson française, à travers ses pionniers tels Henri Salvador, Claude François et, surtout, la légendaire Mireille Mathieu ! Il n'y aurait en conséquence pas plus belle conclusion pour cette modeste allocution, que de vous chanter un couplet de cette dernière. Je prie l'auditoire de répéter après moi : *on ne vit paaaaaaaas, sans se dire adieuuuuuuuu ...* !

Les élèves-professeurs entonnèrent le couplet en chœur et à pleins poumons. Les enseignants se mirent à quitter la salle, l'un après l'autre. D'un geste furieux, Kanyamakane m'enjoignit de retourner à ma place. Je m'exécutai, sous les acclamations et les hourras de mes camarades de section. *Mission accomplie* ! *mission accomplie* ! s'écriaient-ils.

Menés par Vigneron et Bensaïd, les professeurs de français tinrent immédiatement conseil à huis clos. Il fallait à tout prix venger l'honneur professoral si cruellement souillé. Comme les résultats étaient déjà affichés, leur marge de manœuvre s'en trouvait néanmoins très réduite. Après un long conciliabule, ils décidèrent de rédiger un rapport détaillé de l'infamie et de l'expédier, le jour même, par voie administrative, au Ministère de l'Éducation Nationale.

Deux mois plus tard, ils obtinrent gain de cause : la commission chargée des affectations décida, d'un commun accord, de m'affecter à Tinghir, une zone dite *disciplinaire*.

Mais, ni mes professeurs, ni le bureau chargé des affectations au Ministère de l'Éducation Nationale ne savaient que, pour sauver les miens d'une misère de plus en plus insoutenable, j'étais prêt à me rendre au Pôle Nord, si on m'y affectait.

7

Ménage impossible

Idir, le propriétaire de la maison que nous comptions louer, Aziz et moi, nous facilita finalement beaucoup les choses. Le lendemain de notre première entrevue, il nous présenta Saïd et Abderrahmane, deux instituteurs nouvellement affectés à Aït Senane, un patelin situé à une demi-lieue de Tinghir. Les deux jeunes hommes cherchaient, eux aussi, des colocataires pour se partager les frais du loyer.

Le compte était donc bon : à quatre, les six cents dirhams à verser mensuellement seraient enfin à la portée de nos maigres bourses. Pour Aziz, l'avantage pratique de cette cohabitation à quatre était au moins aussi important que celui purement financier ; le ménage en perspective répondait parfaitement à ses souhaits car, me répéta-t-il une fois de plus, *avec des collègues, on s'entendra plus facilement* !

Bien que compagnons, Saïd et Abderrahmane étaient deux jeunes carrément aux antipodes l'un de l'autre. Rien, ni en apparence ni au fond, ne les unissait. Leurs chemins ne se seraient probablement jamais croisés sans les neuf mois de formation pédagogique passés ensemble dans la même école.

Originaire de Marrakech, Saïd était exactement ce qu'on appelle dans la cité rouge un *Ferkous*, dandy des temps modernes. Sa mise avait beau être négligée, elle n'en dissimulait pas moins un grand soin dans le choix, ainsi qu'un subtil souci d'assortiment.

Saïd était vêtu ce jour-là d'un polo en coton blanc parfaitement ajusté à sa poitrine d'adolescent tardif. Sur le côté gauche, juste au niveau du sein, le vêtement portait une signature : *Mark and Spencer*, tandis que le côté droit était constellé d'une étrange déclaration dans la langue de Steinbeck : *we instinctively know we have the stuff to win the American friend.*

Quoique de couleur bleu-marine, le pantalon, d'un tissu très fin, s'assortissait discrètement avec le blanc éclatant du polo. La confection en avait sans doute été assurée par l'un de ces petits tailleurs de la médina, méticuleux et attentif aux moindres détails. La fraîcheur du tissu et les plis nettement marqués par le repassage indiquaient bien que le vêtement en était encore à ses tout premiers usages.

Saïd était assez grand de taille, mince, les traits fins, le teint clair, les yeux dissimulés derrière de petites lunettes de soleil signées *Yves Saint Laurent*, les cheveux coupés court et soigneusement cosmétiqués, le cou paré d'une chaîne en or massif portant, comme pendentif, une petite main aux doigts écartés – fétiche censé contrecarrer le mauvais œil. Ses poignets aussi avaient leur part d'ornements : celui de droite portait une épaisse gourmette en argent, celui de gauche, une fausse *Rolex* au bracelet plaqué or.

Ferkous, Saïd ne l'était pas seulement dans sa mise, mais aussi dans ses gestes et manières. Quand il parlait, les muscles de son minois imberbe et tout son corps donnaient l'impression de se mouvoir au rythme de ses paroles, comme une musique de fond destinée à donner plus de vigueur à ses propos. Quand il pensait avoir dit quelque chose d'intéressant, il clignait de l'œil et tapait de l'index plié sur la table à deux ou trois reprises. Pendant ses moments de silence, le jeune instituteur mordillait sans arrêt le bout de sa lèvre inférieure, accompagnant son tic d'un léger rictus qui me rappelait je ne sais quel grand acteur américain.

Du reste, Saïd vivait continuellement sur la légende d'une femme de banquier tombée follement amoureuse de lui à Marrakech, et avec laquelle il entretiendrait une correspondance très régulière. Le jeune homme ne se lassait pas de m'en parler. Comme cela ne me coûtait rien de le croire, je le crus. Et puis je m'en foutais, ce qui, pour moi, est très souvent le mot de la fin.

A l'observer de près, on se rendait tout de suite compte que, dans cette vie, Saïd n'avait pas de préoccupation sérieuse, ni de peine, ni de peur, non plus. Il planait constamment dans un monde imaginaire, où tout allait pour le mieux. Comme son prénom le disait bien en arabe, il était un jeune homme *heureux*, sans le moindre souci, un jeune homme fait pour la vie, pour la vivre à fond et l'aimer de tout son cœur et de tout son corps.

Autant Saïd était fait pour ce monde, autant son compagnon l'était pour l'Autre. Abderrahmane

– appelé *Abou Abderrahmane* par son ami – faisait partie de l'espèce, de plus en plus nombreuse, qui tourne complètement le dos aux plaisirs de la vie, en attendant ceux, beaucoup plus durables, promis par les Saintes Écritures et les hadiths chérifiens.

En terme d'habillement, Abou Abderrahmane se contentait du strict minimum : une gandoura de tergal marron s'arrêtant à mi-jambes, la calotte allant avec, un saroual de toile bouffant et des claquettes de bédouin.

Si, un jour, les peuples de la Terre adoptaient le style de vie ascétique d'Abou Abderrahmane et de ses semblables, l'économie capitaliste rendrait illico l'âme. Plus besoin de suppression de la propriété privée ni de révolutions populaires.

Abou Abderrahmane était petit de taille, le corps trapu, la figure ronde, tannée et cernée d'une barbe à l'afghane et de noires moustaches, les yeux comme ornés de khôl, le regard sage, le front fortement marqué au beau milieu par le *dinar* de la piété.

L'image d'Abou Abderrahmane en compagnie de Saïd m'étonna beaucoup par son côté insolite. Je n'arrivais pas à concevoir ce qui pouvait rapprocher ainsi ces deux individus que d'infinies incompatibilités séparaient. Même frères en chair et en os, un Frérot et un Ferkous font toujours de leur mieux pour se distancier au maximum, et jusque dans les endroits où l'exiguïté de l'espace ne le permet pas, comme dans une queue, ou sur la plate-forme d'un autobus bondé, ou encore dans un hammam.

Le plus frappant dans cette singulière compagnie était que les deux instituteurs paraissaient vraiment heureux d'être ensemble. Ils vivaient en bonne intelligence, s'entendaient à merveille sur tout point, se comportaient l'un envers l'autre avec une affection certaine, on aurait dit deux amis intimes.

Le secret de cette mystérieuse liaison ne tarda toutefois pas à se dévoiler dès que j'eus fait un peu plus la connaissance des deux jeunes hommes. Outre les neuf mois de formation pédagogique au CFI[1] de Marrakech, leur attachement actuel s'expliquait par deux autres raisons bien plus solides que toutes leurs convictions respectives : l'éloignement et la solitude.

L'éloignement et la solitude font qu'une connaissance, même très limitée, est toujours la bienvenue. Ceci ne peut être évidemment bien saisi que par ceux ou celles qui, à un moment ou un autre de leur vie, se sont retrouvés sur une terre autre que la leur, au milieu de visages inconnus, indifférents, voire parfois hostiles. Rencontrer une personne du pays est incontestablement l'évènement le plus heureux qui puisse leur arriver ; cela procure un bonheur indicible et qui n'a d'égal que celui de retrouver sa terre natale après un long exil.

Ainsi, la rencontre de ces deux camarades de promotion sur cette terre si lointaine était, plus qu'une heureuse coïncidence, mais un bonheur inespéré et une consolation certaine. Tout opposés

1. Centre de Formation des Instituteurs.

qu'ils étaient, les deux instituteurs avaient au moins en commun un parcours scolaire, un certain nombre de repères spatiaux, autant de connaissances...enfin, un tas de souvenirs à évoquer ensemble pour adoucir le cours du temps et rendre moins insupportable le mal du pays.

Avant de prendre possession de la maison, Idir, le maître des lieux, exigea le versement de quatre mois en avance. C'était la coutume dans le pays ; les propriétaires se prémunissaient ainsi de toute éventuelle dérobade du locataire. Il fallait donc que chacun de nous versât d'ores et déjà six cents dirhams. Six cents dirhams ? Je rejetai tout de suite la condition ; mon portefeuille ne résisterait pas à un tel déboursement. Abou Abderrahmane m'emboîta le pas, un hadith à l'appui condamnant sévèrement les avances, les arrhes ainsi que toute forme d'acompte. Ferkous resta silencieux, les doigts triturant l'emballage d'un chewing-gum qu'il venait de porter à sa bouche. Aziz, lui, préféra négocier, rappelant à nouveau sa recommandation bidon, promettant un règlement régulier du loyer, jurant par la Mecque de bien prendre soin de la maison, de veiller lui-même à son entretien et à sa propreté... Après avoir dépensé beaucoup de salive, le jeune homme parvint finalement à convaincre le propriétaire de réduire de moitié l'avance exigée au préalable.

La maison était spacieuse et aérée. Nous retroussâmes aussitôt nos manches et commençâmes le nettoyage du sol, des murs, du plafond, des fenêtres... Outre une épaisse couche de poussière, il y avait aussi partout des cafards morts, de vastes toiles d'araignées, des guêpiers, des mégots...

Nous installâmes ensuite nos petites affaires, chacun dans une chambre. Aziz s'était emparé de la meilleure, celle dont les fenêtres donnaient en plein sur l'oasis. Personne ne contesta cette prise. Après tout, c'était lui qui avait déniché la maison, quoi donc de plus naturel qu'il se servît le premier !

Abou Abderrahmane avait volontiers choisi la chambre du fond de la maison, la moins vaste et aussi la moins éclairée. Pourquoi ? Mystère.

L'après-midi, nous nous rendîmes tous quatre au souk de Tinghir pour nous procurer quelques meubles et ustensiles de cuisine les plus élémentaires : une natte, une table basse, du gaz butane, une théière, une cocotte, des verres, des assiettes, une bouilloire...

Chaque achat fit d'abord l'objet de discussions oiseuses et d'ergotages à n'en plus finir, chacun parmi nous ayant son point de vue personnel, souvent diamétralement opposé à celui des autres. Il fallait alors, à chaque fois, engager de longues négociations avant de parvenir à un compromis.

Aziz considérait les choses par leur côté pratique, voire pragmatique. Ainsi, à titre d'exemple, la cocotte minute était-elle, pour lui, un récipient indispensable dans la cuisine de tout fonctionnaire, et ce, pour ses multiples vertus : rapidité, efficacité, simplicité, économie du temps et donc de l'argent...

Moi, qui voulais surtout ménager ma maigre bourse, je trouvais qu'une marmite ordinaire ferait largement l'affaire, sans compter qu'elle coûtait six fois moins cher.

Ferkous, lui, remarqua que l'autocuiseur était en fonte, alors que dans sa ville, il y en avait en inox et des modèles beaucoup plus affinés, beaucoup plus esthétique. Dommage qu'il n'ait pas pensé à en apporter un !

Le point de vue d'Abou Abderrahmane fut, de prime abord, clair : un refus catégorique. Il n'était point question, pour lui, de débourser le moindre sou pour l'achat d'un produit fabriqué par Seb – une entreprise occidentale, et juive par-dessus le marché ! Un bon Musulman devrait boycotter tous les produits fabriqués par les Juifs, par les Américains, par les Anglais ainsi que par tous les mécréants de la Terre ! A l'observer de près, cette maudite cocotte ne rappelait-elle d'ailleurs pas, et à bien des égards, les rondeurs d'une femme nue ? Il suffisait d'ouvrir les yeux pour s'en rendre compte ! C'était une caractéristique de tous les produits américains et juifs. Tous avaient des allures de femme nue : la bouteille de Coca-cola, celle de Pepsi, les avions Boeing, les voitures Chrysler, les camions Ford... que savait-il encore ! C'était une ruse empruntée à Satan le Maudit ! Pour tenter les fidèles, ce dernier ne prenait-Il pas souvent Lui-même l'apparence d'une femme ? D'ailleurs, pas la peine de pousser l'analyse si loin ; nos grands-parents, eux, utilisaient-ils la cocotte machin ? Jamais ! Ils avaient le tajine en terre cuite, un récipient naturel, sain, pratique et qui préservait parfaitement le goût des aliments... !

Abou Abderrahmane poursuivait sa virulente diatribe contre l'autocuiseur ; Aziz n'en démordit pour autant pas : il nous fallait à tout prix une cocotte minute dans la cuisine, même si pour cela, il devrait la payer seul ! Aziz avait haussé le ton, sa voix de gros fumeur vibrait de défi, une colère sourde lui rongeait les traits... Le groupe à peine formé menaçait sérieusement d'éclater. J'intervins ; il était temps de régler le litige et de sauvegarder la fragile union. Je proposai aux deux antagonistes un compromis permettant à chacun de se tirer d'affaire en sauvant la face : l'autocuiseur serait réglé à parts égales par Aziz, Ferkous et moi, tandis qu'Abou Abderrahmane paierait à lui seul la bouilloire. Ma proposition fut accueillie sans commentaire, signe que les deux adversaires l'approuvaient plus ou moins. Abou Abderrahmane semblait même content de régler à lui seul la note de la bouilloire :

– C'est toujours une bonne action d'acheter une bouilloire, me dit-il avec un éclair de joie dans le regard. C'est un récipient conçu pour satisfaire à la fois les besoins du corps et ceux de l'âme : on y chauffe l'eau du thé et celle des ablutions !

La même crise se déclenchait à chaque achat. Aziz et Abou Abderrahmane avaient, sur chaque objet, une opinion littéralement opposée à celle de l'autre ; et chacun campait sur la sienne, refusant de faire la moindre concession à l'autre ; un véritable bras de fer que je tentais de surmonter en offrant à chaque fois mes bons offices.

Nous rentrâmes enfin à la maison après un dîner morose dans une gargote du souk. Entre Aziz et Abou Abderrahmane, le courant ne passait pratiquement plus ; les deux jeunes hommes évitaient même de se regarder ou de se retrouver l'un près de l'autre. Était-ce déjà la rupture ?

Pour détendre quelque peu l'ambiance, je décidai de réunir tout le monde autour d'un thé apprêté à la manière d'Omar Irkem, mon beau-frère. Il s'agissait, en somme, de laisser infuser la substance avec une gerbe de menthe verte découpée en morceaux, jusqu'à obtenir un liquide consistant, parfumé et couronné d'une épaisse mousse.

Accroupis sur la natte, mes trois colocataires s'occupaient, ou faisaient semblant, sans doute pour ne pas avoir à se parler. Aziz crayonnait une silhouette de femme sur un papier d'emballage. De temps en temps, à intervalles réguliers, il tirait sur sa cigarette et suivait d'un regard vide les volutes de sa fumée nauséabonde s'élever lentement vers le plafond.

Ferkous avait trouvé une occupation beaucoup plus sérieuse : il repassait ses pantalons et chemises sur, en guise de table de repassage, un drap plié en quatre et étendu sur la natte de raphia. Ses mains maniaient le fer avec une grande délectation.

Abou Abderrahmane se tenait à croupetons, le dos délibérément tourné à Aziz, un petit livre de poche arabe intitulé *Le Droit Chemin* entre les mains. Je distinguai, sur la quatrième de couverture, l'image d'un barbu enturbanné à la manière des docteurs de la foi égyptiens. Peut-être s'agissait-il de Sayyed Hijazi ou de Cheïkh Ch'araoui, ou de tout autre connard de la même farine.

Je servis le thé. Il était vraiment réussi, contrairement à l'adage populaire qui dit que le thé se laisse influencer par l'ambiance régnant autour de lui.

– *Mmm* ! fit Ferkous en le dégustant.

Aziz et Abou Abderrahmane ne desserrèrent pas les lèvres. Pour les sortir de leur mutisme renfrogné et hostile, je décidai de leur raconter une blague, la plus drôle de mon répertoire. A ma première phrase, Abou Abderrahmane bredouilla un bonsoir et se retira dans sa chambre. Les deux autres ne tardèrent pas à faire de même. Je demeurai seul dans la cour à réfléchir. Une question me taraudait de plus en plus les méninges : était-il possible de trouver une solution à cette crise ?

A supposer que j'en trouve une, elle n'aurait de toute évidence qu'un effet éphémère ; d'autres crises, beaucoup plus graves, étaient déjà dans l'air. Les mâles ne cohabitent de toute façon jamais longtemps avec d'autres mâles ; cela n'existe chez aucune espèce animale, pourquoi ferions-nous une exception... ?

A dire vrai, mon seul et unique souci dans tout cela était que le ménage tînt jusqu'à la régularisation de ma situation financière, prévue au plus tard pour le mois d'avril. Après, je tirerais ma révérence à mes trois colocataires, et ils pourraient alors s'entretuer, s'ils en avaient envie. Mais, à présent, ma survie pécuniaire dépendait étroitement du maintien du ménage à quatre. A quatre, le loyer et les autres dépenses resteraient à la portée de ma bourse pour une assez longue durée. Si, par malheur, les deux instituteurs pliaient bagage, ma bourse rendrait l'âme beaucoup plus vite que prévu, et je me retrouverais aussitôt dans la dèche.

Eux, ils s'en fichaient ; mes craintes ne leur frôlaient même pas l'esprit, car ils étaient visiblement tous du genre à compter au moins sur un parent. Une lettre ou un coup de téléphone, et les voilà tirés d'embarras par l'envoi immédiat d'un mandat télégraphique bien consistant. Moi, en revanche, je n'avais que mes petites économies, et elles étaient déjà sérieusement entamées par les premiers achats. Je devais donc veiller à la survie du ménage, même si pour cela, il me fallait, à chaque altercation, à chaque prise de bec, dépenser beaucoup de temps et de salive.

Parviendrais-je à maintenir, des mois durant et sous le même toit, des individus plutôt faits pour se haïr ? Serait-il possible de faire cohabiter longtemps un Ferkous tombeur de femmes imaginaires, un communiste niant farouchement l'existence du goulag, un mollah rêvant d'un monde soumis à la seule *Charia*[2] d'Allah et moi qui, dans tout cela, ne pensais qu'à ma survie économique ? Ma mission s'annonçait décidément difficile, voire impossible.

2. Loi canonique islamique.

8

Louhou

Depuis le premier jour, j'accomplissais seul les tâches culinaires de la journée. L'un ou l'autre de mes colocataires me donnait parfois un petit coup de main, mais cela tenait plus du geste symbolique que de la participation effective.

Au début, je ne m'en plaignais jamais ; je considérais mon acte comme le prix à payer pour sauvegarder le ménage et assurer ainsi ma survie économique. C'était, pour moi, une simple question d'intérêt personnel, rien de plus.

Or, avec le commencement des cours au collège et de toutes les corvées qui s'en suivent habituellement : la préparation des fiches didactiques, les corrections, le cahier-journal, les dossiers..., les tâches ménagères quotidiennes se mirent à me peser, de plus en plus.

Un jour, je m'en ouvris à Idir, le propriétaire de la maison. Cela m'était arrivé comme ça, par un pur hasard. Et comme le hasard fait bien les choses, mon idée s'avéra ingénieuse, au point de susciter mon propre étonnement. En général, mes idées sont passables, parfois nulles, voire bizarres, c'est du moins ce qu'en disent mes détracteurs.

Le lendemain, Idir arriva chez nous, accompagné d'une créature femelle hermétiquement empaquetée dans un haïk noir. Impossible de se faire la moindre idée sur son physique. Comme la plupart de ses congénères en âge de susciter le désir, elle ne dévoilait qu'un œil, juste de quoi distinguer son chemin lorsque les circonstances la contraignaient à quitter sa tanière.

– Voilà, me dit Idir de cette voix légèrement glapissante qui est celle des Tinghiriens, elle se nomme Louhou, Louhou Bihi, et elle cherche du travail à temps partiel pour aider un peu à...

La femme restait en retrait, à quatre ou cinq pas de l'entrée, immobile, muette, l'œil rivé au sol, un drôle d'épouvantail.

– Louhou, reprit Idir après s'être bruyamment mouché entre les doigts, se présentera chez vous tous les matins vers huit heures. Son travail accompli, elle devra tout de suite retourner chez elle, où un autre travail l'attend de pied ferme... Disons, vers la fin de la matinée, avec l'appel à la prière de la mi-journée, au plus tard... Louhou est mère, des enfants en bas âge à élever, des tâches ménagères à accomplir, une vache à mener en pâture et tant d'autres corvées... Que le Très-Haut lui vienne en aide, ainsi qu'à tous les Musulmans de ce monde !

Idir s'apprêtait à s'en aller, quand, avec le pouce et l'index, je lui fis le geste universel indiquant l'argent.

– Ah ! s'exclama-t-il, dis-toi bien que je n'ai pas oublié ! Il n'y a ici-bas que trois choses qu'un homme avisé ne doit jamais oublier : l'argent, les clés et la *chahada*[1]... Non, ne t'inquiète pas ; Louhou accepte volontiers les trois cents dirhams que tu as fixés !... Par contre, j'ai failli oublier une chose, toute aussi importante : la pauvre bougresse que voici ne parle que le berbère du bled ! Débrouille-toi donc avec ton soussi pour assurer un minimum de communication ; il n'est pas vraiment différent du nôtre, ce n'est souvent qu'une question de prononciation !

Idir s'en alla. D'un geste perplexe, j'invitai la femme à entrer. Elle vacilla légèrement sur ses jambes, s'empêtra dans les pans de son haïk, trébucha contre un obstacle invisible, hésita encore pendant quelques secondes... enfin, elle se décida à me suivre, les regards à terre, le pas toujours incertain, l'air visiblement très mal à l'aise.

Arrivés à la cuisine, je lui indiquai en bref l'emplacement de quelques objets indispensables à son travail : la serpillière, la lessive, les torchons, l'eau de javel, la poubelle... En obliquant pour lui montrer la bassine suspendue au mur, mon regard croisa son œil, l'espace d'une fraction de seconde : le blanc était de neige, le noir de jais, le regard d'une netteté à donner le tournis. La femme n'avait vraisemblablement pas encore franchi la trentaine ; la pureté et la fraîcheur de son regard en étaient la preuve incontestable. J'ouvris le placard au-dessus de l'évier pour lui montrer la vaisselle. Mais, à peine

1. Profession de foi.

eus-je commencé ma phrase que je m'embrouillai, les mots se heurtaient, se confondaient dans ma tête, mon rythme cardiaque s'accélérait, ma respiration s'entrecoupait, une vague de chaleur m'envahit de la tête aux pieds... Je me retirai alors en catastrophe dans ma chambre.

Pour distraire mon esprit de l'œil si pur qu'il venait d'entrevoir, je pris un journal national, vieux de trois ou quatre mois, un de ces quotidiens du Makhzen qui, faute de lecteurs, finissent toujours chez l'épicier du coin. Souvent, pour tuer le temps, j'en empruntais un ou deux à Moha, le marchand des fruits secs. Il semble qu'il n'y a pas mieux que la lecture pour tuer le temps, sans compter que, dans mon cas, elle est aussi un moyen d'apaiser les débordements de ma sensibilité. Le plaisir de lire estompe en moi tous les désirs, assouvit toutes les soifs, même lorsque ce que je lis n'en vaut pas la peine, comme ce fut sans doute le cas ce jour-là.

Je dépliai donc le journal et mes yeux tombèrent aussitôt sur un article intitulé : *Rabat-Kinshasa, l'histoire d'une amitié indéfectible.* L'auteur, qui était aussi le rédacteur en chef du journal francophone, rappelait en premier lieu les grands moments de l'amitié maroco-zaïroise : les multiples rencontres au sommet, les accords de coopération et de soutien, l'intervention de l'armée marocaine dans la province de Shaba en mil neuf cent soixante-dix-sept pour rétablir l'ordre dans le nord du pays et chasser les rebelles communistes... Il passa ensuite à l'éloge de la personne du président Mobuto Sese Seko, le qualifiant de *fondateur du Zaïre moderne et démocratique, et de modèle à suivre par les chefs d'Etats de cette région de l'Afrique Centrale.*

L'auteur de l'article avoua, au passage, avoir été, en compagnie d'une délégation de hauts dignitaires marocains, les invités d'honneur du président Zaïrois. Il poursuivit son éloge en énumérant les grandes réalisations de Sese Seko à travers le pays : barrages, routes, écoles, hôpitaux, réserves... *Tout cela serait-il possible sans l'élimination en soixante-huit du traître Patrice Lumumba* ? se demanda-t-il avant de relater, avec force détails, les circonstances qui avaient amené Mobuto Sese Seko à prendre les commandes du pays et *sauver ainsi le Zaïre et les Zaïrois d'une calamité certaine* !

L'article n'était finalement pas si inintéressant que cela, mais je n'arrivais pas à me concentrer ; la présence d'une femme dans les parages détournait constamment mon attention. Je balançai alors le journal sur la natte et quittai ma chambre.

Un va-et-vient fébrile, étranger aux mœurs de la maison, régnait dans la cour. Abou Abderrahmane et Ferkous s'agitaient dans tous les sens, papillonnant d'une pièce à l'autre avec l'air de s'affairer.

Je pénétrai dans la cuisine sans trop leur prêter attention : le dos tourné à l'entrée, Louhou lavait la vaisselle accumulée sur l'évier depuis la veille. La femme s'était débarrassée du haïk vétuste qui l'isolait du monde, ne gardant plus qu'un caftan de lin délavé, dont elle avait retroussé les manches pour travailler à son aise.

Louhou était de taille moyenne et plutôt mince. Vu de dos, son corps promettait beaucoup, malgré un léger déséquilibre au niveau des épaules. Les contours en étaient harmonieux et pleins d'une douce féminité, les lignes pures, parfait le galbe de la croupe. Une longue tresse noire pendait de dessous son fichu et descendait jusqu'aux hanches, oscillant au rythme de ses gestes et mouvements.

Je m'éclaircis la gorge pour l'avertir de mon retour. Louhou obliqua, l'air effrayé : la beauté de l'œil, dont j'avais, un peu auparavant, apprécié la pureté, était en effet un fidèle échantillon du reste.

Louhou avait un charmant visage, légèrement ovale, avec un haut degré de féminité dans les traits, le front élevé, les yeux grands et taillés en amande, le regard de velours, doux et candide, les contours réguliers, le teint cuivré par l'alternance de l'ardent soleil de l'été avec les rudes froids de l'hiver. Ses lèvres charnues débordaient d'une sensualité à l'état sauvage. Un tatouage en forme de sapin lui fendait le bout du menton, marquant ainsi, par ce vieil ornement berbère, son appartenance à la tribu des *Imerghades*.

Contrairement au visage et aux mains exposés en permanence aux excès du climat, le haut des bras était d'une clarté éclatante, donnant ainsi une idée précise sur les autres parties de son corps.

Louhou était sans aucun doute une beauté, mais une beauté à l'état brut, un diamant encore couvert de boue ; si on ne prend pas soin de l'en découvrir, il peut bien passer pour un vulgaire galet. Avec des conditions de vie meilleures comme, par exemple, celles dont jouissent les milliers de laiderons qui peuplent nos villes, Louhou serait incontestablement une *Fesra*[2].

Les *Fesras* sont une espèce fort prisée. Les mâles de douze à quatre-vingts ans rêvent d'en avoir une dans leur lit. Pour cela ils sont prêts à tout sacrifier, biens meubles et immeubles.

Les *Fesras* sont aussi une valeur sûre pour leur famille, parfois l'unique moyen d'échapper à la misère, ou même de faire fortune. La main d'une *Fesra* se négocie souvent à des dizaines, voire des centaines de milliers de dirhams ; cela donne parfois lieu à de véritables tractations entre les parents des futurs époux. Et la conclusion du mariage prend alors des allures de transaction.

Pour l'économie nationale, les *Fesras* sont devenues une source de devises intarissable, été comme hiver. Tout le monde sait aujourd'hui que les pingouins du Proche et Moyen-Orient qui se pressent devant les portes de notre pays, ne sont attirés ni par le sable fin de ses plages, ni par la richesse de ses sites historiques, ni par ses tajines au feu de bois non plus.

Les *Fesras* haut de gamme sont même de plus en plus *exportées* vers la Confédération Helvétique. Et je parie que, dans quelques années, ce trafic lucra-

---

2. Très belle fille, en arabe dialectal.

tif nous rapportera autant de devises que le phosphate et la tomate réunis.

Si Louhou était née à Casablanca, à Rabat ou à Marrakech, elle aurait certainement été une *Fesra* haut de gamme, et aurait ainsi fait sa fortune et celle des siens. Mais, dans ce bas monde, on ne choisit pas le lieu de sa naissance, ni même sa naissance tout court. *Être né quelque part*, dit à juste titre la chanson, *c'est toujours un hasard pour celui qui est né*.

Pour Louhou, le hasard voulait qu'elle soit née à Tinghir, un quart de siècle plus tôt. Ses parents étaient comme les miens, de petits paysans harcelés, d'un côté par la sécheresse, et de l'autre par le *Makhzen*. A dix-huit ans, elle fut mariée à un jeune voisin, endogamie oblige.

Le mari se prénommait Ichou, et était fidèle, bienveillant, attentif, généreux, respectueux... enfin, toutes les qualités d'un homme idéal et un défaut, un seul, mais de taille : Ichou voulait à tout prix un enfant mâle. Ses parents aussi. Or, en cinq ans de vie commune, Louhou ne leur avait fait que des filles, deux, et très belles, par-dessus le marché !

Avec l'arrivée au monde de la troisième fille, la patience d'Ichou s'épuisa. Celle de ses parents aussi. Il répudia alors l'infortunée, sans autre forme de procès, comme dirait Jean de La Fontaine. Qu'allait-il foutre avec trois filles ? Un petit paysan comme lui avait plutôt besoin d'hommes, des bras robustes pour l'aider aux champs ! Les filles, ça ne bêchait pas, ça ne labourait pas, ça ne moissonnait pas non plus ! Les filles, ça se contentait de s'empiffrer et de déféquer leur vie durant ! Et, pour s'en débarrasser, il fallait se ruiner !... Puis même après, on n'était jamais en paix ! On vivait continuellement avec, dans le ventre, la peur et la honte de voir un jour l'une ou l'autre retourner au bercail paternel, précédée d'une marmaille terrible et mal mouchée, qu'il faudrait alors nourrir et vêtir Dieu savait pour combien d'années !

Louhou mit deux mois pour sortir enfin de son mutisme et me faire ainsi le récit de sa vie. Les premiers jours, elle ne desserrait pas les lèvres, ne décrochait pratiquement jamais les yeux du sol. Quand je lui parlais, elle se confinait dans une taciturnité rebutante, une froideur de dévote, répondant au mieux par des monosyllabes, accompagnés parfois d'un timide hochement de tête...

De toute évidence, Louhou ne désirait pas avoir de familiarité avec moi, ni d'ailleurs avec personne à la maison. Mais, à bien y réfléchir, son attitude était tout à fait naturelle : contrairement aux laides, les belles femmes mettent toujours du temps à s'ouvrir. *Le beau*, dit l'adage populaire, *engage sa beauté* ; *le moche, lui, n'a rien à perdre* !

Louhou avait beau se cloîtrer dans le silence, je ne renonçais pas, cherchant par tous les moyens, sinon à sympathiser avec elle, du moins à restreindre cette distance qu'elle m'imposait par sa grande réserve. C'est là un trait essentiel de mon tempérament : la ténacité. Quelles que soient les circonstances, je persévère toujours jusqu'à atteindre mon objectif ; une vraie tête de mule. Dieu sait pourtant que cette louable qualité m'a causé bien des ennuis au cours de ma vie.

Dans le comportement de Louhou, il y avait à la fois de la sagesse, de la pudeur, de la défiance et même une certaine peur, cette peur, assez compréhensible, qu'éprouve toute femelle en âge de susciter le désir face à tout mâle autre que son géniteur.

Aziz et Ferkous renoncèrent à tenter leur chance dès qu'ils se furent assurés que la jeune femme ne parlait pas arabe. Dépités et amers, ils se contentèrent de la lorgner de leurs yeux de macaques salaces. Ferkous me demanda même un jour de lui donner des cours de berbère car, me dit-il, cela l'aiderait à mieux communiquer avec ses élèves. Je rejetai aussitôt sa demande : on n'apprend pas au loup comment on s'introduit dans la bergerie !

Pour tenter sa chance auprès de la jeune femme, Abou Abderrahmane, victime lui aussi du même handicap linguistique, recourut à ce que les Frérots en général appellent *la propagation de la vraie foi*, un stratagème déjà très utilisé dans les villes.

Lorsque l'un d'eux s'entiche d'une belle non acquise à sa cause, il dépêche auprès d'elle deux ou trois militantes voilées pour l'endoctriner, à coups de versets et de hadiths menaçants. Si elle se laisse persuader, ce qui est souvent le cas, le prétendant lui envoie illico, comme présent de fiançailles, la tenue blindée en vigueur dans le milieu et la déclare, séance tenante, son épouse *par la sunna du Très-Haut et de Son Messager, prière et salut soient sur Lui* !

L'intention d'Abou Abderrahmane n'était peut-être pas de faire sa vie avec Louhou, mais la stratégie utilisée rappelait à bien des égards celle de ses congénères des zones urbaines.

Un jour, alors que j'étais au collège, Abou Abderrahmane profita de mon absence pour mettre à exécution son dessein. Louhou était en train de pétrir le pain dans la cuisine lorsqu'un bruit de pas la fit se retourner : elle vit Abou Abderrahmane avancer vers elle, la tête penchée sur le côté, le regard plein d'une bonhomie paterne et doucereuse, un sourire obséquieux sur le museau. D'un geste on ne peut plus pieux, il lui tendit une longue pièce d'étoffe noire et l'invita à en couvrir la tête. La jeune femme accepta le présent en balbutiant quelque formule de remerciement dans sa langue maternelle.

Le lendemain, je trouvai Louhou la tête empaquetée. Vraiment, sa beauté en avait pris un sérieux coup. Je m'arrêtai, interdit, les yeux fixant la vaste bâche noire. Que signifiait cet accoutrement ? Jouait-elle à la sainte-nitouche ou venait-elle à son tour de rêver du Grand Messager lui recommandant le voile ?

Louhou m'apprit que, non seulement le messager n'était pas grand, mais, en plus, il s'appelait Abou Abderrahmane ! Une colère noire monta alors en moi, je tremblais, trépignais, suffoquais... Il me fallait tout de suite ce crétin d'Abou Abderrahmane pour décharger ma rage sur sa gueule de Frérot. Je me délectais d'avance à l'idée de lui arranger le portrait, d'autant plus qu'avec sa taille de pygmée, il ne risquerait pas de faire le poids face à mes quatre-vingt-six kilos et mes biceps de portefaix.

D'ailleurs, j'avais souvent rêvé de passer à tabac un Frérot, le rouer de coups jusqu'à le mettre knock-out. L'occasion de passer à l'acte venait peut-être de se présenter devant moi. Mon rêve allait enfin se concrétiser. Je pivotai sur mes talons et fonçai droit vers la chambre d'Abou Abderrahmane, fermement déterminé à lui régler son compte.

Arrivé dans la cour, je m'arrêtai, dissuadé au dernier moment par un brin de lucidité surgi de quelque part en moi. Cela m'arrive souvent dans ce genre de situations : deux ou trois secondes avant le passage à l'acte, une voix prend la parole en moi ; je l'écoute et me laisse peu à peu dissuader – procédé assez classique, au demeurant.

Alors, au lieu de pousser la porte et me ruer sur ce connard d'Abou Abderrahmane comme un agent du Makhzen sur un vendeur à la sauvette, je m'arrêtai subitement dans la cour, la tête bouillonnant d'interrogations. Étais-je amoureux de Louhou au point de vouloir commettre un crime passionnel en son nom ? Sinon, pourquoi m'étais-je laissé emporter si violemment ? Avais-je perdu la raison ? Ne devrais-je pas plutôt abominer Satan, qui m'avait insufflé une idée si pernicieuse... ?

Plus je me posais des questions de ce genre, plus ma colère tombait, et plus ma soif de vengeance s'apaisait. Enfin, je respirai profondément avant de frapper deux ou trois petits coups à la porte d'Abou Abderrahmane.

– Avancez avec la paix du Très-Haut ! fit le Frérot du fond de sa chambre.

J'entrai. La pièce baignait dans un clair obscur de hammam ; il y faisait très chaud, une chaleur de serre, moite et enfermée. L'ameublement, d'une sobriété monastique, se limitait au coin gauche de la pièce. Une natte en raphia avec des motifs champêtres sur les bords couvrait les deux tiers du sol carrelé. Réduite au strict minimum, la literie du jeune instituteur avait plutôt un air de camping : un mince matelas d'éponge, une peau de mouton, un haïk tissé à la main en guise de drap, un petit oreiller carré sans taie et deux couvertures défaites au bout du matelas. Une table basse en bois rouge mal rabotée était placée contre le mur, à portée de main du lit. Abou Abderrahmane y avait soigneusement rangé une pile de petits livres de propagande islamiste. Juste au-dessus, une petite image représentant la grande mosquée de Jérusalem avec son dôme doré pendait à un clou fiché sur le mur. Quelques vêtements traînaient au pied de la table, des gandouras et des pantalons bouffants de couleurs ternes.

La chambre sentait une forte odeur de musc, parfum favori des Frérots aux quatre coins du globe. De temps en temps, malheureusement, la bonne senteur était gâchée par un léger relent fait de vieux sperme mêlé à de la vaseline du pauvre, preuve qu'Abou Abderrahmane s'adonnait lui aussi au premier sport national. La pratique est apparemment condamnée par quelque hadith plus ou moins certifié, mais que faire face à la misère sexuelle qui sévit partout dans le pays ?

Abou Abderrahmane était sagement accroupi sur sa peau de mouton, le dos contre le mur, un petit livre entre les mains.

– Puis-je te servir à quelque chose, frère Mohamed ? me demanda-t-il sereinement.

– A foutre la paix à Louhou ! répliquai-je sur un ton qu'il ne me connaissait pas. De quel droit oses-tu imposer le voile à cette malheureuse femme ? Elle n'est ni ta sœur ni ta conjointe, et nous ne sommes pas dans une république islamiste ! du moins pas encore !

– Calmez-vous, frère Mohamed ! fit Abou Abderrahmane en caressant sa barbe. Calmez-vous ! Avec ce *hijab*, j'espérais que Louhou protège cette toison dont le créateur l'a dotée et qui, à dire vrai, éveillerait le désir de tout homme sensible ! C'est une véritable tentation, sa longue tresse noire ! *Quiconque parmi vous a vu un péché et peut le combattre avec ses mains, qu'il le combatte ! S'il ne peut, qu'il le combatte avec sa langue ! S'il ne peut...*

– Assez ! l'interrompis-je, je connais la rengaine !... Ecoute-moi bien, Abou Abderrahmane : fiche la paix à Louhou !... Si sa toison éveille ton désir, tu n'as qu'à ne plus la regarder ! Et si son image t'empêche de fermer l'œil la nuit, tu n'as qu'à réciter onze fois la première sourate, et tu dormiras tranquillement ! Mais fiche la paix à Louhou !

– Frère Mohamed ! dit l'instituteur avec une doucereuse bonhomie. Abomine Satan ! M'empêches-tu, frère Mohamed, d'ajouter une bonne action à mon compte ?

Je m'approchai un peu d'Abou Abderrahmane. Son faciès de *wahhabite* invétéré semblait d'un calme imperturbable, ses doigts lissaient lentement les poiles rêches de sa barbe à la manière des religieux qui se croient plus proches de Dieu que le reste de l'humanité. Le moment de flanquer une paire de claques bien sonore au Frérot était sans doute venu ; ma main droite me démangeait. J'avançai encore un peu vers lui.

– M'empêches-tu, frère Mohamed, d'ajouter une bonne action à mon compte ? réitéra-t-il.

– Une bonne action ? Va débiter tes bobards ailleurs ! Moi, je sais parfaitement les véritables raisons de tes *bonnes actions* ! Ôte la cire de tes oreilles, Abou Abderrahmane, et écoute-moi bien, je vais t'apprendre une vérité incontestable : tu n'obtiendras jamais rien de Louhou ! RI-EN ! Que tu lui offres un voile, une burka ou même un voyage à la Mecque, tu n'obtiendras jamais rien d'elle, sois-en sûr ! Cette femme a les Frérots en horreur ! Fiche-lui donc la paix, si tu ne veux pas d'emmerdes !

Je refermai la porte à la volée, si rudement que toutes les portes de la maison battirent. Ma main droite continuait de me démanger. Tant pis, la paire de claques sera pour une autre fois.

9

Les sans CAPES[1]

Un enseignant sans le CAPES était comme un guerrier sans arme ou un médecin sans cabinet ; il avait un pied dans la Fonction Publique et l'autre dans le vide absolu. Après l'examen de sortie, le CAPES était la deuxième grande épreuve où se décidait le destin du professeur, ou plutôt de l'élève-professeur, puisque, sans l'obtention dudit certificat, il n'avait pas droit à l'honorable titre.

S'il l'obtenait, son ministère de tutelle le nommait immédiatement et solennellement *professeur titulaire*, autrement dit, fonctionnaire public à part entière, jouissant, en principe, de tous les droits prévus dans ce cas par la loi, et ce jusqu'à ce que mort s'ensuive. Si, par malheur, il le manquait, le pauvre demeurait alors suspendu en l'air, avec un vague statut d'auxiliaire ou de suppléant.

Pour sa hiérarchie immédiate, le directeur et le censeur, il n'était rien d'autre qu'un bouche-trou ; sa fonction principale étant de remplacer les professeurs ou les pions en absence prolongée.

---

1. Certificat d'Aptitude Pédagogique à l'Enseignement Secondaire.

Ainsi, au cours d'une même année scolaire, un sans-CAPES pouvait enseigner trois ou quatre matières différentes, pour finir répétiteur ou aide-bibliothécaire au bout de l'année. C'était incontestablement le statut le plus humiliant qu'un Ministère de l'Éducation ait jamais inventé.

Au collège de Tinghir, les sans-CAPES essuyaient les traitements les plus dégradants, les plus avilissants que l'on puisse imaginer. Les plus faibles psychologiquement étaient carrément réduits à l'état d'écuyers au service personnel de l'ÉMIR, le maître des lieux. Pour ne pas se faire complètement écraser par lui, ils lui obéissaient, au doigt et à l'œil ; certains semblaient prêts à se jeter par terre pour lui servir de tapis.

Je me souviens, comme si cela datait d'hier, du cas de Stitto, un gringalet déshydraté, au teint bilieux, avec une tête ébouriffée de caniche. Après avoir raté son CAPES de maths, Stitto s'était retrouvé, par un malheureux concours de circonstances, premier indicateur de l'ÉMIR. Celui-ci l'avait chargé d'espionner l'ensemble du personnel, et de lui faire régulièrement un rapport oral sur tout ce qui se faisait ou se disait, aussi bien à l'intérieur qu'à l'extérieur de l'établissement.

Stitto s'attela à la sale besogne, épiant sans relâche enseignants, surveillants, maîtres d'internat, élèves... Personne n'échappait à son système radar, pas même ses compagnons d'infortune, les sans-CAPES.

Au bout de quelques années de loyaux services, Stitto s'était retrouvé avec une réputation de délateur haïssable, d'abord au collège, puis partout dans Tinghir. Les professeurs, toutes tendances confondues, le mirent d'un commun accord à l'index. Les surveillants généraux et le personnel administratif leur emboîtèrent le pas. Bientôt, ce fut le tour des élèves.

Dès que Stitto se mêlait à un groupe, tout le monde se taisait. A peine était-il parti que le bavardage reprenait de plus belle. Quand il saluait, personne ne répondait à son salut. Quand il pénétrait dans la salle des professeurs, ces derniers se retiraient, l'un après l'autre, grommelant des jurons entre leurs dents.

La situation du délateur devenait de plus en plus intenable. De la mise en quarantaine, ses adversaires passèrent à une véritable guerre des nerfs, visant à lui démolir complètement le moral. Tous les murs du collège et des bâtiments avoisinants portaient désormais, en gros caractères, d'odieuses inscriptions, griffonnées à la craie ou avec la pointe d'un clou. On y lisait, à titre d'exemples, *Stitto le cafard, Stitto l'ennemi public numéro un, au poteau Stitto...*

Certains professeurs, notamment parmi les N'chaïtiyyas, commençaient à le houspiller ouvertement, parfois à raison, souvent à tort. Les plus hardis parmi les élèves le conspuaient dans la cour de récréation, puis dans la rue. Quant à l'Émir, il l'avait purement et simplement lâché bien des mois auparavant, l'accusant d'inaptitude.

La vie de Stitto prit alors un cours qui ne présageait rien de bon. L'homme se faisait de plus en plus rare, évitait tous les endroits où il pouvait croiser un enseignant, un pion, ou n'importe quel bipède qui le reconnaîtrait.

Un jour, Stitto disparut de la circulation. Il ne donna plus aucun signe de vie. Quarante-huit heures plus tard, l'Émir le déclara en abandon de poste.

Au collège, les explications allaient bon train. Certains prétendaient que Stitto était parti refaire sa vie dans quelque grande ville favorisant l'anonymat, comme Casa ou Rabat. D'autres pensaient qu'il avait rejoint la péninsule ibérique à bord d'une *patera*...

Les Sloughis, eux, tenaient une autre version des faits. Ils avançaient que des gens du pays avaient vu Stitto, la veille de sa disparition, rôder autour d'*Asraf n'Imjlane*, la Caverne des Égarés, une grotte préhistorique sise à l'ouest de Tinghir, sur le chemin des Gorges de Todgha. L'endroit avait déjà dans le pays la sinistre réputation d'être le lieu préféré des candidats au suicide.

D'autres enseignants avançaient d'autres hypothèses, mais, en réalité, personne ne leva jamais le mystère sur la disparition de Stitto, pas même sa propre famille.

Quelques mois plus tard, Stitto fut rayé de la Fonction Publique pour abandon de poste prolongé.

Bien qu'elle n'allât pas jusqu'à la disparition inexpliquée, l'histoire de Belmehjoub, un sans-

CAPES ès Sciences Naturelles, n'est pour autant pas moins tragique que celle de Stitto.

Marié et père de deux enfants, Belmehjoub avait, au collège, la réputation d'un homme honnête, respectueux et serviable, mais avec deux handicaps de taille : il était boiteux et avait une très belle femme, une ravissante Berbère du Moyen-Atlas, grande, racée, les traits réguliers, un beau regard assoupi, le corps épanoui, une perle rare, un vrai joyau, pour tout dire. Dans ces régions inhospitalières du sud, avoir une femme comme celle de Belmehjoub peut vous causer bien des ennuis.

Le climat est chaud, la nourriture épicée à outrance, le thé trop sucré, le café bourré de substances aphrodisiaques, les femmes rares et tout le temps engoncées dans ces vastes haïks sombres appelés *Tahrouïtes*. Avoir une belle conjointe dans une société où les mâles naissent et grandissent dans ces terribles conditions est sûrement une sérieuse menace pour la pérennité de n'importe quel couple.

Dès qu'il eut appris que Belmehjoub avait une femme hors ligne, l'Émir l'intégra dans le cercle de ses intimes, le faisant ainsi profiter, malgré lui, des privilèges que procure d'habitude tout rapprochement avec le chef de l'établissement : tableaux de service aérés, notes gonflées à souhait, absences non sanctionnées, avancements assurés...

En contrepartie, Belmehjoub multipliait les invitations à déjeuner ou à dîner ; c'était de toute façon la tradition dans le cercle des intimes. Le moindre événement servait de prétexte pour inviter le directeur : la circoncision d'un petit, le décès d'un parent, un anniversaire, une fête religieuse, une fête païenne, l'avancement d'un échelon ou d'une échelle, l'achat d'un meuble...

Avec le temps, l'Émir consolida ses relations avec Khedjou, la belle épouse du sans-CAPES, devenant ainsi un ami intime de la famille Belmehjoub. C'était même dans sa R12 blanche, modèle soixante-dix, qu'il avait transporté Khedjou, la veille de son second accouchement, jusqu'à la maternité de Ouarzazate.

Tout intime qu'il était, l'Émir n'arrivait pas à s'immiscer entre la belle femme et son boiteux. Il avait beau manigancer, le couple restait très soudé.

Plutôt que de renoncer, l'Émir s'arma de patience, déterminé à parvenir à ses fins. Il avait compris que pour semer la zizanie entre ces deux conjoints si unis, il lui fallait mettre au point une ruse parfaitement combinée, un stratagème satanique.

L'Émir était justement en train de réfléchir un jour à ce stratagème dans son bureau, quand il vit une fille se poster devant lui, une grande blonde, ravissante comme une métaphore.

– Bonjour, monsieur ! fit-elle dans un français à l'accent plutôt anglais. Je m'appelle Jennifer Pynchon et je voudrais parler au directeur du collège.

L'Émir n'était pas vraiment surpris de voir une jeune étrangère débarquer ainsi dans son bureau ;

sa hiérarchie lui envoyait tous les ans une Américaine, volontaire de *Peace Corps*, pour, disait-on, aider à combler le manque de professeurs d'anglais dans l'établissement.

Jennifer Pynchon faisait partie de ces rares filles qui, outre leur beauté ravageuse, dégagent de violents effluves sensuels, une espèce de fluide magnétique qui attire vers elles tous les hommes évoluant dans leurs parages, sans distinction d'âge ni de condition. Le Ciel avait dotée l'Américaine d'une beauté et d'une grâce à couper le souffle. La finesse de ses traits, l'éclat de son teint, son encolure de déesse et ses yeux couleur de vieil or faisaient accélérer le rythme cardiaque de tous les mâles du collège. Même Arroub, le vieux portier, ne pouvait, à chacun de ses passages, s'empêcher de pousser des grognements de regret.

Tout coureur de jupons qu'il était, L'Émir n'osa cependant jamais tenter quoi que ce soit auprès de Jennifer Pynchon. La fille était jeune, américaine et agent présumé de la CIA, par-dessus le marché ! Il valait donc mieux ne pas jouer avec le feu.

La nouvelle volontaire de *Peace Corps* expliquait, avec force détails, sa mission au collège Zaïd ou H'mad. Rouch, le secrétaire, traduisait ses propos en arabe dialectal. L'Émir écoutait, hochant le crâne à intervalles réguliers, pas vraiment intéressé par les bobards de l'Américaine.

Juste avant de s'en aller, Jennifer Pynchon fit une demande au directeur : elle avait besoin d'un professeur pour lui donner des cours d'arabe dialectal ; *Peace Corps* le payerait cent dirhams l'heure. L'Émir redressa l'échine, les yeux écarquillés, l'air subitement intéressé. Des cours d'arabe ? Cent dirhams l'heure ? faisait-il répéter à son secrétaire comme s'il n'en croyait pas ses oreilles.

L'Émir aimerait bien se charger en personne de cette exquise tâche ; mais, outre son illettrisme insigne, cela présentait deux autres inconvénients majeurs. Le premier était que son statut de chef d'établissement ne lui permettait pas de condescendre jusqu'à donner des cours à domicile, et encore moins à une de ses subalternes. Le second inconvénient tenait au fait que l'Émir ne se faisait pas d'illusions. Hormis le plaisir des yeux, il n'obtiendrait jamais rien de concret d'une volontaire de *Peace Corps*, si jeune et si belle, de surcroît.

Lui, il n'était ni jeune ni beau, sans compter qu'il n'avait jamais de sa vie prononcé un mot en anglais, ni en français. A qui confierait-il donc cette tâche si délicate d'enseigner l'arabe dialectal à l'Américaine ?

L'Émir redoutait surtout que la belle étrangère accordât, un jour ou l'autre, ses faveurs à son futur professeur ; il ne se pardonnerait jamais d'être à l'origine d'une telle chose ; rien que de l'envisager, il en verdissait de jalousie. A qui confierait-il donc cette tâche si délicate ? L'Émir se posa de nouveau la question.

Toute réflexion faite, il lui fallait trouver quelqu'un qui n'aurait absolument aucune chance d'obtenir quoi que ce soit de la belle Américaine, autrement dit, un blaireau comme lui. Une image se présenta alors immanquablement à son esprit : Belmehjoub ! L'homme était boiteux, sans-CAPES et marié ! Il n'y aurait, par conséquent, pas la moindre possibilité d'une quelconque liaison entre lui et l'Américaine.

Oui, Belmehjoub était incontestablement une excellente idée ! Et même deux excellentes idées ! En chargeant le boiteux de donner des cours à Jennifer Pynchon, l'Émir ferait d'une pierre deux coups : il endormirait la méfiance des Belmehjoub et, dans le même temps, il trouverait le moyen de semer la discorde dans ce couple si solide.

Les cours débutèrent tout de suite. Ils eurent lieu chez l'Américaine, de dix-neuf à vingt et une heures, tous les jours sauf les week-end.

A la fin du premier mois, l'activité rapporta à Belmehjoub la bagatelle de deux mille dirhams ! Bien plus que la rémunération que lui attribuait son ministère de tutelle. Deux mille dirhams ? Belmehjoub n'en revenait pas, de toucher une telle somme rien qu'en bavardant deux petites heures avec, en plus, une si jolie créature. Ils étaient vraiment généreux ces volontaires de *Peace Corps* ! Et *God bless America* !

Transporté de joie, Belmehjoub invita le soir-même Jennifer Pynchon à dîner. Le directeur fut évidemment lui aussi convié au banquet ; seul l'ingrat oublie son bienfaiteur en de telles circonstances, et Belmehjoub n'était pas ingrat, au contraire.

Khedjou vit enfin cette Américaine sur qui son mari ne tarissait pas d'éloges. Sa grande beauté et l'éclat de sa jeunesse déclenchèrent immédiatement une vague alerte dans son cœur. Lorsque, au moment du thé, elle remarqua que l'étrangère se permettait une certaine familiarité avec son mari, Khedjou sentit alors des soupçons s'éveiller en elle ; c'était bien plus que ces petites inquiétudes qu'éprouve une femme quand elle repère dans le voisinage une congénère plus jeune et plus belle.

Belmehjoub et son invitée s'amusaient, se taquinaient, s'esclaffaient, heureux et insoucieux comme deux jeunes amoureux sur un banc public ; il ne leur manquait plus que de *se bécoter*, comme eût dit Brassens.

Un peu plus tard dans la soirée, Jennifer Pynchon voulut raconter une blague de son Minnesota natal, mais cela s'avéra difficile, car le peu de vocabulaire arabe qu'elle avait acquis jusque-là ne lui permettait pas encore de se lancer dans une telle entreprise. Alors, chaque fois qu'elle se retournait vers son professeur pour lui demander secours, celui-ci lui soufflait, à dessein, le mot qu'il ne fallait pas ; et le propos se transformait très souvent en un contresens hilarant.

Belmehjoub éclatait alors de rire ; l'Américaine faisait de même. Khedjou, qui ne parlait ni l'arabe ni le français, suivait la scène, le teint blême, le regard sombre. Une jalousie mortelle lui rongeait les os. Lorsque la belle Américaine appliqua une petite tape badine sur le dos de Belmehjoub, Khedjou se dressa aussitôt et se retira, les larmes aux yeux. C'en était trop.

La légendaire solidité du couple des Belmehjoub venait ainsi de s'ébranler, sérieusement. L'Émir se frottait les mains dans son coin ; son stratagème satanique venait enfin de donner un premier résultat positif.

Quelques jours après le fâcheux incident, l'Émir se rendit chez son ami Belmehjoub. Et, comme par hasard, la visite eut lieu en début de soirée, à une heure où ce dernier était justement chez l'Américaine pour les cours d'arabe dialectal. Le visiteur trouva Khedjou dans un état pour le moins abominable : elle avait les traits tirés, les yeux élargis d'un malade, le teint brouillé par une suite de nuits blanches. Et l'Émir la trouvait encore plus charmante dans sa pâleur de femme meurtrie.

Khedjou était désormais persuadée qu'entre son boiteux de mari et cette dévergondée, il y avait bien plus que des cours d'arabe. Elle éclata en sanglots. L'Émir sauta sur l'occasion et prit la pleureuse dans ses bras pour, paraît-il, la consoler un peu. Khedjou se laissa faire, avec une légère résistance, juste pour la forme ; une femme fraîchement trahie repousse rarement des bras amis qui se tendent vers elle, même avec une arrière-pensée peu vertueuse.

Khedjou s'oublia dans les bras réconfortants de son consolateur pendant un long moment. Un silence triste régnait sur la maison. Les deux enfants regardaient la télé dans le salon. Le plus petit somnolait déjà ; l'autre, d'habitude très turbulent, avait les yeux étrangement fixés sur l'écran.

Khedjou prépara à son hôte de marque un thé avec beaucoup de menthe et autant de sucre, exactement comme il l'avait toujours désiré. Ils le prirent ensuite en tête-à-tête dans une pièce un peu à l'écart du reste de la demeure.

C'était le début du printemps ; la nuit était douce, couleur de velours ; l'air sentait fort le pollen des palmiers-dattiers ; il enivrait même un peu.

Khedjou et l'Émir prirent d'autres thés durant tout ce printemps-là, et durant les autres saisons qui allaient suivre, tous les soirs de dix-neuf à vingt et une heures, exceptés les week-end, bien entendu.

10

Grâce à Jean de La Fontaine !

Mon tour de passer le CAPES arriva. Le secrétariat me remit un avis émanant de Lemfeddi, l'inspecteur de français à la Délégation de Ouarzazate. Je devais, selon les consignes de ce dernier, prévoir une activité de lecture et une autre de production écrite. Je devais également présenter à monsieur Lemfeddi, ainsi qu'aux membres du jury l'accompagnant, un certain nombre de documents *indispensables à tout enseignant qui se respecte*, précisait la note : *le cahier de texte, le cahier-journal* (*tous les deux en bonne et due forme*), *les fiches de l'année scolaire, une centaine de copies d'élèves et autant de cahiers de cours méticuleusement corrigés.*

Le jury serait composé de deux professeurs de français désignés par monsieur l'inspecteur selon deux critères : l'ancienneté et la compétence.

Ma décision était prise, et depuis longtemps : si j'obtenais le CAPES, je resterais dans l'enseignement, sans doute pour le restant de ma vie active ; sinon, je ficherais le camp. Tant pis pour ma famille, tant pis pour mes neveux.

Moi, je n'avais pas du tout envie de me balancer dans la grotte d'Imejlane, comme l'avait fait le malheureux Stitto. Je n'avais pas non plus envie de finir comme Belmehjoub ; même si, personnellement, il ne m'était jamais venu à l'esprit de faire ma vie avec une très belle femme, ni même avec une belle tout court. J'étais déjà trop avisé pour commettre une sottise pareille.

Certes, mon chemin avait déjà croisé, à quatre ou cinq reprises, celui de très belles minettes ; mais, à chaque fois, je détalais immédiatement après coucher. Il faut être réaliste : un type comme moi n'a ni les moyens ni la patience d'entretenir un « canon » ; et un « canon » mal entretenu, dit à juste titre un proverbe russe, finit toujours par se retourner contre vous. A cela, s'ajoute le fait que la conquête d'une belle fille est toujours une campagne extrêmement difficile, qui demande, en plus de la patience, des lenteurs, des manèges et des ménagements de haute diplomatie, autrement dit fait perdre beaucoup de temps.

Des cas comme celui de Belmehjoub, j'en avais déjà vu pas mal un peu partout dans ce bled. Conclusion : je jurai sur la tête d'Adam et celle de ses fils, Abel, Caïn et Seth, de ne faire ma vie qu'avec une femme tout juste potable. *Les plus accommodants sont les plus habiles*, disait Jésus-Christ, ou peut-être Jean de la Fontaine, je ne sais plus.

Au collège Zaïd ou H'mad, nous étions quatre enseignants de français candidats au CAPES : Haddou Afounas, Samir Adnani, Malika Tazi et moi.

Haddou Afounas était un nullard pur sucre, incapable de faire une phrase correcte en français.

Lui-même ne comprenait pas vraiment comment il avait fini professeur, et de français par-dessus le marché ! Mais cela ne le tracassait pas outre-mesure. Les trois-quarts des fonctionnaires de l'État ne valaient, ne valent guère mieux. Pour toute compétence, ils ont *la baraka* d'Allah, la bénédiction des parents et le soutien inconditionnel de leur hiérarchie ; deux chimères et une réalité qui leur suffisent largement à aplanir tous les obstacles d'ordre professionnel.

Afounas était un Sloughi convaincu, donc sûr d'obtenir son CAPES. L'Émir lui avait de toute façon promis de l'avoir haut la main et sans coup férir. Mais cette promesse ne dissipa pas les craintes du Sloughi, enfin, pas tout à fait. Aussi avait-il décidé de présenter à l'inspecteur un travail digne de la circonstance.

Trois ou quatre jours avant la fatale épreuve, Afounas débarqua chez moi, un cabas contenant une bouteille d'huile d'olive et un poulet fermier à la main. Le Sloughi voulait que je lui prépare une activité de lecture et une autre de production écrite.

Je plongeai l'index dans le goulot de la bouteille puis le ramenai, dégoulinant, dans ma bouche. Ma langue agita longuement la substance, la remua, la tourna et la retourna à la manière des grands dégustateurs. Le Sloughi me scrutait du regard, méfiant et inquiet à la fois. L'huile était ferme, consistante, harmonieuse et ne sentait rien d'autre que cette douce amertume de l'olive mûre : elle n'était donc pas truquée.

De la main, je soupesai ensuite le poulet : l'oiseau faisait certainement bien plus d'un kilo et demi, sans compter les abats. L'offre me semblait satisfaisante. Je rangeai donc le cabas dans un coin de ma chambre et commençai tout de suite la préparation des deux activités, tandis que le Sloughi se livrait à quelque opération de calcul sur un bout de papier. Mais, comme il se trompait à chaque fois, il finit par renoncer en marmonnant un juron. Quelques minutes plus tard, il s'étendit sur la natte et s'abîma dans le sommeil.

Le lendemain, Afounas se retira dans l'oasis de Todgha pour tout y apprendre par cœur : les textes, les questions, les réponses, les exercices, le corrigé, les traces écrites... tout. La mémorisation des deux activités lui demanda, en tout et pour tout, trois matinées et trois après-midi. La veille de la prestation, Afounas était fin prêt à recracher son cours tel que je le lui avais couché sur le papier.

Samir Adnani, lui, était ce qu'on appelle communément un *ka'i*, un grand mécontent. Depuis le début, il n'arrivait pas à admettre son affectation à Tinghir. Jamais auparavant, il n'avait imaginé de vivre, ne serait-ce qu'un jour, dans un lieu aussi inhospitalier, aussi hostile à la jeunesse ; à vrai dire, il n'en soupçonnait même pas l'existence.

Fils unique d'un flic à la médina de Marrakech, le jeune homme était habitué à voir tous ses caprices satisfaits, tous sauf celui de son affectation, une fâcheuse négligence de la part de son père. Pour la réparer, celui-ci avait promis à son fils bien-aimé de le faire muter dès la fin de l'année scolaire ; même si, pour cela, il devrait graisser la patte à tous les fonctionnaires du Ministère de l'Éducation, un par un, du plus bas au plus haut perché, à commencer par le chaouch de l'entrée.

En attendant, Adnani devait s'armer de patience, tenir bon jusqu'au mois de juin. Son père n'arrêtait pas de lui répéter le même message au téléphone : *Patience* ! *Patience* !

Or, c'était précisément ce à quoi le fils ne pouvait se résoudre. Comme tous les enfants gâtés, il était allergique à la patience. Les neuf mois qu'il devait passer à Tinghir lui paraissaient être neuf siècles, longs, ennuyeux et qu'il lui serait impossible de voir s'achever. Alors, plutôt que de se mettre au travail et préparer son CAPES, il sombra dans un état d'inertie, une apathie totale du corps et de l'âme.

Dans la vie, une seule occupation semblait encore procurer un peu de plaisir à Adnani : fumer. Le jeune homme fumait comme un dragon de Chine, et pas uniquement des cigarettes.

Pour son travail, il n'avait jamais préparé la moindre fiche de cours, n'avait pas non plus de cahier-journal, ni de cahier de texte. Les deux documents se trouvaient, semblait-il, dans le cartable qu'il avait oublié un après-midi sur le comptoir du bar Saghro, ou chez Chinouïa, la patronne d'une maison de passe ayant pignon sur rue à Tinghir, ou peut-être chez... En réalité, Adnani ne se souvenait plus exactement. Ce jour-là, il avait, à lui tout seul, grillé cinq joints et absorbé une vingtaine de bières !

Outre sa grave pénurie de documents, Adnani était, depuis le début, en mauvais termes avec l'Émir, à cause, bien entendu, de son adhésion au clan des N'chaïtiyyas. Une rixe un soir chez Chinouïa vint envenimer sérieusement leurs relations. Ivres morts, les deux hommes s'y étaient en effet violemment disputé une nouvelle recrue. L'un et l'autre avaient juré, sur la tête de leurs grands-mères respectives, de coucher le premier avec la fille. Sans plus attendre, ils se saisirent par les cheveux et roulèrent sur le sol en se lançant à la figure des injures et des grossièretés à faire pâlir un chiffonnier...

Les deux ivrognes avaient mis toute la baraque sens dessus-dessous, sans pour autant parvenir à se départager. Angoissée par l'idée d'avoir un mort à la maison, Chinouïa dut finalement se résoudre à demander l'intervention des flics.

Les deux poivrots furent embarqués, puis relâchés cinq minutes plus tard, l'un parce qu'il était directeur et l'autre fils d'un collègue. Quant à la soirée avec la nouvelle recrue, c'était finalement le commissaire de police en personne qui se l'attribuerait.

De toute évidence, Adnani, n'avait aucune chance d'obtenir son CAPES. Lui-même, il s'en fichait, au fond, son unique souci étant de quitter Tinghir. Lorsque l'un ou l'autre de ses collègues lui en parlait, il haussait les épaules, plein d'une dédaigneuse philosophie.

Ni Adnani, ni Afounas, ni moi n'avions vu auparavant l'inspecteur Lemfeddi. En principe, il était tenu de nous faire bénéficier de ses lumières, par au moins deux fois avant l'épreuve fatale. Dans le jargon, cela s'appelle de *l'encadrement.*

Lemfeddi était, certes, déjà venu au collège à plusieurs reprises, mais il n'avait jamais demandé à nous voir, et nous non plus, d'ailleurs. Son itinéraire était à chaque fois le même : il commençait par faire une courte visite d'amitié à l'Émir, l'occasion de causer de choses et d'autres autour d'un thé à la menthe mousseux et sucré. Le caquetage durait exactement une heure. A l'instant même où retentissait la sonnette, Lemfeddi prenait congé de son ami et rejoignait aussitôt la salle neuf, celle de Malika Tazi. Là, il écoulait tout le restant de la matinée, ou de l'après-midi.

Malika n'appréciait pas vraiment ces visites exclusives, et encore moins les longues *discussions pédagogiques* en tête-à-tête qui s'ensuivaient à chaque fois. Néanmoins, elle ne voulait rien tenter qui pût y mettre un terme, en tout cas, pas avant d'avoir obtenu son CAPES.

De son côté, monsieur Lemfeddi était, en matière de drague, de l'espèce qui prend tout son temps, donc pas vraiment trop gênant. Ses avances demeuraient dans les limites du tolérable. En outre, il prenait toujours soin de les camoufler par l'apport régulier d'une riche documentation pédagogique et didactique : ouvrages spécialisés, manuels, livres de professeur, notes ministérielles, fascicules, photocopies diverses... enfin, tout l'attirail pédantesque dont se servent habituellement les inspecteurs pour impressionner les nouvelles recrues.

Certaine d'obtenir son CAPES, quelque soit sa prestation, Malika n'avait absolument rien à foutre de toute cette documentation. Je lui proposai un jour de me la prêter.

– Tiens, c'est tout le bazar de Lemfeddi ! me dit-elle le lendemain en me tendant un sac de plastique plein à craquer. Tu feras une bonne action en le gardant chez toi !

Les brèves rencontres entre Malika et moi durant les pauses me renseignèrent sur Lemfeddi et sur sa conception de la pédagogie spéciale bien plus que toute sa documentation.

Ma collègue m'apprit, par exemple, que l'inspecteur chérissait par-dessus tout les fables de Jean de La Fontaine, dont il citait à toute occasion les fameuses morales. Elle m'apprit aussi que pour l'activité de lecture, il était un fervent partisan de *l'approche lexicale*. La méthode consistait en somme à focaliser l'étude sur le vocabulaire du texte. Lemfeddi affectionnerait particulièrement le travail par le biais des *champs lexicaux*. Malika m'apprit même, au passage, que l'inspecteur, comme d'ailleurs beaucoup de ses congénères, avait un grand faible pour le lexique abscons, hautement technique : les néologismes de forme et de sens, les archaïsmes, les mots composés, dérivés, déroutés, torturés, pétris de grec et de latin, les emprunts incorporés, puis rejetés avant d'être réincorporés derechef, les termes érudits, sibyllins, incompréhensibles, les vocables obscurs, énigmatiques, rebutants, intimidants...

Malika me racontait tout cela sur le ton de la rigolade, sans se douter un instant qu'ainsi, elle allait, une fois de plus, me rendre un énorme service.

Haï par le directeur-ami-intime-de-l'inspecteur, je n'avais, par conséquent, aucune chance d'être admis au CAPES. Les anciens du collège faisaient pratiquement tous le même pronostic : Malika Tazi et Haddou Afounas admis, Samir Adnani et moi recalés ; il n'y avait pas lieu de se faire des illusions.

Trois ou quatre jours avant l'épreuve, Rouch, le secrétaire de l'Émir, vint me voir. Il me fit une proposition qui, selon lui, sauverait in extremis mon CAPES : offrir à l'Émir un quartier de bœuf et deux ou trois bouteilles de whisky. Cela me coûterait mille dirhams, tout au plus. Mille dirhams ? Rouch me proposa de me prêter la somme avec un taux d'intérêt de vingt-cinq pour cent seulement. Je rejetai tout de suite sa proposition : l'Émir n'obtiendrait jamais rien de moi, même si je risquais ainsi de finir sur l'échafaud !

Le jour de la grande épreuve arriva enfin. C'était un mardi matin. La veille, Lemfeddi et ses deux accompagnateurs avaient assisté à la prestation de Malika Tazi et de Haddou Afounas.

A huit heures dix, des voix d'hommes devisant à leur aise me parvinrent du couloir. Je tendis l'oreille : les voix s'approchaient de plus en plus, accompagnées de bruit de crampons battant la mosaïque du sol. Mon cœur cognait fort dans ma poitrine, mes cheveux se hérissèrent, ma gorge se serra, des gouttelettes de sueur glaciales glissèrent lentement le long de mes côtes. L'Émir s'introduisit le premier dans la salle, sans le moindre avertissement, exactement comme on s'introduit dans une écurie. Trois hommes avancèrent derrière lui avec une solennité caïdale, l'air plein d'eux-mêmes, la face dure, le regard inquisiteur. Le premier, un brun en costume marron et cravate rouge, tenait une mallette d'homme d'affaires dans la main droite. Il invita les élèves à se rasseoir.

– C'est monsieur l'inspecteur ! grommela l'Émir en guise de présentation. L'heure de rendre des comptes a, paraît-il, sonné !

D'un geste, l'inspecteur le pria de se calmer. Du coup, L'Émir pivota sur ses talons et se retira, fâché de voir son ami le museler ainsi devant moi.

– A tout à l'heure, donc !

Lemfeddi me tendit une main molle avant d'aller prendre place au fond de la salle. Boutoumzine et Boualim, les deux Sloughis l'accompagnant, me saluèrent avec le plus de froideur possible.

Lemfeddi était un homme d'une cinquantaine d'années, et d'une laideur à faire avorter une bête. Il donnait l'impression d'être, non pas créé, mais plutôt bricolé. De pied en cap, son corps offensait la proportion.

L'homme avait une drôle de tête, massive en haut, mais qui allait se rétrécissant vers le bas, un faciès de forgeron, avec des angles et des arêtes vives, deux grands yeux globuleux au regard embarrassant, des lèvres gercées, sèches et comme recouvertes d'une pellicule blanchâtre, un nez horrible, aplati et sabré d'une entaille au milieu, un long cou, légèrement proéminent comme sous l'effet d'un goitre.

Le reste du corps détonnait encore plus : Lemfeddi avait de longs bras courbés au bout et des jambes courtes et arquées qui rappelaient immanquablement celles des grands primates. Sa démarche, lourde et un peu oscillante, tenait plus du gorille que de l'homme. A l'observer de près, Lemfeddi était incontestablement une grotesque caricature de la création.

– Vous pouvez commencer votre cours, monsieur Né..., m'enjoignit Lemfeddi après avoir disposé quelques papiers devant lui.

Les deux Sloughis, Boutoumzine et Boualime, décapuchonnèrent leur stylo Bic bleu, l'air hostile, les yeux braqués sur moi, les oreilles à l'affût de la moindre incorrection, le moindre lapsus.

A ce moment, je sentis le trac s'emparer de moi. Mes mâchoires claquèrent, ma gorge se noua, mes membres furent gagnés par les premiers signes de la paralysie, je n'avais plus un seul fil de salive dans ma bouche...

Elmahi, mon professeur de psycho-pédagogie au CPR – que le Ciel ait son âme dans Sa vaste miséricorde – nous disait toujours qu'il n'y a pas mieux, pour faire tomber le trac, que de se lancer immédiatement dans l'action. Je retournai donc tout de suite les deux pans mobiles du tableau, l'assistance découvrit ainsi l'activité de lecture prévue pour la séance : *La Mort et le Bûcheron* de Jean de La Fontaine. Une étincelle passa dans les yeux de Lemfeddi.

Je demandai aux élèves de faire deux lectures silencieuses de la fable, l'occasion pour moi de me ressaisir un peu, à coups d'auto-remontrances et de sourdes exhortations au courage.

Quelques minutes plus tard, ayant retrouvé un peu de mes facultés, je procédai à une lecture magistrale à la manière de Fabrice Lucini, joignant aux variations subites de la voix et du débit, les gestes expressifs, les jeux de physionomie, le mime, les regards faussement interrogateurs, jetés tantôt à droite, tantôt à gauche... Les élèves me regardaient, hébétés : jamais auparavant, ils ne m'avaient vu lire un texte avec tant de simagrées.

Je m'apprêtais à poser les premières question de compréhension globale, lorsque, de la main, Lemfeddi me fit signe de relire le texte. Je m'exécutai, redoublant d'artifices pour l'épater. Les traits de son faciès se détendaient effectivement au fur et à mesure, une joie immense scintillait dans ses grands yeux globuleux. A ce moment précis, je sentis mon trac se dissiper et la confiance monter peu à peu en moi, comme un pneu qu'on commence lentement à regonfler.

Lemfeddi me demanda de relire à nouveau le texte. Je m'exécutai. Les deux Sloughis s'agitaient sur leurs sièges, pas du tout contents de voir leur maître emballé à ce point. Je posais mes questions de compréhension ; les élèves répondaient en masse et avec enthousiasme.

Il faut dire que, la veille, j'avais très bien étudié la fable avec eux. Je les avais aussi mis en garde contre toute anticipation dans les réponses et contre l'excès de zèle. Pour être sûr de mon coup, je leur avais même traduit la fable en berbère et promis de gonfler à souhait leurs notes d'examen si, le jour de la visite, ils coopéraient comme il se devait. Aux plus fainéants, j'avais promis une pièce de cinq dirhams chacun, c'était plus convaincant

Je passai ensuite au volet vocabulaire de l'activité. Il s'agissait, pour les élèves, de relever dans la fable le champ lexical de la *souffrance*, celui du *désespoir* ainsi que celui de la *mort*, puis d'en enrichir chacun avec une vingtaine de mots et expressions à chercher dans leur stock lexical personnel, ou plutôt dans celui que je leur avais fourni la veille.

Stimulés par mes promesses, les élèves en trouvèrent le double, parfois plus, si bien qu'à la fin de l'activité, chacun des champs lexicaux comptait au moins une cinquantaine de termes. Lemfeddi hochait le crâne, l'air on ne peut plus satisfait.

Comme me l'avait recommandé la note de l'inspecteur, je consacrai la deuxième heure à l'activité de production écrite. D'habitude, j'optais toujours pour des sujets faciles à travailler et, surtout, corrigeables en quelques secondes, autrement dit les sujets *light* : la reconstitution de texte, l'exercice à trous, les QCM[1], le pastiche, la petite annonce... Cette fois-ci, je proposai un sujet digne de la circonstance : « *On voit bien que de tout temps, les petits ont pâti des sottises des grands.* Racontez, en une trentaine de lignes, une courte histoire qui pourrait se terminer par cette fameuse moralité de Jean de La Fontaine. »

A peine eûmes-nous achevé l'élaboration du schéma que Lemfeddi me pria d'arrêter le cours et de renvoyer les élèves. Un air de satisfaction s'était figé sur sa face, une étincelle de joie luisait dans ses yeux. Avais-je réussi mon pari ? Sans doute était-il encore trop tôt pour le dire.

Il feuilleta rapidement mon cahier de texte, juste pour la forme. Les deux Sloughis examinaient mes fiches de cours, une à une, et avec l'application et la méticulosité d'un horloger. Je pris place en face d'eux.

– Dites-moi, monsieur Né..., vous ai-je déjà rendu visite avant ?

– Non, monsieur.

– En êtes-vous sûr, monsieur Né... ?

– Sûr et certain, monsieur.

– Pour une chose étonnante, c'est une chose étonnante ! c'est bien le cas de le dire... Mais, n'insistons pas. Pourriez-vous, monsieur Né... , nous

1. QCM : Questions à choix multiples.

spécifier les approches méthodologiques que vous avez adoptées pour les deux activités ?

– Pour l'étude de la fable de ce sacré La Fontaine, j'ai opté pour l'approche lexico-structuro-sémantique avec, comme principale visée à atteindre, le dégagement des paramètres psycho-socio-logico-discursifs du texte !

Lemfeddi jubilait ; les deux Sloughis, eux, me regardaient, ébahis, comme tombés des nues. J'enchaînai, confiant et plus déterminé que jamais :

– En revanche, pour l'activité de production écrite, j'ai choisi...

– Vous avez opté ! voulez-vous dire, n'est-ce pas ? me coupa Lemfeddi.

– Oui, c'est cela, j'ai opté, excusez-moi ! Pour l'activité de production écrite, j'ai opté volontiers pour l'approche lexico-syntaxico-sémantico-thématique, car dans toute micro-structure narrative de nature semi-divergente, ou plutôt semi-convergente, comme celle d'aujourd'hui, c'est la seule approche didactico-cognitive qui puisse mobiliser l'ensemble des préacquis et acquis lexico-morpho-sémio-linguistiques, à savoir les connecteurs rhétoriques, les lexèmes déictico-discursifs, les anaphores, les cataphores ainsi que tous les autres syntagmes paradigmatiques et paradigmes syntagmatiques censés assurer, explicitement, implicitement et même anticonstitutionnellement, la progression sémio-thématico...

– Parfait ! Parfait ! monsieur Né..., m'interrompit Lemfeddi en se réjouissant vivement. Quelle opulence lexicale ! Quelle opulence lexicale ! Et quelle aisance dans l'expression ! Cela fait vraiment chaud au cœur !

Il se tut un moment de l'air d'un homme qui cherche une transition. Sa face osseuse retrouva sa sécheresse, son regard durcit. Il reprit :

– Mais... comme toute médaille a son revers, j'ai, malheureusement, quelques remarques désobligeantes à vous faire..., des remarques relevant plutôt d'ordre socio-coexisto... béhavio-interactif sur l'attitude disons inadmissible que vous adoptez à l'égard de votre hiérarchie immédiate ; je veux dire par ceci que votre comportement vis-à-vis du chef de cet établissement n'est, pour ainsi dire, guère louable ! Celui-ci m'a en effet appris que vous ne lui... comment dire cela ? vous ne lui obéissez jamais ! N'est-ce pas folie que de désobéir au maître des lieux, monsieur Né... ?

– Moi, désobéir au maître de ces bois ? Qu'à Dieu ne plaise, sire ! Non, c'est plutôt l'ignorance à vingt trois carats de l'homme que je ne puis souffrir !

– D'un magistrat ignorant, c'est la robe qu'on salue, monsieur Né.. !

– J'en conviens, mais peut-être me vois-je obligé de vous mettre au courant de toute la situation : apprenez, sire, que le prince de ces bois me voulait être son chien couchant, comme bon nombre de ses hôtes, peuple caméléon, peuple singe du maître. Étant de ces rares êtres qui ne souffrent point le collier, je répondis que jamais, au grand jamais, cela ne serait ; mourir plutôt que de servir !... Le directeur (puisqu'il faut bien l'appeler par son nom) me fit alors la guerre, déclara même mon cas pendable !

– Vous êtes de l'espèce rebelle, à ce que je vois, fit l'inspecteur avec un léger blâme dans le ton. Ce n'est en tout cas point une attitude que je vous recommande par les temps qui courent... En vieux routier et bon politique, je vous donne plutôt ce conseil : *Au pays des fauves, tout rebelle à sa perte travaille* ! Méditez-y bien, monsieur Né... et comportez-vous désormais en conséquence !

– Sur la sagesse du propos, sire, je n'ai, honnêtement, rien à redire. Force m'est plutôt de reconnaître que je vous suis très obligé de la leçon !

– Puis-je considérer alors que le différend est réglé, l'affaire close ?

– Je vous le promets, sire, parole d'honneur et foi de professeur !

– Vous êtes un habile jeune homme, monsieur Né... j'en suis fort aise. Cela dit, il ne me reste qu'à vous remercier, en mon nom et en celui de mes deux brillants seconds, compère Boutoumzine et compère Boualime. Nous vous remercions pour la prestation, ainsi que pour la discussion. Tout a été, ma foi, intelligemment mené. Je vous souhaite donc bonne continuation et vous fixe rendez-vous cet après-midi à la salle euh... (il obliqua vers ses deux accompagnateurs.)

– Dix-neuf ! firent les deux Sloughis d'une seule voix.

– Oui, à la salle dix-neuf, pour l'annonce des résultats. A cette après-midi donc monsieur Né... Et n'oubliez jamais : *Au pays des fauves, tout rebelle à sa perte travaille* !

Lemfeddi et ses deux Sloughis s'en allèrent au pas de charge. Arrivés au bout du couloir, ils obliquèrent et mirent le cap sur la salle seize, celle de Samir Adnani, le dernier des quatre candidats à subir l'assaut de l'infamie.

11

L'annonce des résultats

L'après-midi, l'inspecteur, ses deux sous-fifres et l'Émir tinrent conseil à la salle dix-neuf, autour d'une théière fumante et une assiette d'amandes grillées. Au bout d'une heure et demie de conciliabules, L'Émir quitta la réunion, l'air fâché. Quelque discorde avait vraisemblablement éclaté entre les deux amis.

Cinq minutes plus tard, Lemfeddi sortit de la salle, un papier entre les doigts. Il se mit tout de suite à lire sur un ton de jugement dernier :

– Mademoiselle Malika Tazi, admise à l'unanimité, avec la mention *excellent* et tous les honneurs dus à son rang ! Monsieur Haddou Afounas, admis à l'unanimité avec la mention *bien* ! Monsieur Mohamed Né... admis à l'arraché, avec la mention *passable* ! Samir Adnani..., il est où celui-là ? demanda Lemfeddi à Haddou Afounas qui se trouvait en face de lui.

– *Il n'est veni pas peut-être* ! répondit à la dérobée ce dernier.

– Il n'est quoi ? fit Lemfeddi, les yeux écarquillés.

Sûr d'avoir bâclé sa réponse, Haddou Afounas desserra à nouveau les lèvres comme pour rectifier son propos, mais rien n'en sortit.

– Il n'est peut-être pas venu ! intervint finalement Malika, tirant ainsi son malheureux collègue de l'embarras.

– Tant mieux, pour lui ! Samir Adnani, *inadmissible* à l'unanimité !

Je remerciai Malika Tazi et Jean de La Fontaine d'avoir sauvé ma carrière d'un revers planifié et certain. Au fond, je ne m'attendais pas à être admis. Personne au collège ne s'y attendait de toutes façons, pas même les plus optimistes parmi mes collègues.

Haddou Afounas vint me féliciter. Lui-même n'était pas vraiment enthousiaste. Même avec la mention bien, son succès avait un goût amer, m'avouera-t-il plus tard. Le maudit CAPES lui avait en effet coûté les yeux de la tête ! Et la saignée continuait, continuait... Elle continuerait tant que l'Émir siégeait à la tête de cette abominable boutique ! Puisse Allah le Tout-Puissant nous délivrer des tyrans et de la tyrannie... !

Les meilleures félicitations me furent cependant présentées par Malika : quatre grosses bises plantées avec chaleur sur mes joues. Ma charmante collègue paraissait contente de me voir déjouer la diabolique machination de l'Émir. Elle me regardait avec de grands yeux ébahis comme on regarderait un miraculé, ou un rescapé surgissant soudain du fond des décombres.

Je la félicitai à mon tour. Pour toute réaction, elle eut un sourire forcé, presque désenchanté. Comme

Haddou Afounas, elle était manifestement plus contente pour moi que pour elle.

Avait-elle finalement cédé au harcèlement de ses deux assaillants ? Honnêtement, je n'en savais rien, sans compter que cela ne m'intéressait pas, ou alors très peu. Malika n'était ni ma femme ni ma fiancée, et je n'avais aucun droit sur elle. Si le fait de concéder une, ou même plusieurs coucheries, lui avait rapporté le CAPES avec la mention *excellent* plus les honneurs, pourquoi pas ? Il n'y avait là, à mon sens, nul inconvénient. Coucher n'est qu'un moyen parmi tant d'autres d'aplanir les obstacles, se faire une situation, gravir les échelons de la société. Malika n'était d'ailleurs pas la seule à y avoir recours, sans compter que c'était son cul qu'elle offrait, pas le mien, ni le vôtre. Moi-même, si un jour elle se décidait à me donner ma part du gâteau, je n'hésiterais pas à la saisir, et avec tout le plaisir du monde. On a beau dire, c'est toujours un immense bonheur pour l'homme de se taper une belle minette comme Malika. Il semble même, à en croire les grands coureurs de jupons, que la chose allonge généreusement nos jours ici-bas.

Cela dit, au fond de moi, j'ai toujours rêvé de me taper une Fassie, autant par désir de leur peau douce et blanche à rendre la neige jalouse, que par soif de me venger un peu de cette engeance qui, de mémoire de Marocain, fait main basse sur les grandes richesses de ce pays, laissant le reste de la population sur la paille. Me taper une Fassie me consolerait certainement beaucoup et, à travers moi, tous les fauchés de ce foutu bled. L'idéal serait, bien sûr, que chaque déshérité de ma trempe se tape sa propre Fassie. Le pays entier s'en trouverait ainsi consolé, et nous pourrions alors parler de *réconciliations nationales*, de *concorde civile* et de tout le tralala.

Attendez, qu'est-ce je débite là ? Suis-je raciste, malade ou fou à lier ? Les Fassis ne m'ont jamais rien fait de mal, personnellement. Quant à Malika, elle m'avait même rendu bien des services depuis la signature du premier PV d'entrée. Et, en m'aidant à sauver mon CAPES d'un complot bien ourdi, elle me manifesta, une fois de plus, sa sympathie. Peut-être s'apprêtait-elle à me donner bien plus que de la sympathie ; même si, après l'Émir et Lemfeddi, il n'y aurait vraiment plus de quoi me vanter.

A bien y réfléchir, il n'y avait, pour moi, aucune raison valable d'en vouloir aux Fassis, et encore moins à Malika. Pourquoi donc tant d'aversion injustifiée, tant de haine gratuite pour cette frange de mes concitoyens ?

Peut-être faisais-je partie de cette espèce aigrie et acariâtre qui a toujours besoin de prendre en haine une catégorie ou une ethnie, et qui n'hésite pas, pour justifier sa haine, à inventer des motifs pour le moins discutables. Pour être honnête, j'ai toujours été un éminent représentant de cette espèce bourrue, farouche, un peu misanthrope, nullement dangereuse, toutefois.

Pauvre et digne, je n'éprouvais que de la haine envers tous ceux qui se la coulaient douce autour de moi, je rêvais même souvent de les étrangler ou les éventrer dans leur lit. La haine était à la fois mon arme et mon antidote. Elle m'immunisait contre le besoin, contre la faim, contre la maladie et contre toutes les formes de bassesses humaines. En même temps, elle me donnait l'énergie nécessaire pour persévérer, me battre bec et ongles afin de me faire un nid dans cette jungle et m'y incruster. La haine m'avait tanné le corps et l'âme. Grâce à elle, j'ai tenu bon, et jusqu'au bout.

Encore élève à Marrakech, je nourrissais déjà une haine noire pour les habitants de la cité rouge, au point de prier souvent le Très-haut de les exterminer tous, moyennant quelque puissant séisme ou une épidémie impossible à enrayer.

Peu de temps plus tard, je tombai fou amoureux d'une Marrakchie de souche, une ravissante brune au corps plantureux. La fille se prénommait Souad, et ses parents étaient d'une ouverture d'esprit telle qu'ils acceptaient volontiers que nous passions de longues heures ensemble, avec le vieux prétexte de révisions communes. Pour eux, je n'étais qu'un petit péquenot, pas plus dangereux qu'une fillette de cinq ans.

Durant cette exquise période écoulée en compagnie de Souad, je me suis rendu compte que, non seulement je pardonnais aux Marrakchis, mais je commençais même à les aimer, comme on aime les siens, enfin plus ou moins. Dans le même temps, ma haine se retournait progressivement contre les

Soussis ; à cause de leur cupidité légendaire, bien sûr, mais aussi, et surtout, à cause de leur monopole du commerce dans tout le pays.

De Tanger à Légouira, il n'y a pratiquement plus de commerce qui ne soit tombé entre les mains des Soussis, des petites épiceries aux grands palais de l'alimentation. Comment donc ne pas prendre en grippe ces fesse-mathieux ?

Mon antipathie pour les Soussis dura jusqu'au jour où je commençais à me passionner pour les chansons d'Izenzaren Igout. Je me suis alors dit qu'en vouloir aux Soussis et se passionner pour les chansons d'une formation soussie étaient deux attitudes pour le moins incompatibles. Aussi ai-je vite retourné ma haine contre la race voisine, les Sahraouis, puis contre les Riffains, puis contre les Chiadmas...

Aujourd'hui, j'en suis aux Turcs, ou plutôt à leur politique ; c'est à eux que je réserve l'essentiel de mon hostilité et, vraisemblablement, pour très longtemps. Je ne souffre vraiment pas ce régime qui, à l'aube du troisième millénaire, réprime encore dans le sang ses minorités, écrase l'opposition, pratique la torture, réclame la souveraineté sur des territoires qui ne lui reviennent ni d'Ève ni d'Adam, menace ses voisins du sud de leur couper l'eau et, comme pour achever le tableau, frappe sans relâche à la porte de la Communauté Économique. Si, par malheur, Bruxelles accède à leur demande, c'est à tous les Belges que j'en voudrais, Flamands, Wallons et Allemands !

Mon hostilité pour les politiques, qu'ils soient turcs, tunisiens, marocains, américains ou autres peut aisément se justifier. Par contre, celle que je nourrissais pour Malika n'était, au fond, que du désir – ce désir impossible à assouvir et qui, peu à peu, se métamorphose en une antipathie sourde contre l'objet de notre amour, procédé assez classique, au demeurant.

Or, à mesure que ma ravissante collègue se rapprochait de moi, mes sentiments à son égard entamaient le processus inverse, ma haine s'estompait, cédant progressivement la place au désir, peut-être même à l'amour. C'est une évolution sentimentale tout à fait naturelle : l'amitié entre un jeune homme constamment en rut comme moi et une beauté comme Malika débouche de toute façon toujours sur des choses beaucoup plus sérieuses, il n'y a pas lieu d'en douter, surtout à Tinghir.

Les quatre grosses bises que ma belle collègue venait de m'appliquer devant cet échalas envieux d'Afounas firent entrer nos relations dans une ère nouvelle et toute prometteuse.

Afounas n'était pas dupe ; quelque chose dans son air montrait bien qu'il soupçonnait énormément ce début d'intimité entre Malika et moi. Ses mauvais yeux striés de rouge nous dévisageaient, passant de l'un à l'autre, comme pour détecter sur nos traits des signes corroborant ses soupçons.

Son entreprise fut heureusement interrompue par Rouch, le secrétaire de L'Émir, qui, de l'étage, nous fit signe de le rejoindre tous trois au bureau.

– *Mebrouk, Lalla Malika* ! fit l'Émir dès que nous eûmes franchi le seuil de son bureau, félicitations. Il faut absolument que vous nous offriez une *zerda*[1] ! Oui, une *zerda* ! Mais alors une vraie ! N'est-ce pas Haddou ?

– Tout à fait, *Sidi* ! répondit le Sloughi en esquissant une courbette. Moi, en tout cas, je serais vraiment heureux de vous recevoir demain à dîner, *Sidi* !

L'Émir détourna brusquement le visage, déçu qu'une réponse pareille ne soit pas venue de Malika. Le malheureux Sloughi accusa le coup avec la résignation de celui qui en a vu bien d'autres. Malika, elle, se contenta d'un petit sourire flou en guise de réponse, ou peut-être de remerciement. Ses lèvres soigneusement avivées de rouge ne se desserrèrent pas.

– Mais d'abord, ne restez pas dans cette position ! ajouta l'Émir. Asseyez-vous, je vous en prie, asseyez-vous !

Malika s'installa sur l'un des sièges placés à droite de l'auguste bureau, visiblement gênée par le zèle outré de l'Émir. Haddou avança, perplexe, en direction du siège de gauche ; mais, ayant constaté que l'Émir se désintéressait complètement de lui, il s'arrêta d'un air idiot. Après quelques secondes d'hésitation, il entama une retraite, reculant discrètement jusqu'à sa position initiale.

1. Banquet, en arabe dialectal.

– Oui, répéta l'Émir en hochant le crâne, il nous faut absolument une *zerda*, et même, paraît-il, deux *zerdas* ! Le Ministère vient en effet de régulariser votre situation financière. Vos rappels sont arrivés, les voilà !

Le rappel ? Une joie immense envahit jusqu'à la dernière de mes cellules. Jamais auparavant je n'avais éprouvé une sensation si forte, si enivrante. J'avais envie de crier, courir, gambader et m'élancer dans l'air. Mon bonheur était tellement exaltant que, pendant un certain temps, je me sentis prêt à pardonner à l'Émir tout le mal qu'il m'avait fait, voire même l'inviter, moi aussi, à ripailler et à boire jusqu'à plus soif.

Heureusement, je ne fis rien de tout cela, gardant ainsi mes effusions pour moi. Un homme avisé ne manifeste jamais sa joie en présence de ses ennemis.

Le rappel ? Cela faisait en effet des mois que je l'attendais, comme on attend le Messie. Ma bourse était à bout de souffle depuis des semaines ; le jour du CAPES, je ne vivais plus que sur mon dernier billet de vingt dirhams. La veille, j'avais pris le parti de recoudre avec une grosse aiguille les semelles de mes souliers, qui menaçaient de quitter l'empeigne.

Il y avait au collège beaucoup de Sloughis qui prêtaient de l'argent à leurs collègues en difficulté, mais il fallait accepter des taux d'intérêt allant de vingt-cinq à cinquante pour cent, sans compter l'intolérable sentiment de se savoir redevable pour la vie d'un service à un Sloughi !

L'Émir défit une chemise, en retira trois longs papiers jaunes et les poussa dans ma direction :

– Regardez lequel est le vôtre ! grommela-t-il.

Je saisis le mien, le pliai religieusement en deux puis le glissai dans mon cartable.

– On dirait que vous l'avez soumis à un puissant sortilège ! ajouta l'Émir sur un ton railleur.

– De quoi parlez-vous ? demandai-je

– De qui voulez-vous d'autre que de ce pauvre Lemfeddi, qui tenait absolument à ce que vous ayez le CAPES, quitte à déplaire au reste du jury ! Comment peut-on expliquer cela, si ce n'est par l'effet d'un sortilège, ou alors... par quelque vigoureuse recommandation ?

– Le CAPES, répliquai-je, je le mérite, et largement ! Quant aux recommandations, dites-vous bien que si j'en avais, je ne serais pas affecté dans ce trou !

– Trou vous-même ! aboya l'Émir en se dressant à moitié sous l'effet de la colère. Vous et tous les voyous de votre trempe, que ces crétins du Ministère n'arrêtent pas de m'expédier !

J'obliquai à droite, vers le petit bureau de Rouch, pour la petite signature de rigueur dans le registre administratif.

– Si vous avez réussi à arracher votre CAPES par Dieu sait quel micmac... , reprit l'Émir sur un ton moins virulent mais beaucoup plus réfléchi, soyez sûr que vous n'aurez plus jamais rien d'autre, ni vous ni tous les dévergondés de votre espèce ! Et si vous rêvez de sortir de ce *trou*, comme vous dites, ne comptez surtout pas sur ma notation ! Tâchez de vous trouver une autre solution, comme pour le CAPES !

Je quittai le bureau, ma joie partiellement gâchée par la sinistre perspective de finir le restant de ma jeunesse dans l'exil tinghirien.

12

A quoi sert le bonheur s'il n'est pas partagé !

Le guichetier de la Trésorerie retira de son coffre une liasse de billets de cent dirhams. Il les compta, recompta à trois ou quatre reprises avec, à chaque fois, une dextérité vertigineuse. Ses lèvres noircies par la cigarette remuaient frénétiquement, sa moustache frémissait, impossible de distinguer le moindre chiffre dans son bredouillement.

D'un geste cérémonieux, il me servit la liasse en tapant bruyamment de la paume sur le bout du comptoir dallé. Je levai les yeux sur lui : l'homme me dévisageait, lissant machinalement sa moustache rissolée. Les traits de sa figure de fonctionnaire trop bien nourri prirent un air alléché. L'argent, avait-il une odeur ? J'empochai la liasse en marmonnant un *choukrane*, merci, puis pivotai sur mes talons.

– A quoi sert le bonheur s'il n'est pas partagé ! me lança-t-il à travers le grillage sur un ton de blâme sentencieux.

Je me retournai : l'homme me regardait, un sourire obséquieux, presque implorant sur le museau – une invite explicite à la générosité.

– À quoi sert le bonheur s'il n'est pas partagé ! répéta-t-il en secouant lentement le crâne.

Le message était clair. Je retirai un billet de la liasse et le glissai dans sa direction. Sa main s'en empara prestement et le plongea dans la poche avant de son blouson en cuir.

– Que le Très-Haut gomme les péchés de celui qui mange et fait manger les autres ! fit-il en guise de remerciement.

Une fois hors de la Trésorerie, je m'arrêtai un instant, intrigué par les paroles du guichetier : *A quoi sert le bonheur s'il n'est pas partagé* !

L'homme n'était vraisemblablement pas instruit, mais ses propos débordaient de sagesse. Elle est toujours d'une vérité déroutante, la sagesse de l'inculte ; elle tombe tel un couperet, sans artifice, ni apprêt. Contrairement à la sagesse du philosophe, celle de l'inculte n'est soumise à aucun travail intellectuel, aucun exercice de style, aucun ornement, d'où ses allures de vérité absolue et incontestable.

A quoi sert le bonheur s'il n'est pas partagé ? Toute réflexion faite, il ne sert qu'à engendrer le malheur. Un bonheur non partagé suscite inévitablement des convoitises, des jalousies, voire de la haine, cette haine déchaînée et implacable qui ne s'apaise que dans la destruction. Derrière tous les grands malheurs, toutes les guerres, toutes les tensions, toutes les luttes humaines ou animales, il y a toujours un bonheur non partagé ; cela va d'un bas de laine, ou une belle conjointe jusqu'aux gisements pétrolifères, en passant par des terres fertiles ou des côtes riches en poissons.

Pour vivre heureux, il n'y a qu'une solution, et une seule : partageons notre bonheur ! *Vivons cachés* ne peut être une solution, car elle ne s'inscrit pas dans la durée. Les êtres humains, heureux, ou même malheureux, ne peuvent vivre éternellement cachés.

Non, vraiment, le guichetier n'avait pas tort. Je pénétrai donc tout de suite après dans le bureau de poste attenant à la Trésorerie. Là, je me débarrassai de la moitié de mon rappel sur un mandat carte au nom de mon père. *A quoi sert le bonheur s'il n'est pas partagé* !

Après le bureau de poste, je filai tout droit au souk de Tinghir, décidé à partager le reste de mon bonheur avec mes colocataires. Qu'est-ce qui leur ferait le plus plaisir ?

N'étant ni caïds ni gendarmes ni élus locaux, mais tout simplement de pauvres enseignants qui ne mangeaient pas toujours à leur faim, il n'y aurait, par conséquent, pas mieux qu'une bonne ripaille pour leur faire plaisir. J'achetai donc deux poulets, une trentaine de brochettes, des frites, de la limonade, des amuse-gueule... enfin, tout ce qu'il faut pour faire bombance.

J'entrai ensuite chez un marchand de vêtements pour femmes. C'était l'occasion de réaliser l'un des rêves que je caressais depuis des mois : offrir à Louhou une mise digne de sa beauté.

– *Aleïkoum Ou salam*, monsieur Né.. ! répondit le commerçant en souriant. Que puis-je pour vous ?

Je m'arrêtai un instant, interdit. Comment se faisait-il que ce quidam me connaisse ? Jamais auparavant je n'avais franchi le seuil de son commerce ;

je crois même n'avoir jamais mis les pieds dans cette aile du souk !

Haddou m'avait pourtant averti un jour : personne à Tinghir ne devait se croire inconnu. L'anonymat s'arrêtait aux portes de la localité. Dès qu'un bipède y pénétrait, il était immédiatement repéré, identifié, sa destination localisée, son état civil et son passé dénichés puis vulgarisés, ses mouvements et déplacements surveillés de près... C'était le sport favori des Tinghiriens, tous les Tinghiriens, sans distinction d'âge ni d'état.

– Voudriez-vous m'aider à trouver des vêtements pour une jeune femme ?

– Une jeune femme ? répéta le marchand intrigué. Voudriez-vous me la décrire un peu, *Sidi* Mohamed ?

– Vous la décrire ? m'écriai-je hors de moi. Ce n'est pas pour lui faire faire un portrait que je viens ici !

– Maudissez Satan, *Sidi* Mohamed ! Nous n'avons aucune arrière-pensée malveillante ! La taille, le profil, le galbe, le teint... sont autant d'indications qui nous facilitent la tâche quand la personne elle-même ne peut se présenter... Pourriez-vous au moins me dire l'âge de la femme ?

– Disons vingt-cinq, trente ans... puisqu'il le faut !

– Vingt-cinq ans, murmura-t-il les yeux balayant les étagères chargées de nippes jusqu'aux solives, et qui dégageaient une odeur âcre de chimie. De toutes façons, nous en avons pour tous les âges, et pour toutes les tailles !

Aidé de son jeune commis, l'homme étalait devant moi ses vêtements, accompagnant chacun d'un long baratin sur le tissu, sa qualité, son origine, sa confection...

Agacé par sa curiosité malsaine, je choisis au hasard un caftan de mohair brodé au fil d'or, un large kmiss[1] en cotonnade bleu, un saroual à dentelles, une paire de babouches et des dessous blancs.

– Me permettez-vous, Sidi Mohamed, de vous poser une petite question ? dit-il en empaquetant mes achats.

– Allez-y, je vous écoute.

– Êtes-vous marié ?

– Non !

– Je m'en doutais bien, je m'en doutais bien ! susurra-t-il en se grattant le pariétal, le front soucieux, l'air préoccupé.

– Non ! repris-je, exacerbé. Je ne suis pas marié, et ne compte pas l'être, du moins pas dans les cinq décennies à venir !... Quant aux guenilles que voici, elles sont destinées à ma sœur, que vous ne connaissez pas, et que vous ne connaîtrez heureusement jamais ! Ça y est, vous êtes satisfait ? La langue ne vous démange plus ? L'homme baissa sa tête décharnée, couleur de bois ancien, l'air extrêmement confus, comme un chenapan arrêté la main dans le sac. Je saisis mon paquet et lui tournai le dos.

---

1. Tunique orientale avec manches.

Sur le chemin du retour, je m'arrêtai chez Rachid, l'unique libraire de Tinghir. Jeune homme sympathique et vraiment serviable, Rachid était sans doute l'un des rares libraires dans ce pays qui prêtait, sans contrepartie, des livres aux férus de lecture fauchés comme moi.

Dans le mince rayon réservé à la littérature française, je repérai un livre intitulé *Les Fous d'Amour*, d'un certain (ou une certaine ?) Claude Vermorel, livre que j'avais déjà emprunté à Rachid quelques semaines auparavant.

Roman historique calqué sur *Le Nom de La Rose*, *Les Fous d'Amour* met en scène trois des personnages les plus significatifs du douzième siècle en France : Saint Bernard, Pierre Abélard et Aliénor d'Aquitaine. Le premier incarne l'amour de Dieu, le deuxième l'amour de la Vérité, le troisième l'amour de l'Amour.

J'admire et exècre à la fois ces personnages fous de Dieu au point de tuer en son nom, fous d'amour au point de mourir pour leur Dame. Moi, en tout cas, je ne tuerais pas une mouche au nom de Dieu ; quant à mourir pour *ma* Dame – à supposer que j'en aie une –, il faudrait vraiment que je sois con, ou fou à lier.

– Celui-là, remarqua Rachid, tu l'as déjà lu, je crois ?

– Oui, mais cette fois-ci, je compte l'offrir en cadeau à quelqu'un.

– Dans ce cas, tu dois peut-être m'en dire le prénom !

– T'en dire le prénom ? Mais qu'est-ce qui vous prend tous pour vous mêler comme ça de la vie des gens ?

– Maudis Satan, Mohamed ! fit le jeune libraire, étonné de me voir brusquement emporté contre lui. Ne prends pas mal mon propos ! Si je te fais cette demande, c'est juste parce que nous avons ici des enveloppes pour cadeaux avec des prénoms sur le dos !

Rachid retira effectivement d'un tiroir une pile d'enveloppes violettes, portant chacune un prénom soigneusement calligraphié et entouré de motifs champêtres. Déconcerté et confus, je bredouillai des excuses.

Ce n'était ni la première ni la dernière fois que je piquais une colère puis la regrettais amèrement l'instant d'après. C'est là, l'un de mes moindres défauts, et il remonte à ma toute première enfance. Aujourd'hui, la quarantaine passée, cela m'arrive encore souvent – preuve qu'il est des défauts que l'on traîne toute sa vie.

– Donne-m'en-z-en une avec Malika comme prénom ! dis-je à Rachid après une courte hésitation.

– Malika ? fit-il, interloqué. Oui... oui, je crois qu'il ne m'en reste plus qu'un : Malika... Malika... le voilà !

Et, s'enhardissant de nouveau :

– J'espère que la tienne n'a de commun avec *l'autre* que la grâce !

– De qui parles-tu ?

– Ne fait pas l'idiot, dit Rachid, content de me voir finalement prendre goût à son commérage. De qui veux-tu d'autre que je parle sinon de ta collègue ?

– Ah ! je vois..., répondis-je en affectant l'air de celui qui se rappelle finalement de quelque chose de peu d'importance pour lui. Non, non... ça n'a absolument rien à voir... La personne à qui je compte offrir ce livre est... est d'un genre tout à fait différent !... De plus, elle habite l'autre bout du pays... Mais, dis donc, Rachid, qu'est-ce qu'elle a... l'autre... je veux dire ma collègue ?

– Comment, tu n'es pas au courant ou tu fais semblant ? s'étonna le jeune libraire.

– Non, répondis-je d'un air niais. Non, crois-moi, je ne suis au courant de rien...

Pour l'inciter à lâcher le morceau, j'ajoutai tout de suite :

– Tu sais, avec un mode de vie comme le mien, il n'est pas toujours évident d'être au courant de tout ce qui se noue et se dénoue autour de soi !

Rachid se pencha sur mon oreille, comme pour me confier un secret considérable :

– Il paraît qu'elle couche avec le directeur de votre collège... Peut-être aussi avec l'inspecteur ! C'est vraiment dommage pour une si belle fille !

– En es-tu sûr ?

– Sûr... ! sûr... ! répéta Rachid, l'œil narquois. Tu sais, il n'y a que les chiens que l'on puisse surprendre en pleine copulation ! Et encore faut-il se lever tôt !

– Ce ne sont peut-être que des cancans !

– Oui, peut-être, mais... mais il n'y a pas de fumée sans feu, ni de feu sans fumée, non plus !

Sans m'en rendre compte, je retirai le livre de Claude Vermorel de l'enveloppe et le glissai dans la poche de mon blouson.

– Tu ne veux plus de cette enveloppe ? me

demanda Rachid avec un rictus malicieux sur les lèvres.

– Non, ce livre... ce livre, je... je l'enverrai finalement à une de mes cousines !

– Dis voir son prénom, peut-être te trouverais-je l'enveloppe correspondante.

– Non, ce n'est pas la peine... ma cousine porte un prénom un peu spécial !

– Dis voir, on ne sait jamais ! insista Rachid, tout excité.

– Elle s'appelle Natacha !

– Natacha ? ça doit être un prénom espagnol, n'est-ce pas ?

– Non, c'est un prénom russe !

13

Brouilles

Je m'apprêtais à servir le dîner, lorsqu'Aziz pénétra dans la cuisine :

– J'ai une de ces faims ! me dit-il.

– Patience ! le dîner sera bientôt servi.

– Et c'est quoi, ce soir ?

– Quoi d'autre que du BM[1] ?

– Oh ! s'écria le professeur d'arabe en esquissant une affreuse grimace de dégoût, j'en ai assez de bouffer du BM, moi !

Le BM, les haricots blancs, les lentilles et la purée de fèves sèches sont les repas de base des couches désargentées : les paysans, les artisans, les étudiants, les enseignants, les manœuvres-balais, les petits fonctionnaires n'ayant pas accès au bakchich... bref, les deux tiers de la population active.

Le BM a cependant un avantage de taille sur tous les autres mets : sa préparation ne demande pas plus d'une trentaine de minutes. Un étudiant, un manœuvre-balai ou un enseignant célibataire, qui rentrent de leur travail à midi et demi, crevés et affamés, ne peuvent évidemment pas s'offrir un taji-

---

1. Initiales de l'arabe dialectal, *Bid ou Maticha*, œufs à la tomate.

ne au bœuf carottes, dont la préparation nécessite au minimum une heure et demie. Le BM s'impose alors comme la panacée culinaire des gens pauvres.

Ayant bien disposé les différents mets achetés sur la table, je frappai à la chambre de chacun de mes colocataires.

– Ouaou ! s'écria Aziz en levant les bras au ciel. Tu l'as eu ?

Pour toute réponse, je l'invitai à s'attabler. Nous prîmes immédiatement le banquet d'assaut. Les poulets et les brochettes furent dévorés avec un appétit d'ogre, les fruits engloutis, la limonade sifflée, les os nettoyés, rongés... D'aucuns pensent que les travailleurs de force sont les plus grands mangeurs ici-bas : erreur ! J'ai eu, au cours de ma vie, l'occasion de manger dans le même plat avec des forçats du travail de tous bords : des maçons, des portefaix, des moissonneurs, des bûcherons, des forgerons, des tailleurs de pierres... Ces malheureux absorbent énormément de liquides, de l'eau surtout ; mais ils mangent toujours peu, ou alors modérément. L'effort physique et l'épuisement leur coupent l'appétit.

Les individus les plus voraces qu'il m'ait été donné de connaître sont tous des inactifs physiquement : des chômeurs, des badauds, des employés de bureau, des fonctionnaires, des enseignants, des politiques, des hommes d'affaires, des notaires, des avocats...

Le repas achevé, Abou Abderrahmane leva ses paumes au ciel, l'air plein de dévotion :

– Nous Vous remercions, Seigneur Allah, pour Votre générosité et Votre magnificence ! Faites, Seigneur, que ces aliments soient une nourriture bénéfique pour notre santé, un remède pour nos maux et un réconfort pour notre foi en Vous, *Amiiin* !

Abou Abderrahmane baisa le bout de ses doigts et se retira dans sa chambre, sans un mot pour moi, qui avais payé la bombance de ma poche !

Abou Abderrahmane avait adopté ce profil bas envers nous depuis déjà quelques mois. Le jeune instituteur se refermait de plus en plus sur lui, tuant la plupart de son temps dans sa chambre, ou dans la petite mosquée du quartier. Il ne nous rejoignait qu'à l'heure des repas, avalait la nourriture en silence puis se retirait immédiatement après. Certains jours, il me demandait carrément que je lui serve sa pitance à part.

Lorsque l'un ou l'autre lui adressait la parole, il répondait par oui, ou par non, l'air toujours renfrogné, l'œil morne.

Cette attitude boudeuse et maussade, Abou Abderrahmane l'avait d'abord adoptée à l'égard d'Aziz. Entre les deux jeunes hommes ça n'allait de toute façon pas, depuis le premier jour. Rien de surprenant en cela : un Frérot et un coco ne font pas plus bon ménage qu'un loup et un chien. Ce sont deux espèces conçues pour s'entretuer, pas pour s'entendre, et encore moins pour vivre ensemble sous le même toit. Conscients de leur antagonisme foncier, les deux ennemis jurés décidèrent, d'un tacite accord, et dès les premiers accrochages, d'éviter tout échange, toute discussion pouvant à nouveau les mener à un affrontement direct. Une paix naquit ainsi entre eux, fragile mais constante. Elle perdura jusqu'au jour où Aziz eut l'idée d'amener à la maison une de ses cousines rencontrée par hasard près de la gare routière du village.

La fille était une grande perche, sèche, maigre, anguleuse, la mâchoire saillante, les cheveux durs. Aziz m'apprit qu'elle avait été jolie dans sa première jeunesse, mais qu'elle avait mal tourné en grandissant. Comme il ne me coûtait rien de le croire, je le crus, lui aussi.

La grande perche revenait de Ouarzazate, où elle avait passé, pour la cinquième fois, le traditionnel concours d'entrée à l'École hôtelière. Elle réussissait toujours à l'écrit mais, à l'oral, elle était recalée. L'infortunée expliquait son échec systématique par une terrible guigne qui la poursuivait depuis tant d'années, alors que la véritable raison était toute autre : à l'École hôtelière, on ne recrute pas les laides, c'est la consigne de la direction !

Le bus, qui ramenait la malheureuse candidate chez elle, fit une escale à Tinghir, et ce fut la rencontre inopinée entre les deux cousins. Aziz proposa à la grande perche de passer la nuit avec lui à Tinghir. Elle accepta, sans tergiverser, ou alors un peu, juste pour la forme.

Aziz avait un besoin pressant d'une femme dans son lit, n'importe laquelle. Le malheur noué dans son bas-ventre le tourmentait depuis des mois ; l'occasion de s'en débarrasser s'était enfin présentée, il ne fallait surtout pas la rater.

Sa cousine, elle, était, depuis des années, en quête d'un travail, ou d'un mari. Le cousin, qui venait de décrocher un emploi stable et assez bien rémunéré, serait incontestablement un bon parti. Elle dit donc oui pour la nuit à Tinghir, d'autant plus que la coucherie en perspective tombait un quatorzième jour de son cycle ovarien, autrement dit l'occasion ou jamais de harponner enfin ce volage cousin pour qui elle en pinçait depuis tant d'années.

Abou Abderrahmane était accroupi sur une peau de mouton au milieu de la cour, feuilletant sagement son habituel *Droit Chemin* de Cheïkh Che'araoui. Entra alors Aziz en compagnie de sa cousine. Il prononça le *Salam ou 'aleïkoum* de rigueur. Pour toute réponse, Abou Abderrahmane ferma son *Droit Chemin* et se retira dans sa mansarde en maudissant Satan. Il n'en sortira que le lendemain matin, après le départ de la fille.

Bien que sans suite grave, l'incident suffit à mettre un terme à la paix relative qui régnait jusque là entre les deux rivaux. Et les animosités reprirent de plus belle, et avec elles, les prises de bec, les chamailleries, les engueulades...

Derrière la brouille entre Abou Abderrahmane et Ferkous, son camarade de promotion, il y avait un incident beaucoup moins sérieux, pour ne pas dire futile.

Ferkous avait eu en effet, un certain jour, la banale idée de fixer sur la porte des toilettes un bout de papier, sur lequel il avait soigneusement tracé les initiales *wc*.

– Cela, me dit-il avec une joie puérile dans le regard, facilitera le repérage du cabinet d'aisances à nos éventuels visiteurs.

Je ne lui répondis rien, tellement l'idée me paraissait insignifiante, sans compter que je m'en foutais.

Le lendemain, l'écriteau disparut. Ferkous, toujours désœuvré et oisif, le remplaça aussitôt par un autre, tout aussi bien tracé. Il disparut à son tour, quelques heures plus tard. A la troisième ou quatrième fois, il trouva, sur la porte, un écriteau beaucoup plus grand de taille portant le mot arabe *Mirhad*, toilettes, soigneusement calligraphié en noir.

Ayant tout de suite reconnu l'auteur de la calligraphie, Ferkous accourut, hors de lui, chez Abou Abderrahmane. Le Frérot reconnut les faits. Il n'y avait aucune raison de nier une bonne action une fois accomplie ! Un Musulman digne de ce nom ne devrait en aucune façon tolérer des lettres impies sur la porte d'un lieu où il faisait cinq fois par jour ses ablutions ! *Qui parmi vous est témoin d'un péché et peut le combattre avec ses mains, qu'il le combatte avec ses mains, s'il ne peut, qu'il le combatte avec sa langue, s'il ne peut, qu'il le combatte avec son cœur, et ceci est l'ultime degré de foi* ! Étant, en l'occurrence, à même de combattre le péché avec ses mains, il tendait à chaque fois les doigts et arrachait le vilain écriteau, conformément aux prescriptions du hadith chérifien ! D'ailleurs, les deux lettres mécréantes n'étaient même pas françaises d'origine, mais anglaises, donc américaines, autrement dit sataniques... !

Ferkous et Abou Abderrahmane en vinrent bientôt aux mains. Aziz s'interposa. Il trancha le litige et décréta, séance tenante, que la porte des toilettes resterait à tout jamais sans écriteau. Les deux instituteurs acceptèrent la décision de leur arbitre, mais la soi-disant amitié qui existait depuis le début entre eux ne survécut pas à l'incident.

Contrairement à ce qui s'était produit avec les autres, la brouille entre Abou Abderrahmane et moi était arrivée en douceur. Elle avait sans doute commencé le jour de l'altercation à propos du voile qu'il *avait offert* à Louhou. Abou Abderrahmane ne me pardonna jamais d'avoir déjoué son astuce.

Mais la rupture entre nous ne fut toutefois entièrement consommée qu'à partir du moment où il s'était rendu compte, qu'entre Louhou et moi, il y avait décidément bien plus que de la sympathie. Le Frérot n'arrivait pas à admettre qu'une liaison amoureuse impliquant, de surcroît, une femme sur laquelle il avait des vues, se nouât sous ses yeux.

Ma relation avec Louhou avait en effet beaucoup évolué depuis, au vu et au su d'Abou Abderrahmane ainsi que de mes deux autres colocataires, pas moins envieux et hostiles. Une réaction qui, à bien y réfléchir, était tout à fait compréhensible. La femme devait, en principe, servir tous les occupants de la maison, avec le même zèle, le même dévouement ; il n'était, par conséquent, pas du tout juste qu'elle accordât ses faveurs à l'un et pas aux autres. Parler ou ne pas parler berbère ne saurait être une justification acceptable à cette discrimination...

Mes colocataires ne tarissaient pas d'allusions graveleuses, de grasses plaisanteries et de sous-entendus éculés, que je n'écoutais que d'une oreille distraite : les chiens aboient, l'amour avance.

Déterminé à conquérir son cœur, je continuais, jour après jour, à consolider mes liens avec la jeune femme. Je passais parfois toute la matinée près d'elle dans la cuisine, n'hésitais jamais à lui donner un coup de main à chaque fois que l'occasion se présentait. De temps en temps aussi, je lui offrais une paire de chaussettes, une pommade pour soigner ses engelures, une boîte d'aspirines pour guérir ses maux de tête, une poignée de friandises pour ses fillettes... enfin, tous ces petits gestes auxquels les femmes ne restent en général pas insensibles.

Louhou s'habituait peu à peu à moi, et moi à elle. Bientôt, je devins son confident ; même si, par pudeur, la femme hésitait beaucoup à me faire part de ses peines.

Pour lui montrer mon entière solidarité, je lui promettais souvent de l'aider un peu à surmonter ses difficultés dès la régularisation de ma situation financière. Cela lui remontait le moral et la rapprochait de plus en plus de moi.

Lorsque je vis qu'elle se mettait à arranger un peu sa mise avant de franchir le seuil de la maison, je compris que son cœur avait, à son tour, cédé à ce noble sentiment qu'est l'amour.

Louhou était sans conteste ce qu'on appelle communément une *belle femme*. Entendez le qualificatif dans le sens marocain ; car, en Occident, et plus particulièrement en France, on désigne justement par *belle* toute fille ou femme qui ne l'est point. Les vraies belles y sont *banales* ou alors *elles n'ont rien de spécial*, les laides y sont *mignonnes* et même *très mignonnes*, les horreurs *ont du charme*, c'est vraiment le monde à l'envers !

Je n'ai jamais, par exemple, compris les critères sur lesquels on élit les miss France ces dernières années. Il en est certaines que, personnellement, je ne regarderais pas deux fois dans la rue. En revanche, je suis sûr que, parée comme il se doit, Louhou ferait palpiter le cœur de tous les mâles, d'ici et d'ailleurs. Aussi avais-je toujours rêvé de lui offrir une mise digne de sa beauté, des habits qui feraient ressortir sa grâce naturelle et mettraient en valeur son irrésistible charme, le tout pour le grand plaisir de mes yeux.

Effectivement, le lendemain de la régularisation de ma situation financière, j'appelai Louhou dans ma chambre et étalai devant elle le saroual, le caftan, le large *kmiss*, les babouches et les dessous blancs que j'avais achetés la veille au souk. Une lumière vive, semblable à l'éclat d'une lame d'acier, traversa le regard de la jeune femme. Son visage rayonna subitement, comme si les portes du paradis venaient de s'ouvrir à ses pieds. Elle desserra les lèvres pour dire quelque chose, mais elle n'y parvint pas ; la joie lui avait ôté la parole.

A défaut de parole, Louhou se précipita avec ferveur sur ma main pour la baiser en signe de gratitude. Je la saisis par les bras et la redressai. Aussi loin que remonte mon souvenir, j'ai toujours eu horreur de baiser les mains, toutes les mains, même celles de mes propres parents. Enfant, cette attitude m'avait coûté bien des remontrances et autant de gifles ; je n'abdiquai cependant jamais. Allez savoir pourquoi.

Louhou était presque aussi grande que moi. A aucun moment auparavant, je ne m'étais trouvé si près d'elle ; seul un vide de quelques centimètres séparaient encore nos corps. Un instant, elle leva sur moi ses merveilleux yeux humides d'émotion, mais elle les rabaissa tout de suite, en s'excusant presque ; le teint de sa ravissante figure s'empourpra. Je la saisis par la taille et l'attirai doucement vers moi. Elle n'opposa point de résistance mais, son cœur battait très fort contre mes côtes ; sa respiration devenait courte. D'un geste doux, je redressai son visage par le menton : ses paupières s'abaissèrent aussitôt, une grande confusion se lisait sur ses traits, son corps entier se crispa, chercha à fuir la situation...

Mon état n'avait rien à envier à celui de Louhou : un désir intolérable me consumait les entrailles, ma gorge s'asséchait, mon cœur battait la chamade, des palpitations et des frémissements électriques me parcouraient le corps... Bientôt, ce fut toute ma perception du monde qui s'embrouilla, comme à l'approche du coma...

J'approchai mes lèvres des siennes. Au premier contact, Louhou se détourna et me tendit la joue. Je ne m'en offusquai point, car dans ces régions reculées, l'embrassade sur la bouche restait encore inconnue. Je l'embrassai donc sur les tempes puis sur la joue, puis sur le cou, mangeant à petits coups son délicieux visage de houri. Le corps de la jeune femme s'amollissait peu à peu, ses jambes fléchissaient. Je l'étendis sur le matelas d'éponge, à demi inconsciente, dénouai son abondante chevelure, lui ôtai les vêtements, un par un, comme les feuilles d'un artichaut... Jamais de ma vie, je n'avais vu un corps de femme si divinement dessiné ; tout y témoignait d'une féminité et d'une grâce accomplies : des cheveux d'ébène, épais, lourds et longs, une poitrine irrésistible avec deux seins encore en bon état, une peau fine et veloutée, des chairs fermes malgré trois accouchements, une croupe pleine et harmonieuse, avec un léger duvet noir le long de la raie, de belles jambes sculptées dans le marbre, un corps aux formes épanouies de jeune femme dans tout l'éclat de sa plénitude. Il se peut que j'aie vu des corps plus harmonieux et plus gracieux, mais je n'en suis pas sûr, et celui de Louhou restera à tout jamais, dans ma mémoire, une sorte de référence inconsciente.

Ayant vécu dans une abstinence monacale depuis presque un an, je fis l'économie de tous les préliminaires en usage et passai d'emblée aux choses sérieuses, à savoir l'acte charnel proprement dit. Il m'était de toute façon impossible de procéder autrement.

L'amour, dans son acception contemporaine, exige du temps et de la patience. Du temps pour éveiller le désir chez la partenaire par des caresses, des embrassades, des enlacements et tout le rituel. De la patience pour se retenir de passer de prime abord au *montage des automatismes*, pour utiliser une expression de la pédagogie traditionnelle. Et je n'avais ni le temps ni la patience. Mon corps entier était en proie au terrible fouet du désir ; mon bas-ventre s'embrasait, et je n'aspirais qu'à pénétrer Louhou, comme un assoiffé n'aspire qu'à se désaltérer, inutile de lui demander d'attendre, pour apaiser sa soif, jusqu'à ce que l'eau se rafraîchisse dans la jarre.

De son côté, Louhou ne fut point offensée par la brutalité de mon acte : comme toutes les femmes des zones rurales, elle n'avait certainement jamais rien connu d'autre que la pénétration brutale et l'éjaculation précoce. Il n'y avait, par conséquent, aucune raison qu'elle s'attendît de ma part à quelque chose de différent.

Sans doute s'était-elle dit, avec dépit, que les hommes étaient tous les mêmes, comme nous disons souvent, entre nous, que les femmes sont toutes les mêmes.

Ayant étanché l'intolérable soif qui me consumait le corps, je repris toutefois, depuis le début, lentement, patiemment, comme pour montrer à Louhou que moi, je n'étais pas comme son ex-mari, que je savais m'y prendre autrement. Je caressais, embrassais, léchais, jouais avec le merveilleux corps, le tournais, le retournais à ma guise... Louhou obéissait à toutes mes lubies, les paupières toujours closes, l'air absent.

J'ai toujours apprécié cette grande pudeur qui, hélas, n'existe plus que chez les femmes des patelins reculés. Les femmes des villes sont aujourd'hui de grandes athlètes rompues aux nouvelles techniques de l'amour. Outre leur riche expérience pratique en la matière, elles s'inspirent également des films pornographiques regardés grâce à la parabole. Aussi, dès qu'elles se retrouvent en tête-à-tête avec un mâle, se hâtent-elles de faire montre de leur savoir-faire et d'expérimenter sur lui les derniers pièges cochons. Abasourdi, le malheureux subit l'assaut en se disant qu'il a sans doute beaucoup de retard à rattraper dans le domaine.

Par bonheur, Louhou était tout à fait aux antipodes de ces tigresses citadines, qui dévorent leur infortuné partenaire à coups de pratiques perverses et de positions inouïes. La belle femme se contentait d'obéir totalement à mes caprices ; son merveilleux corps de madone n'opposant jamais la moindre résistance.

A peine eûmes-nous entamé le second coït que le muezzin lança son appel retentissant à la prière de... à la prière de quoi, au fait ? Il devait être dix heures du matin, dix heures et demie tout au plus : trop tôt pour la prière d'*Adouhr*, trop tard pour celle d'*Alfajr*. Et puis, la voix du muezzin semblait provenir, non du minaret du village, mais plutôt d'un lieu beaucoup plus bas, beaucoup plus proche même de ma chambre. J'interrompis mes joutes amoureuses en tempêtant rageusement contre tous les muezzins de la terre, contre les trouble-fêtes et contre les intrus qui se mettaient au travers de mon chemin dès que je m'apprêtais à vivre un petit moment de bonheur. Jamais dans ce maudit bled je n'avais joui jusqu'au bout d'un plaisir ; il y a toujours eu quelqu'un ou quelque chose surgi de je ne sais où pour tout gâcher, tout foutre en l'air !

L'appel à la prière se faisait de plus en plus proche, de plus en plus insistant. Je renfilai mon blue-jeans et m'élançai vers la cour, écumant de rage. Sitôt le seuil de ma chambre franchi, je me trouvai face à une incroyable scène : debout au beau milieu de la cour, la face en direction de la Mecque, les paumes appliquées sur les oreilles, Abou Abderrahmane jouait au muezzin soucieux de porter son *Allah ouakbar* le plus loin possible sur la terre.

– Hé ! hé ! m'écriai-je en le bousculant avec violence, arrête de beugler comme ça !

Le Frérot s'empêtra dans sa gandoura et s'écroula sur le sol. Sans un mot, sans un regard, il se releva et reprit son chant de plus belle, comme si de rien n'était.

– Arrête de beugler, je te dis ! Ici, c'est une cour de maison, pas un minaret !

Cette fois-ci, le muezzin se tut.

– Frère Mohamed ! fit-il de cette voix basse et sereine qu'adoptent toujours les Frérots pour se donner l'air des grands connaisseurs de la vie et des proches d'Allah. Ceci n'est pas un beuglement, mais plutôt un moyen de chasser Satan le Maudit qui, à ce que je vois, a élu domicile parmi nous dans cette infortunée demeure ! Est-il besoin, frère Mohamed, que je te rappelle le hadith chérifien : *Quiconque parmi vous est témoin d'un péché et peut le combattre avec ses mains, qu'il le combatte...*

– Ta gueule ! tonnai-je en l'empoignant par le col de sa gandoura puant le musc. Ces bobards, va les débiter ailleurs ! Car moi, je te connais très bien : tu n'es qu'un frustré amer, doublé d'un envieux aigri, triplé d'un connard cosmique ! Comme tes semblables, tu ne supportes pas de voir les autres jouir des modestes plaisirs terrestres, alors que toi, tu passes ton temps à miser sur un hypothétique paradis aux plaisirs plus qu'incertains...!

Sentant que la menace était sérieuse, Abou Abderrahmane abdiqua :

– Frère Mohamed ! Frère Mohamed ! Abomine Satan qui te met dans cet état ! Abomine Satan qui te met dans cet état... !

Je serrai encore plus fort la gandoura autour de son cou. La face ascétique de l'instituteur s'enfla en s'empourprant de plus en plus, ses yeux semblaient prêts à s'éjecter de leurs orbites, des nerfs bleus saillirent sur son front, les poils rêches de sa barbe et de sa noire moustache se hérissèrent de peur...

L'occasion de régler son compte au Frérot était enfin arrivée. Je m'apprêtais à le propulser le plus brutalement possible, lorsque Aziz et Ferkous s'interposèrent et me l'arrachèrent, non sans peine, des mains. Le faux muezzin fila aussitôt vers sa mansarde, visiblement soulagé de s'en être tiré indemne.

Jamais auparavant la survie de notre ménage ne fut si menacée, d'autant plus qu'avec mes deux autres colocataires, les relations s'étaient nettement détériorées ; mon amour naissant gênait décidément tout le monde.

Ayant grandi à la campagne, j'ai naturellement le sens du partage. Mais cette noble vertu toucha à ses limites dès qu'il fut question de partager mon aimée. L'amour n'est pas un bonheur fait pour le partage. Tant pis pour le guichetier de la Trésorerie si son enseignement s'arrêta là.

14

Le conseil de discipline

Le lendemain, Aziz décida de réunir la maisonnée dans la cour. Il s'agissait, selon lui, *d'étudier la nouvelle situation et de prendre les mesures nécessaires pour éviter que de telles crises ne se répètent dans le futur* !

En sortant de ma chambre, je surpris mes trois colocataires en train de se concerter à demi-mots ; Aziz et Abou Abderrahmane échangèrent même un petit sourire de connivence. Une coalition de circonstance avait vraisemblablement vu le jour entre les deux ennemis jurés.

Aziz redressa le buste, s'éclaircit longuement la gorge – signes qu'il s'apprêtait à prendre la parole. Les muscles de son minois rusé lui composèrent soudain un air dur et impitoyable, celui que prennent habituellement les procureurs généraux quand ils se préparent à demander la peine maximale.

– L'approche marxiste-léniniste, commença Aziz en affectant une voix grave, veut que pour résoudre définitivement un problème, on s'attaque à ses causes originelles…

Abou Abderrahmane hocha la tête en signe d'approbation ! Une première dans l'histoire des alliances : un Frérot qui s'allie à un coco ; la chose semblait à peine croyable.

– Alors, reprit Aziz en me jetant un coup d'œil hostile, force est de constater que, derrière le litige opposant nos deux amis ici présents, il y a une liaison que l'on peut qualifier d'aberrante !

– Où y vois-tu de l'aberrant ? protestai-je avec la colère d'un religieux violenté.

– Ne t'emporte pas comme ça ! fit Aziz, nous sommes ici entre amis, et notre objectif est de réduire les dissensions, dissiper les malentendus...

Abou Abderrahmane acquiesça de la tête, content de voir que le *juge* prenait son parti.

– Une liaison aberrante, enchaîna Aziz, est sans doute un euphémisme ! Abuser d'une pauvre femme sans défense ni soutien est en réalité un acte inhumain, qu'il convient de condamner sans complaisance ! Se taire face à une pareille conduite est une forme de complicité ! Sartre disait que notre silence face à une guerre qui se déroule à l'autre bout du monde...

Mes mâchoires se serraient, mes poings se crispaient, le sang bouillonnait dans mes artères, une colère noire montait en moi. Je me sentais vraiment au bord de l'explosion quand, à brûle-pourpoint, je décidai de réagir calmement, voire intelligemment.

Il m'arrive en effet parfois d'être intelligent, et même très intelligent, mais c'est sporadique ; en général, dans ce genre de situations, comme dans tant d'autres, je suis bête et, parfois, bête à manger du foin.

– Avant tout, commençai-je de l'air d'un coupable qui passe aux aveux, je tiens à vous demander pardon, et plus particulièrement à mon frère Abou Abderrahmane ! Ma conduite à son égard est pour le moins indigne !... Comme vient de le dire si bien notre camarade Aziz, il est inhumain de profiter unilatéralement d'un bien commun. Je reconnais que mon attitude était d'un égoïsme abominable ! Le guichetier de la Trésorerie m'a pourtant averti : *A quoi sert le bonheur s'il n'est pas partagé* ! Un bonheur non partagé, mes chers frères, ne sert qu'à semer la zizanie entre les amis, comme c'est, hélas, le cas pour nous aujourd'hui... Mais, toute inutile qu'elle était, ma déplorable dispute avec mon frère Abou Abderrahmane avait néanmoins le mérite d'éveiller ma conscience et de me rendre ma lucidité. Aussi ai-je décidé, en toute liberté, de partager désormais mon bonheur, tout mon bonheur, avec vous ! J'espère qu'ainsi, une nouvelle page sera bientôt ouverte dans nos relations, et mon frère Abou Abderrahmane me pardonnera le mal que je lui ai fait !... Quant à Louhou, le principal objet de ce litige, je tiens à vous informer que je l'ai persuadée, à coups de prières et de hadiths montés de toutes pièces, qu'en vous offrant ses faveurs, elle ajoutera trois autres bonnes actions à son compte ! C'est ce qu'il y a de merveilleux chez ces primitives : elles gobent tout ce qu'on leur raconte !... Mes chers frères, j'ai le plaisir de vous annoncer que Louhou est dorénavant prête à vous accueillir sur son sein !

Abou Abderrahmane claqua la langue de satisfaction, Ferkous se frotta les mains, un éclair lubrique traversa les yeux d'Aziz. Les trois fauves échangèrent des regards salaces, l'air alléché.

– Comme dirait mon ami Aziz, enchaînai-je, il ne faut toutefois pas abuser de cette extraordinaire générosité. Aucune femme ici-bas ne supporterait de faire, tous les matins que Dieu conçoit, le ménage d'une aussi grande baraque, puis de recevoir, juste après, quatre bites de suite ! Je pense qu'il sera plus humain de notre part qu'elle n'en reçoive qu'une seule par jour, à tour de rôle... Mais, ceci n'est évidemment qu'une suggestion ; c'est à vous, mes chers frères, qu'il revient de décider de la formule à adopter !

– Avant tout, fit Aziz, la figure rayonnante de joie, nous tenons à saluer chaleureusement notre camarade Louhou pour sa compréhension, pour son abnégation et, surtout, pour son esprit communiste spontané, le meilleur selon camarade Staline, que le Ciel ait son âme ! Si tous les êtres humains adoptent le communisme sexuel comme mode de vie, vous pouvez être certains que ce monde sera un havre de paix, une thébaïde d'amour et de fraternité !... Cela dit, la formule préconisée par notre camarade Mohamed me convient bien, personnellement !

– Et vous autres, chers frères ?

Abou Abderrahmane baissa la tête, avec la confusion d'une nubile à qui l'on demande si elle accepte de prendre pour époux l'homme qu'elle aime. Ferkous haussa le sourcil, l'œil narquois ; l'approbation était donc générale.

– Demain matin, conclus-je toujours au summum du sérieux, je dirai à Louhou de rejoindre frère Abou Abderrahmane dans sa chambre, juste après s'être acquittée de ses tâches ménagères, c'est-à-dire vers dix heures... dix heures et demie au plus tard !

Le Frérot esquissa un sourire, l'air heureux et embarrassé à la fois.

Le lendemain c'était un lundi, et je savais parfaitement qu'Abou Abderrahmane travaillait de huit heures à midi. Pourtant, il s'était tu ; son silence signifiait donc qu'il comptait sécher le cours pour ne pas rater la coucherie promise ! Dans ses prunelles enflammées de désir, on voyait bien que le jeune instituteur était prêt à tout pour une heure d'amour avec Louhou, quitte à vendre sa propre mère !

– Après Abou Abderrahmane, poursuivis-je avec toujours autant de sérieux possible, lequel parmi vous deux... ?

– Aziz et Ferkous levèrent en même temps la main.

Aziz paraissait déjà très vexé de passer après Abou Abderrahmane ; dans sa petite tête, le professeur devrait, en toutes choses, passer bien avant l'instituteur, un collègue de bas étage. Si je le renvoyais au bout de la liste d'attente, ce serait incontestablement le comble de l'humiliation pour lui. Il ne fallait pas non plus m'attirer les foudres de Ferkous. Lequel donc passerait après Abou Abderrahmane ?

Les deux fauves se regardaient en chien et loup ; aucun ne semblait prêt à faire de concession à l'autre. J'intervins :

– Pour qu'il n'y ait pas de mécontent, je dirai à Louhou de vous accueillir, à titre exceptionnel, tous deux en même temps ! Cela ne devrait pas trop lui poser de problème, puisque la jeune femme offre volontiers ses deux orifices !

– Ses deux orifices ? fit Ferkous, comme tombé des nues.

– Oui, ses deux orifices !... Par contre, en cas de mésentente sur qui prendrait l'un ou l'autre, vous pourriez procéder au tirage au sort ! Le tirage au sort, ça ne fait jamais de mécontent !

La tension entre Aziz et Ferkous tomba d'un seul coup. Ils échangèrent même un regard complice, plein de promesses lubriques. Se taper une belle femme, et par les deux orifices, est sans nul doute le fantasme que nourrissent tous les frustrés sexuels de la Terre. Les deux enseignants n'en revenaient pas. Tout à l'euphorie de l'exquise perspective, ils se tapèrent vivement dans les mains, comme pour sceller leur soudaine entente. Ferkous lança même un *Ouaou* ! à l'américaine, les poings levés, la tête renversée, les mâchoires écartés à fond.

Entre-temps, Abou Abderrahmane avait préparé un thé à la menthe parfumé à la fleur d'oranger. Ferkous, contraint de faire lui aussi un geste amical, sortit de sa chambre son petit magnétophone Sanyo et y introduisit une cassette de Chebba Zehouania. Une ambiance festive chassa aussitôt l'habituelle morosité qui régnait chez nous : on s'amusait, on chantait, on racontait des blagues, on se marrait, on se tapait toutes les cinq ou six minutes dans les mains... L'atmosphère fut tellement détendue qu'Abou Abderrahmane en oublia de faire sa prière de la mi-journée !

Sur ces entrefaites, je décidai de pousser le plus loin possible la fourberie ; c'était le moment ou jamais. Je demandai une brève pause. L'assistance se tut. Ferkous arrêta sa radio-cassette.

– Excusez-moi, mes chers frères, d'avoir interrompu cette ambiance si chaleureuse ; je voulais tout simplement avoir votre avis sur une proposition de Louhou : notre amie compte en effet, parmi ses copines du douar, deux jeunes femmes récemment répudiées, lesquelles aimeraient bien faire votre connaissance !

– *Ouaou* ! s'écria de nouveau Ferkous. On va se régaler !

– Mais, repris-je, Louhou n'ose les emmener ici sans votre feu vert. Qu'en dites-vous donc, chers amis ?

– Ce que nous en disons ? répéta Aziz sur un ton goguenard. Demande-t-on à un crève-la-faim s'il a envie de manger ?

Les autres partirent d'un énorme rire, et qu'ils forcèrent encore. Et la fête reprit de plus belle.

Mon verre de thé sifflé, je pris congé des trois crapules, sous prétexte d'un rendez-vous important avec un parent d'élève, ou quelque sornette dans le genre.

Une fois dehors, je me dirigeai tout droit vers la minuscule échoppe d'Idir, le propriétaire de la maison. En le saluant, je lui glissai d'emblée un billet de cinquante dirhams dans la main.

– Que puis-je pour toi, *S'di* Mohamed ?

– Une maison !

– Quoi, tu quittes tes amis ?

– Oui, je quitte mes ennemis.

– C'est quoi : un désaccord, une dispute ou alors comptes-tu *faire tes enfants* ?

– *Faire mes enfants ?* qu'à Dieu ne plaise ! Non, c'est un simple désaccord !

– Abomine Satan, *S'di* Mohamed ! fit Idir en fourrant le billet dans la vaste poche de sa blouse. On ne quitte tout de même pas ses amis à la suite d'un désaccord !

– On quitte bien plus que ses amis, à la suite d'un désaccord, Idir ! On quitte sa famille, on quitte sa femme et sa progéniture, on quitte son pays, on quitte même sa peau, à la suite d'un désaccord !

– Ciel, épargnez-nous de telles destinées ! *Yalatif* ! *Yalatif* !... Et cette maison, tu la veux comment ?

– Je la voudrais isolée, à l'écart des venelles surpeuplées, hors de portée des *Bergagas*[1] !

– Isolée... à l'écart... hors de portée... C'est sur Mars que tu pourrais trouver une maison à ces conditions ! Ici, à Tinghir, il n'y en a pas... Ou peut-être si, ajouta Idir après un silence... Je crois qu'il y en a une ; elle remplit toutes tes conditions, et même davantage ! Mais... mais, je doute fort que tu

1. Rapporteurs.

en veuilles... D'ailleurs personne n'en a jamais voulu.

– Pourquoi ?

– A cause de son lugubre voisinage.

La maison, une vieille bâtisse en pisé, ne fut jamais habitée, parce qu'isolée du village, mitoyenne du cimetière et sa terrasse donnait en plein sur les tombes. Idir avait beau en baisser le prix, personne n'en voulait, son sinistre voisinage dissuadait tous les visiteurs.

Sans même avoir visité ma future demeure, je versai tout de suite les deux mois d'avance réclamés habituellement. A quoi bon savoir à quoi ça ressemblait, l'architecture d'une baraque a toujours été le dernier de mes soucis. L'architecture, c'est de l'art, et l'art relève du superflu ; moi, j'en étais encore à considérer les choses en terme de nécessité.

Le soir, après dîner, Abou Abderrahmane prétexta une grande fatigue pour se retirer dans sa chambre. En réalité, le Frérot voulait se préparer au rendez-vous amoureux que je lui avais promis pour le lendemain matin. Pour cela, il avait brusquement retourné sa veste, mis ses principes d'intégriste entre parenthèses, peut-être même allait-il se débarrasser de sa barbe et de sa sombre moustache... Qui a dit que l'amour ne fait pas de miracles ?

Je me retirai à mon tour, après m'être préparé un café noir bien corsé, celui que prennent habituellement les routiers en service la nuit. La mienne s'annonçait peut-être aussi longue et aussi blanche.

A une heure du matin, je sortis de ma chambre, d'un pas feutré, les oreilles à l'affût du moindre bruit. Arrivé au milieu de la cour, je m'arrêtai. La lumière était éteinte dans les trois chambres. Un silence de cimetière pesait sur la maison : mes trois colocataires dormaient, berçant le rêve de se taper la belle Louhou par les deux orifices. Je fis donc demi-tour et regagnai ma chambre.

Mes bagages étaient faits : deux sacs et deux caisses en carton bourrés et bien ficelés. Il me fallait, au total, quatre aller-retours pour tout transporter dans ma nouvelle maison. La nuit noire et le mauvais état du chemin n'allaient pas me faciliter la tâche. Je devais aussi, à chaque fois, faire très attention à ne pas réveiller les trois crapules.

Hormis quelque chats faméliques, qui fouillaient dans les poubelles de fortune posées sur le pas des portes, il n'y avait pas âme qui vive dans les ruelles ; Tinghir entière était au lit. Au fond, cela ne me déplut pas ; un bipède mâle dans mon champ de vision est souvent une réelle menace pour ma tranquillité. Dès que j'en aperçois un alentour, je suis sur mes gardes, prêt à l'affrontement. C'est peut-être l'attitude d'un misanthrope.

Au dernier voyage, je m'arrêtai un instant au milieu de la cour, sans aucune intention précise. La demeure baignait dans un noir opaque et silencieux avec, comme unique perturbation, les ronflements écœurants d'Abou Abderrahmane ou les habituels accès de toux d'Aziz, lesquels se concluaient par un gros crachat lancé sous le lit, ou je ne sais où.

Il était vraiment temps pour moi de foutre le camp. J'en avais assez de jouer le type sociable, solidaire, altruiste, généreux... enfin, tout ce tralala qui ne me ressemblait point. D'ailleurs, même avec toutes les qualités du monde, il serait difficile, à un être humain normal, de vivre sous le même toit que des individus tellement hypocrites. Pour des raisons purement matérielles, j'avais accepté de le faire ; à présent que ma situation financière était régularisée, il ne me restait plus qu'à lever l'ancre.

Je tirai doucement la porte derrière moi et m'en allai, pour une dernière fois. Chemin faisant, je ne pus m'empêcher de songer, avec une délectation sadique, à la réaction des trois crétins lorsque, le lendemain matin, l'un ou l'autre pousserait la porte de ma chambre. J'aurais bien aimé voir leur tête à cet instant précis !

Mon plan n'était, néanmoins, exécuté qu'à moitié ; il me fallait encore avertir Louhou, avant qu'elle n'allât se faire violer, et triplement. Ma montre *Mortima* indiquait quatre heures moins le quart ; mon aimée arrivait d'habitude chez nous vers huit heures. Il me restait donc encore beaucoup de temps à tuer.

Ma torche à la main, je montai sur la terrasse et m'arrêtai un moment face à la cité des morts. La nuit était encore opaque ; seules les quelques tombes blanchies à la chaux se détachaient légèrement dans le noir. Une fraîcheur matinale tombait du ciel étoilé ; elle était douce et chargée d'arômes printaniers provenant de l'oasis. Un silence de chaste alcôve régnait dans la maison, et tout autour. *Qu'il est doux le voisinage des morts* ! me surpris-je à susurrer.

Bientôt, j'eus la tête lourde ; les yeux me brûlaient, un engourdissement s'emparait peu à peu de mes membres, comme une forte invite au sommeil. Je déroulai une vieille peau de mouton et m'allongeai. Le corps assoupi, la tête libérée de toute pensée, j'écoutais distraitement la note unique et cristalline d'un grillon.

A sept heures tapantes, je partis à la rencontre de Louhou sur le chemin qui la menait tous les matins de son douar. Je l'interceptai au détour d'un sentier escarpé. Prise au dépourvu, la jeune femme s'arrêta, hébétée, ne sachant que dire, ni que faire. Sans doute n'avait-elle jamais imaginé me voir si près de chez elle, et encore moins à une heure si matinale. En quelques mots, je la mis au courant de la nouvelle situation. Pour l'instant, elle se contenterait de me suivre en gardant, bien entendu, un écart d'une vingtaine de mètres pour ne pas éveiller les soupçons.

– Je n'ai jamais pensé, me dit Louhou une fois à l'intérieur de la maison, qu'un jour, j'aurais le courage de franchir le seuil de cette demeure, ni même de m'en approcher !

La jeune femme m'apprit en effet qu'à Tinghir, la maison avait une réputation de demeure hantée, à cause, bien entendu, de son sinistre voisinage. Les gens lui avaient même donné un surnom : *Taddarte n'ouidgh yadni*, « la maison des Autres », à savoir les mauvais esprits, ou les djinns.

– Ici-bas, dis-je à Louhou, les véritables djinns s'appellent Abou Abderrahmane, Aziz et Ferkous ! Fuis-les comme on fuit un pestiféré ! Si jamais tu en croises un dans la rue, rebrousse chemin ou détourne le visage ! S'il t'adresse la parole, ne lui réponds surtout pas, sinon tu risqueras d'attraper, le jour même, un goitre, une tumeur au cerveau ou une paralysie de l'œil !

La maison comptait trois chambres, une cuisine et un minuscule cabinet de toilettes. Toutes les portes et presque toutes les fenêtres donnaient sur une vaste cour sommairement dallée. Un bout de muret en forme de dôme trônait au beau milieu, comme une fontaine de mosquée ou d'ancienne medersa. Sur la face orientale, à hauteur de la taille, un robinet en cuivre – l'unique de la maison – saillait, le bec ébréché. Une cuvette de lavabo aux parois couvertes d'une épaisse couche de poussière était fixée sur l'autre face. Le robinet d'un côté du muret, la cuvette de l'autre, une absurdité architecturale, une image vraiment digne d'un tableau surréaliste !

A quoi devrait servir un lavabo sans eau ? Je m'arrêtai un moment à me le demander, tandis que Louhou, une baguette de métal à la main, tentait de déboucher un petit orifice d'écoulement situé un peu plus loin sur le sol. Comme la cuvette m'arrivait à mi-cuisses, je vous laisse le soin d'imaginer l'usage que j'en ferais dorénavant.

A l'autre bout de la cour, des escaliers dépourvus de rampes menaient droit à la terrasse. Les murs en pisé étaient blanchis à la chaux, mais une légère teinte terreuse recouvrait la couleur initiale, le temps et la poussière aidant. Des entrelacs de roseaux sommairement travaillés ornaient les plafonds.

La bâtisse avait l'air d'une demeure abandonnée depuis des décennies ; un épais tapis de poussière couvrait sol, portes et fenêtres. De vastes toiles d'araignée pendaient aux plafonds, de gros bousiers noirs de la famille du scarabée et des fourmis rouges rôdaient un peu partout, des sacs de plastiques éventrés, des lambeaux de chiffons et des bouts de papier traînaient ça et là .

– Je ne vais pas chômer aujourd'hui ! observa Louhou en retroussant les manches de son caftan.

Pour commencer, je la pris dans mes bras et la serrai contre moi dans une étreinte à tout rompre. Mon aimée s'abandonna toute entière à mon enlacement.

Nous nous trouvions dans la cour, le soleil levant venait de darder ses rayons sur les murs de la terrasse, les couvrant ainsi d'une fine poussière d'or. Un calme de chaos originel régnait sur les lieux ; pas le moindre bruit humain ni animal tout autour, une atmosphère idéale pour l'amour. Et nous le fîmes, comme jamais auparavant.

Ma deuxième année à Tinghir s'annonçait radieuse. Comment pourrait-elle être autrement avec, en perspective, la douce compagnie de Louhou dans cette thébaïde qu'était *Taddarte n'ouidgh yadni*, et mon salaire qui tomberait désormais régulièrement au bout de chaque mois ?

Toutes les conditions étaient réunies pour qu'enfin je puisse me la couler douce le restant de mes jours à Tinghir. Cependant, je ne m'en réjouissais pas vraiment ; une appréhension, à la fois vague et certaine, m'a toujours empêché de voir l'avenir en rose sur cette terre.

15

Premières vacances

Étant désormais un fonctionnaire à part entière, je décidai de prendre mes premières vacances. Jusque-là, j'étais fixé au stade du besoin primaire ; je luttais pour sauver ma peau. Le mot vacances avait pour moi un sens vague, lointain, totalement étranger à la réalité de ma vie ; le temps de l'y intégrer était peut-être venu. Mon vieux rêve de passer une semaine ou deux sur une station balnéaire allait finalement se concrétiser.

Je fis mon sac de voyage et pris l'autocar de la compagnie *Aït M'zale* en partance pour Agadir.

J'avais souvent entendu parler d'Agadir. Les visiteurs de la ville ne tarissaient pas d'éloges pour ses plages au sable fin, sa mer éternellement calme, son ciel d'un bleu éclatant, ses jardins à l'agréable ombrage, ses vastes souks aux échoppes bondées, son Agadir-Oufella surplombant la cité comme une divinité veillant au bonheur de ses fidèles... On parlait de la ville comme du Pays de cocagne, ou de l'Eldorado. Mon voyage allait aussi être l'occasion de tout vérifier par moi-même, les appréciations de mes concitoyens s'étant toujours révélées hyperboliques et, parfois, mensongères.

A mes parents, pour qui l'expression *partir en vacances* n'avait d'autre sens que celui de jeter de l'argent par les fenêtres, je fournis une autre version des choses : je partais pour un stage de formation pédagogique à Rabat. Les vieux n'eurent rien à redire face à une si noble mission. Le mensonge marcha à merveille. Ma mère leva même ses paumes au ciel, les yeux humides de tendresse, implorant le Très-Haut que le stage se déroulât dans de bonnes conditions, pour son fils d'abord, puis pour tous les autres stagiaires ayant foi en Dieu et en Son Messager, prière et salut soient sur lui !

Mon père, lui, se contenta de me donner un judicieux conseil :

– Les gens de Rabat, me dit-il d'une voix d'homme ayant fait le tour des choses, ont le bras long ! Il ne faut jamais les contrarier, si tu comptes aller loin dans ta carrière ! Au contraire, il faut leur obéir, leur faire des courbettes, voire leur graisser la patte de temps à autre !

Pour lui faire préfigurer mon comportement à l'égard des gens de Rabat, je distribuai tout de suite une poignée de pièces jaunes à mes neveux. Mon père me fit un grand sourire de satisfaction, celui-là même que fait un enseignant à son élève lorsqu'il lui ressort textuellement son cours. Je partis.

Sitôt arrivé à la gare routière d'Agadir, je fus abordé par un jeune courtier, un adolescent casquetté à l'envers, le physique souple, l'allure féline, le minois rongé par des boutons d'acné. Voudrais-je une chambre meublée pour location ? Non... enfin si, à condition toutefois que le prix me convînt.

Au départ, je comptais prendre une chambre dans quelque hôtel bas de gamme d'Inzeggane ou d'Aït Melloul, suivant ainsi le conseil de mon voisin immédiat durant le voyage, un marchand des quatre-saisons résidant à Houara, un type maigre et velu, auquel il manquait deux ou trois dents sur le devant.

– Autant la vie est chère à Agadir-centre, me dit-il, autant elle est à la portée de toutes les bourses dans sa banlieue !

Le jeune courtier me conduisit à Talbourjte, un quartier populaire situé près de la gare routière. Au fait, que désirais-je, une chambre avec ou sans éclairage ? Parce qu'il y avait des chambres sans éclairage ? Mon guide leva sur moi un œil narquois :

– Je vois que vous n'avez rien pigé, mon vieux ! me dit-il en pétrissant des doigts un gros bouton sur le menton. L'éclairage d'un logement c'est de la chair fraîche !

– Ah, bon ! Mais alors, quel mâle digne de ce nom rechignerait-il à avoir de la chair fraîche à portée de sa main ?

– C'est donc une chambre avec éclairage que monsieur désire ?

– Non... pas cette fois-ci, je n'ai pas prévu la chose dans mon budget.

Le jeune courtier frappa à la porte d'une maison en forme de cube, la façade fraîchement repeinte à la chaux. Un petit bout de femme, d'un type berbère très prononcé, me fit visiter la seule pièce encore libre chez elle, un petit salon traditionnel, parcimonieusement éclairé par une lucarne donnant sur la ruelle. Les deux autres chambres étaient occupées par des familles assez nombreuses, à en juger par le nombre des ouistitis qui gambadaient dans la cour. La cuisine et les toilettes faisaient parties des communs.

Comme je ne montrais guère d'enthousiasme, la tenancière me pria de la suivre à l'étage. Les escaliers débouchaient sur une vaste terrasse, dont un coin était occupé par une petite pièce carrée, construite à la hâte, une buanderie récemment convertie en chambre. Quoique peu confortable par comparaison avec le salon du rez-de-chaussée, celle-ci présentait au moins deux avantages : elle était aérée et comportait, sur le côté est, un cabinet de toilettes. L'ameublement était sommaire : un vieux sommier en fer forgé, rescapé du dernier séisme qui avait frappé la ville, un matelas de fortune, un drap douteux, une couverture fatiguée, un bout de natte en guise de tapis et une table basse sans nappe. La pièce sentait fort la chaux, une odeur pas vraiment désagréable.

– C'est une chambre propre, me dit la tenancière.

– Et calme ! renchérit le boutonneux.

– Combien demandez-vous, *Lalla* ?

– Soixante dirhams la nuit ! Mais... comme tu es berbère, je te la cèderai à cinquante.

Je payai quatre nuits d'avance et offrit un billet de vingt dirhams au boutonneux. Il le saisit d'une main molle mais ne l'empocha pas, se contentant de le dévisager, le sourcil à ras la paupière, le pouce et l'index œuvrant de concert pour faire crever une grosse pustule sur la joue gauche. Le message était on ne pouvait plus clair. Je déboursai un autre billet de vingt dirhams ; le boutonneux s'en empara, un éclair de joie passa dans ses yeux, son minois se dérida subitement ; il ajusta sa casquette.

– Toujours à votre disposition ! me dit-il en empochant les deux billets. N'hésitez pas à venir me voir dans mon bureau... je veux dire à la gare, au cas où vous auriez changé d'idée pour l'éclairage ! Je saurai vous fournir du bon, et du frais !

Il se retourna vers la propriétaire :

– Accouche du pèze à ton tour, *Lalla* Jammou !

Après un petit somme, je partis à la découverte de la fameuse plage de la ville. Tous les chemins y menaient, contrairement à Rome. Il suffisait de mettre le cap sur l'ouest, puis de suivre bêtement la pente jusqu'au bout.

Un monde fou et bruyant occupait le littoral, à perte de vue ; ça grouillait partout, une fourmilière ; on eût dit que la ville entière s'était déversée sur la plage.

Arrivé sur le front de mer, je m'étendis sur le dos, les mains en coussin derrière la tête, mes Ray Ban aux verres sombres sur le nez, autrement dit la position idéale pour s'adonner à la délectable observation des belles baigneuses en maillot. Dieu sait que ce n'était pas ce qui manquait sur cette plage !

Quelques minutes plus tard, je repérai, dans la foule compacte, une ravissante brune d'une vingtaine d'années : la taille de cyprès, le corps juteux et frais, les contours harmonieux, les traits fins, les cheveux bouclés... Sa délicieuse croupe pleine à souhait se dandinait au rythme de ses gestes et mouvements. Comme elle me tournait le dos, mes yeux s'arrêtèrent justement sur ses fesses divinement sculptées. Un frisson électrique me traversa vivement la carcasse ; mon instrument frémit puis se dressa d'un seul coup, comme une fusée prête au décollage. Mon short en fibre synthétique prit soudain la forme d'une tente canadienne en miniature. Allais-je me donner en spectacle ? Je courus et me balançai en catastrophe dans les vagues, avec mes fausses Ray Ban sur le nez !

L'eau n'était pas vraiment fraîche, mais assez pour apaiser le feu qui me consumait le bas-ventre. Une forte envie d'uriner me prit brusquement ; je me soulageai à mon aise, avec une succession de tressaillements piquants et chatouilleux. Mon membre fléchit, puis se courba peu à peu, avant de retrouver enfin sa position inoffensive, celle de la queue d'un rat empoisonné. Après une demi-heure de marche sur le sable mouillé, je me rendis finalement compte qu'il n'y avait pas de coin tranquille le long de cette plage. Je me réinstallai donc, de guerre lasse, au milieu de la masse compacte et tumultueuse. Derrière moi, s'alignaient des dizaines de stands tapageurs appelant, à travers de puissants haut-parleurs, le public à venir en masse pour participer à des jeux à visée plutôt publicitaire. Avec un peu de chance, on pouvait y gagner un parasol à l'effigie de Coca-cola, un tee-shirt Tide, deux boîtes de café Gaouar, un baladeur Sony et une dizaine d'autres sottises du même genre.

Pour parer à la tentation de succomber à nouveau au charme de quelque autre baigneuse en deux pièces, je décidai de lire un peu, même si l'image de la belle brune hantait encore très fort mon esprit.

Le livre s'intitulait *Matière de Rêves*, l'auteur, Michel Butor. Cela faisait longtemps que je projetais de découvrir le *Nouveau Roman*, un genre pour lequel bien des critiques littéraires faisant autorité, ne tarissaient pas d'éloges en cette fin des années quatre-vingts.

A peine eus-je terminé la lecture de la première page qu'un ballon de foot, lancé à vive allure, m'arracha le bouquin des mains et le propulsa à quatre ou cinq mètres de moi. L'auteur de la gaffe, un adolescent d'une quarantaine d'années, vint présenter ses excuses, tout en essayant de se disculper. C'était la faute au vent qui avait changé la trajectoire initiale du ballon ! Lui, il avait bien visé en tirant, mais... C'était sans doute aussi un peu la faute au ballon trop imbibé d'eau...

L'homme ressemblait à s'y méprendre au colonel Kadafi dans sa jeunesse, avec la même grande gueule, le même port de tête pharaonique, la même solennité vaniteuse. Il parlait en gesticulant, exactement comme son sosie. D'un geste, je lui demandai de me faire grâce de ses bobards. Il s'en alla enfin, son engin sous le bras. Je repris ma lecture.

Un quart d'heure plus tard, c'était un gardien des buts de la dernière averse, qui, ayant raté l'interception d'un tir aérien adverse, s'abattit de tout son poids sur ma tête. Le choc fut si violent que j'en restai sonné pendant une vingtaine de secondes. Une myriade de petites étoiles scintillèrent puis tremblèrent confusément autour de moi ; un nuage sombre me voila ensuite la vue ; je me sentais comme au fond d'un tunnel, ou d'une caverne. Tous mes sens s'étaient éteints, d'un seul coup.

Ayant enfin repris mes esprits, je ne pus que constater l'ampleur des dégâts : j'avais la bouche en sang, le nez en marmelade, une oreille légèrement écorchée, le bras gauche meurtri et les Ray-Ban fracassées, les verres réduits en bris. Quant à l'agresseur, il s'était tout simplement éclipsé ! Le chercher dans cette cohue grouillante équivaudrait exactement à chercher une aiguille dans une botte de foin.

Je me débarbouillai un peu dans l'eau de mer. Mes blessures et égratignures me brûlèrent vivement comme au contact d'un puissant antiseptique. Quelques minutes plus tard, la douleur s'apaisa. Je jetai ma serviette sur l'épaule et repris la marche le long de la plage en maudissant les footballeurs, le football et son inventeur.

Des centaines de ballons sillonnaient la terre et le ciel, poursuivis chacun par une horde d'énergumènes prêts à écraser quiconque se trouvant sur leur parcours. Tous les mâles ou presque tapaient sur un ballon. Le peuple entier, sans distinction d'âge ni de condition, était mordu de football, bien que les performances réalisées par la sélection nationale n'honorassent guère cette passion si fortement répandue.

Après une bonne demi-heure de marche, toujours en quête d'un coin tranquille, je constatai enfin que les ballons diminuaient sensiblement, supplantés au fur et à mesure par d'autres jeux, beaucoup moins agressifs : le cerf-volant, le surf, le jet-ski, la planche à voile... Les occupants du littoral, eux-mêmes, changeaient : les peaux brunes des gens du pays cédaient progressivement la place aux peaux blanches des touristes européens. L'air sentait de plus en plus cette légère moisissure qui caractérise nettement la race occidentale.

Les touristes résidaient pratiquement tous dans les hôtels alignés le long de cette partie de la côte – des établissements haut de gamme, dont les noms se terminaient souvent en Beach : Le Sahara-Beach, Le Tikida Beach, Amadil Beach...

Une pancarte plantée à l'entrée de la plage m'apprit que la zone s'appelait Ben Sergaou et qu'il y était formellement interdit de s'adonner à toute activité tapageuse.

Contrairement à l'autre bout de la plage, plutôt réservé à la terrible racaille, l'endroit était effectivement idéal pour la villégiature : bien entretenu, calme, propre. On eût dit une plage scandinave. Des M'khaznis et gendarmes veillaient à la tranquillité des estivants étrangers. Tout individu pouvant gâcher le calme et le charme des lieux était immédiatement chassé à coups de matraques : les footballeurs, les petits vendeurs de friandises et cigarettes en détail, les charrettes-snack, les badauds, les crève-la-faim, les estropiés, les mendiants, les vendeurs de vent...

Après une séance de baignade-miction, je m'étendis sur ma serviette et repris enfin la lecture de *Matière de Rêves* en toute tranquillité, déterminé à pénétrer quelque peu le mystère du *Nouveau Roman* avant la fin de la journée.

Au bout d'une heure de lecture attentive, je me rendis compte que mon entreprise s'était soldée par un échec cuisant : je n'avais absolument rien saisi du texte, mais alors vraiment rien ! Le livre était, de bout en bout, composé de mots et de phrases agencés dans le seul but d'aboutir à un non-sens. A travers un ravaudage lexical unique dans l'histoire de la littérature, Michel Butor a obtenu un délire cosmique, une hystérie de vocables et d'images à dérouter le lecteur, le brouiller, lui donner le tournis, le dégoûter une fois pour toutes de la lecture et de la chose imprimée.

Pour éviter tout jugement hâtif du texte, je décidai néanmoins de m'arrêter sur un passage et d'y mobiliser toute mon attention, tout mon savoir-faire en la matière, peut-être parviendrais-je ainsi à pénétrer un peu le mystère du *Nouveau Roman*. Je choisis donc au hasard l'extrait suivant :

« *Irène. – Nous avons déjà essayé. – Je t'aime. – Il faut appeler l'hôpital à l'aide. – Textes agités. Les gardes. – Mathilde, viennent nous sortir. Je t'aime. Et nous enferment... Sur une étagère, je reconnais Victor Hugo enfermé dans une bouteille, je le bois. Je ressens une douleur d'entrailles. Fumées. Djali la chèvre est enceinte... Il y a un cadenas sur la porte. Je t'aime, et à travers un petit carreau vitré je devine une douce lumière, frappe et enflamme des météores rouges au-dessous tout autour du pays d'Albion. Respirer. Sa voix, ses boucles, ses horribles épaules, et ses yeux luisants. Murmurer. Apparaissent aux Américains par-dessus la nuit des nuages... Sur une étagère, je reconnais George Sand enfermée dans une bouteille, la bois... Sur une étagère, je reconnais Flaubert, enfermé dans une bouteille, je le bois...* »

– Au diable le Nouveau Roman ! m'écriai-je au point d'attirer l'attention d'une vieille chipie désœuvrée qui se bronzait le cul à quelques mètres de moi. Elle me jeta un regard noir de reproches.

– Permettez-moi, monsieur, fit-elle sur un ton de réprimande, de vous dire que je suis indignée, profondément indignée, d'entendre proférer une telle offense à l'égard d'un genre romanesque qui compte ses admirateurs !

L'après-midi touchait à sa fin, mais le soleil pesait encore de toute sa masse irradiante sur la plage ; ce qui expliquait sans doute pourquoi les baigneurs ne pensaient pas encore à rentrer. Un léger sirocco soufflait du sud-est, charriant, par intermittence, des vagues de chaleur lourdes et étouffantes, qui ressemblaient à des bouffées d'haleine tiède qu'une bouche vous souffle au visage. La mer s'était retirée et les vagues réduites à leur plus faible expression, un doux frémissement, à peine perceptible.

J'empoignai le livre de Butor. La vieille chipie me fixait des yeux, sans ciller une seule fois, visiblement contente d'avoir enfin trouvé une occupation où noyer sa oisiveté. Je courus et me balançai dans l'eau. Elle était devenue tiède en cette fin d'après-midi, idéale pour la baignade. Je fonçai à la brasse, poussai loin, le plus loin que me le permettaient mes forces. La vieille s'était redressée sur son énorme fessier et me suivait des yeux, une main sur le front en guise de visière. Je brandis le livre bien imbibé dans sa direction en un salut douteux. Elle se releva brusquement et avança d'un pas irrité vers les vagues, la main droite toujours sur le front. Je piquai une bonne tête, poussant des bras et des jambes jusqu'au fond des eaux. Là, j'ensevelis *Matière de Rêve* sous un épais galet avant de remonter à l'air libre, certain que le livre de Butor ne referait plus jamais surface.

– Vous avez jeté le livre à l'eau ? me demanda-t-elle sur un ton qui laissait prévoir un orage.

Pour toute réponse, je la fixai un moment des yeux, le regard méchant, les poings serrés, les lèvres retroussées sur un rictus de carnassier prêt à l'attaque. Mon objectif : l'intimider ou, du moins, la dissuader. Objectif raté : la vieille soutint mon regard avec une effronterie et une insolence encore plus exaspérantes.

C'était une grosse sexagénaire d'apparence désagréable, le genre de mégères divorcées de longue date, et qui n'ont plus aucun espoir de mettre la main sur un mâle encore opérationnel au lit. Sa personne entière dégageait une expression de dureté et de hargne à l'égard de tout être humain en âge de jouir de la vie. Son regard rude et perçant puait la convoitise et l'amertume. En la dévisageant un peu, je m'aperçus qu'elle ressemblait étonnamment à madame Pastorale, mon professeur de littérature, ou plutôt de *lecture-suivologie*, au CPR de Marrakech. Les deux vieilles idiotes avaient bien plus d'un trait en commun, et probablement pas sur le seul plan physique.

– Vous l'avez jeté à l'eau, hein ? réitéra-t-elle, hargneuse.

– Mêlez-vous de ce qui vous regarde ! fis-je rudement.

– Mais, ça me regarde, monsieur ! répliqua-t-elle du tac au tac. Ça regarde l'humanité entière ! C'est un livre, un bien commun, une source de savoir que vous venez de jeter délibérément à l'eau ! C'est scandaleux ! hurla-t-elle en se tournant dans tous les sens pour ameuter le monde. C'est scandaleux...!

– Allez le crier sur les toits de la cité, vieille pimbêche ! Je vous emmerde !

Exaspérée, elle fulminait, gesticulait, roulant des yeux furibonds... Une foule de curieux s'amassa aussitôt autour de nous, des Marocains et des touristes occidentaux résidant pour la plupart au Tikida Beach. Un jeune gendarme accourut, accompagné d'un M'khazni de l'espèce plutôt connue sous le sobriquet de *Merda.*

– Qu'est-ce qu'il y a, madame ? demanda-t-il avec un accent bien de chez nous, qu'est-ce qu'il y a madame ?

– Monsieur l'agent ! enfin, vous voilà ! L'individu que voici a jeté un livre à l'eau ! Vous rendez-vous compte, monsieur l'agent ? Un livre à l'eau !

– Un livre à l'eau ! fit le gendarme, désemparé par l'étrangeté de l'accusation. Quel livre ?

– Un livre de Michel Butor ! Un auteur universellement connu et apprécié !

N'ayant encore rien compris à la situation, le gendarme se retourna vers son accompagnateur en treillis kaki, l'air décontenancé. Celui-ci haussa le sourcil, comme pour dire que, dans ce genre de situations, il ne pouvait lui être d'aucune utilité, les *Merdas* étant par définition analphabètes.

– Venez avec moi au poste ! m'enjoignit finalement le jeune gendarme autant pour calmer la vieille vipère que pour disperser la foule de plus en plus dense qui nous entourait. Allez, grouillez-vous !

Je m'exécutai. La foule se dispersa aussitôt.

– Merci, monsieur l'agent ! fit la vieille en arborant un air triomphant. Merci d'avoir rendu justice à Michel Butor et à son texte noyé sans le moindre scrupule ! C'est un grand jour pour la chose imprimée !

Le poste en question se situait sur une colline dominant la plage de Ben Sergaou. Il se composait de trois pièces en préfabriqué, alignées l'une près de l'autre comme les salles de cours d'une école de campagne. Pour les pouvoirs publics, ce genre de bâtiments était une solution provisoire en attendant la construction d'édifices administratifs dignes de ce nom. Mais, très souvent, le provisoire prenait des allures de définitif, ce qui était visiblement le cas de ce poste de police.

Sur le seuil de la pièce centrale, une petite pancarte rectangulaire portait les mots *Police Touristique* à moitié effacés par les intempéries. Un drapeau d'un rouge fatigué flottait au gré du sirocco. Un portrait du roi dans sa jeunesse était accroché au mur, face à l'entrée. Vêtu d'une djellaba blanche et d'un fez couleur de sang, le monarque arborait son habituel sourire.

L'ameublement de la pièce était réduit au strict minimum : un bureau usé, au milieu duquel trônait un cendrier en terre cuite, un siège et deux bancs en bois placés contre les murs.

Un gendarme portant une chemise avec des écussons d'adjudant, était renversé dans son siège, la bedaine étalée, le cou cassé, la tête dans le creux de l'épaule, la bouche entrouverte, le front luisant de transpiration ; il faisait un somme. *Nature, berce-le fraîchement, il a chaud* !

– *S'di* Abdelkebir ! susurra le gendarme.

Le dormeur ne bougea nullement de sa position.

– *S'di* Abdelkebir ! fit à nouveau le gendarme d'une voix un peu plus élevée.

L'adjudant s'extirpa alors de son sommeil, s'étira dans tous les sens tel un chat repu, bâilla à se décrocher la mâchoire, secoua le crâne comme pour chasser des mouches...

– Qu'Allah abomine Satan le Maudit ! dit-il enfin d'une voix gutturale. Qu'Allah abomine Satan le Maudit ! *Yalatif* ! *Yalatif* ! On dirait que je n'ai pas fermé l'œil de toute la nuit !... Mais qu'est-ce qu'il y a encore ? s'écria-t-il dès qu'il se rendit compte de ma présence. *Mal hada* ? Qu'est-ce qu'il a, celui-là.

– Il a noyé un livre.

– Noyé quoi ?

– Un livre.

– Noyé un livre ? répéta l'adjudant, interloqué.

Il me regarda un moment, regarda de nouveau son subalterne, puis le *Merda* :

– Mais je rêve ou quoi ? Il a noyé un livre ! En voilà une nouvelle ! En trente ans de service, je n'ai jamais entendu une salade pareille !... Et d'abord, c'était à qui, ce livre ?

– A un certain... un certain *Michel Motor* ! répondit le jeune gendarme après un pénible effort de remémoration.

– Et c'est qui, ce... ce *Michel Motor* ?

Le jeune gendarme se retourna vers moi, m'enjoignant, d'un coup de menton, de répondre à la question.

– C'est le mari de la vieille ! bredouillai-je.

L'adjudant leva un regard interrogateur sur ses deux sous-fifres, l'air de plus en plus décontenancé.

– C'est le mari de la plaignante, expliqua le jeune gendarme, une vieille touriste française, ou belge...

– Votre identité ! me demanda l'adjudant...

Il épela à mi-voix les mots français. Mais, face aux difficultés croissantes, il retourna le papier et reprit la lecture du côté arabe. C'était beaucoup moins compliqué. Arrivé à la profession, il arrêta toutefois sa lecture, l'air hébété :

– Profession : professeur ! murmura-t-il après relecture. Pour une chose étonnante, c'est une chose étonnante ! D'habitude, les enseignants lisent les livres, et même un peu trop ; ils ne les jettent jamais à l'eau !... Cela dit, comment avez-vous fait pour obtenir le livre de ce... de ce... comment il s'appelle déjà ?

– Michel Motor ! lui souffla le jeune gendarme.

– Oui, comment avez-vous fait pour obtenir le livre de ce Michel Motor !

– C'est sa femme qui m'a proposé d'en lire quelques pages.

– Et après ?

– Après y avoir lu une trentaine de pages, j'ai décidé de le noyer.

L'adjudant planta une Marlboro dans le museau, l'air pensif, les yeux fixant un vieil agenda qui traînait sur son bureau, les doigts lissant lentement les poils de sa moustache taillée à la Saddam (l'autre Saddam, l'héritier de Nabuchodonosor, pas le clochard hirsute déterré par les *Gis*.) Soudain, l'adjudant surgit de sa songerie :

– Ecoutez, professeur, me dit-il, noyer un livre ne constitue pas, à ma connaissance, un délit passible de peine. Dans ce pays, vous pouvez jeter à l'eau toute une bibliothèque, vous ne risquerez absolument rien ! Mais, le problème... le problème c'est qu'en noyant ce livre, qui ne vous appartient pas, vous avez détruit délibérément un bien d'autrui ! Et, comme par malheur, cet autrui est une touriste étrangère, autrement dit, une source de devises pour les caisses de l'État, vous risquez d'avoir de sérieuses emmerdes !... Cela dit, avant d'entrer dans tous ces détails juridiques, pouvez-vous d'abord me dire pourquoi vous l'avez noyé, ce livre ?

– Je refuse de répondre à votre question, tant que vous n'avez pas amené la partie plaignante au poste !

– Amener une touriste au poste ? fit-il, sidéré. Vous plaisantez, ou vous voulez mettre un terme à ma carrière ?... Non, monsieur, je ne suis pas autorisé à faire venir des touristes au poste, ni même à contrôler leur identité. La consigne de ma hiérarchie est claire : *Le touriste étranger ne peut faire l'objet d'une arrestation que dans deux cas : l'atteinte à la sûreté de l'État ou la saisie d'une grosse quantité de drogue.* Dans les autres cas, il nous est formellement interdit d'arrêter un touriste !

– Dans cette affaire, dis-je avec fermeté, vous êtes en plein dans le premier cas !

L'adjudant se dressa brusquement, les yeux hors la tête :

– L'atteinte à la sûreté de l'État, voulez-vous dire ?

– Tout à fait !

– Pourriez-vous me fournir plus d'explication, professeur ?

– Le livre que j'ai délibérément noyé dénonce, je cite : *les conditions inhumaines dans lesquelles croupissent les détenus politiques aux bagnes du sud-est.* Fin de citation !

– Aïe ! Aïe ! Aïe ! s'écria l'adjudant, la face défaite, les mains tenant la tête.

Il obliqua tout de suite vers ses deux subalternes :

– Allez ! courez, imbéciles, et amenez-moi ce Michel machin et sa vieille ! Fouillez pour cela la plage entière, s'il le faut ! fouillez la terre et le ciel ! Aïe ! Aïe ! Aïe !... Détenus politiques ? Bagne ? répéta-t-il à mi-voix comme s'il se parlait. Ce n'est pas un livre, ça, mais une bombe ! Et une grosse ! Pourvu qu'ils me retrouvent ces deux gibiers de potence !

Toutes les deux ou trois minutes, il se levait, impatient, fébrile, et allait jeter un coup d'œil à travers la fenêtre.

– Dites-moi, professeur, quel était le titre de ce maudit bouquin ?

– *Les bagnards du Royaume.*

– *Les bagnards du Royaume* ! *Royaume*, ça je comprends ; par contre, *Les bagnards*... je ne sais pas... je ne sais plus... Cela fait trois décennies que je n'ai plus rien lu en français, ni en arabe non plus, d'ailleurs. Les bagnards du ...

Il fut interrompu par le retour de ses deux sous-fifres :

– La vieille s'est éclipsée, mon adjudant ! dit le

jeune gendarme, l'air confus, les regards à terre. Nous avons beau chercher, mon second et moi, aucune trace !

– Et Michel machin ?

– Aucune trace, non plus !

– Évidemment ! dit l'adjudant avec une profonde amertume. Des individus si dangereux n'attendront pas jusqu'à ce que des idiots de votre trempe leur mettent la main dessus !... Savez-vous, crétins, que si vous aviez arrêté ce Michel machin et sa vieille, nous serions illico promus, vous sergents et moi adjudant-chef, peut-être même commandant !

Il se tut, une grimace de dépit fixée sur le rictus. Un instant, il avala sa salive puis se retourna vers moi, l'air navré :

– Finalement, professeur, vous avez bien fait d'avoir jeté ce maudit livre à l'eau ! Trouver l'arme du crime sans trouver le criminel n'honore guère l'enquêteur... Oui, je crois que vous avez vraiment bien fait de l'avoir jeté à l'eau. À votre place, moi, je l'aurais carrément avalé, page par page, comme dans ce film que j'ai vu il n'y a pas longtemps à la télé ! ... Du reste, êtes-vous sûr, professeur, que les vagues ne le rejetteront pas un de ces jours ?

– Aussi sûr que les morts ne reviennent jamais ici-bas !

– Je vous remercie beaucoup, professeur, et vous demande pardon pour le dérangement ! C'était par la faute de ces deux bourriques !

Il me tendit une main potelée et molle. Je la serrai puis m'en allai, heureux que l'incident soit ainsi clos.

Le lendemain, je passai toute ma journée sur la plage, mais du côté de la plèbe. Là, au moins, je ne risquais pas d'être importuné par quelque autre vieille harpie aigrie et oisive.

Au terme de cinq jours de villégiature sur l'aile populaire de la plage, j'avais encaissé trente coups de ballon, soit une moyenne de six coups par jour ! Le sixième jour, quelque chapardeur me débarrassa de ma serviette et de mes sandales. Le septième, je pliai bagage et rentrai chez moi, les poumons pleins des émanations iodées du large, la peau bien cuivrée, à la fois par les coups de soleil et par ceux de ballons gauchement tirés. C'était l'essentiel ; le reste, tout le reste, se fondra bientôt dans le magma des souvenirs sans saveur.

16

La leçon de l'Émir

Dès la rentrée, l'Émir m'infligea deux camouflets : un huit sur vingt comme note pour l'année écoulée et un tableau de service des plus infects pour celle qui commençait.

Avec une note si médiocre, ma demande de mutation n'aurait pratiquement aucune chance d'aboutir, même avec des décennies de loyaux services à Tinghir.

Je dépliai à nouveau le bout de papier, avec le mince espoir de m'être trompé à la première visualisation : le huit me heurta une deuxième fois comme un violent soufflet ! Bien que transcrits à la main, les chiffres étaient clairs ; il n'y avait pas la moindre possibilité d'une autre lecture. De plus, le bas du papier portait la signature du chef de l'établissement, suivie de la mention *Lu et approuvé par le Délégué du Ministre de l'Éducation Nationale*, puis des deux cachets apposés l'un près de l'autre. Toute contestation serait par conséquent vaine. L'affront était officiel : huit sur vingt !

J'avais pourtant toujours respecté le règlement intérieur de l'établissement, rendu les notes et les copies dans les délais fixés, appliqué à la lettre les circulaires, mon cahier de texte était régulièrement à jour, je ne m'étais jamais absenté, n'étais même arrivé une seule fois en retard ; rien dans ma conduite ne pourrait, par conséquent, justifier une telle note.

Trépignant de colère, je pénétrai dans le bureau de l'Émir, fermement déterminé à lui régler son compte. Pour la première fois, ni l'image des enfants de Zaïna s'agrippant à moi, ni celle de Louhou ne m'en dissuadèrent. A vrai dire, elles ne me vinrent même pas à l'esprit, tellement j'étais hors de moi.

Renversé dans son fauteuil à la manière d'un chef de gang dans les films du grand banditisme, l'Émir feuilletait les pages illustrées à souhait d'*Almontakhab* – un hebdomadaire de sport national à gros tirage. Rouch, son secrétaire, s'affairait comme d'habitude dans son coin. L'Émir s'arracha à sa sotte distraction et posa doucement le magazine devant lui. Je lançai le bulletin de notation, froissé et roulé en boule, au-dessus du bureau. Il atterrit justement sur la une d'*Almontakhab* et, plus exactement, dans la gueule grande ouverte de José Faria, le mythique sélectionneur national de football, pris en gros plan en train de tempêter contre un arbitre de touche.

– J'exige une justification immédiate à cette note ! hurlai-je, hors de moi.

A ma grande surprise, l'Émir eut une réaction que je ne lui connaissais pas jusqu'alors : d'un air calme, placide, décontracté, il m'étudia pendant un long moment du regard, sans un mot, sans un geste ; impossible de deviner ce qui mijotait dans sa tête de canaille ayant roulé dans tous les vices. Il retira ensuite sa Koutoubia d'entre les babines et l'écrasa patiemment dans le cendrier :

– Un directeur, dit-il enfin sur un ton sentencieux, n'a pas à justifier ses décisions !

– Mais le règlement, m'écriai-je exaspéré, qu'est-ce que vous en faites ? Le règlement a bien fixé des critères et un barème précis pour la notation des fonctionnaires !

D'un coup de rein, l'Émir repoussa son fauteuil à bascule en arrière, comme pour mieux me dominer du regard. Ses lèvres noircies par la cigarette se desserrèrent lentement dans un sourire hideux, où le dédain se mêlait à la raillerie la plus mordante :

– Le règlement ! le règlement ! Vous n'avez tous que ce mot à la bouche, le règlement !... Vous croyez-vous en Suède, ou au Danemark ? Ici, c'est le Maroc, monsieur ! Le règlement, comme d'ailleurs le parlement, la démocratie, les Droits de l'Homme, ceux de la femme, ceux de l'animal... que sais-je encore, tout cela n'est que du trompe-l'œil, des bobards à l'intention des Occidentaux et, plus exactement, à l'intention des bailleurs de fonds ! Le seul règlement qui fonctionne dans ce pays c'est la *ta'a* ! la soumission. La *ta'a* et, bien entendu, le principal ingrédient qui va avec (des doigts, il fit le geste universel indiquant l'argent). La *ta'a* à elle seule est comme un train sans rail ou un véhicule sans pneus. Il a beau accélérer, il ne vous fera pas avancer d'un iota !... Otez la cire de vos oreilles, professeur, et écoutez-moi bien : si vous voulez vous faire un avenir dans la Fonction Publique de ce bled, vous n'avez qu'à apprendre à plier l'échine, faire des courbettes, lécher les bottes, baiser les mains, sans jamais oublier de bien graisser les pattes ! Voilà le règlement qui fonctionne à merveille dans ce pays ! Il n'y en a pas d'autre ; il n'y en aura jamais d'autre, vous pouvez en être sûr !

D'un autre coup de rein, il tenta de ramener le fauteuil à sa position initiale, mais le meuble, coincé quelque part au sol, ne suivit pas. Après deux tentatives supplémentaires tout aussi vaines, l'Émir se redressa sur ses pieds en grommelant un juron, souleva le fauteuil par les bras et le poussa vers le bureau. Il se rassit ensuite, la gueule penchée dans ma direction, comme pour me confier un secret :

– Justement, ce fauteuil, croyez-vous que je l'ai hérité de mes aïeux ? Ce fauteuil, je l'ai payé, à la fois de ma poche et de ma dignité d'homme ! Je me suis pratiquement ruiné des années durant, j'ai régulièrement filé des enveloppes bien grasses, donné des banquets et des banquets en l'honneur de tant de crétins, offert des moutons entiers, des bidons d'huile d'olive, des cageots de fruits, des jarres de beurre fermier et autant de miel ; il ne me restait plus que mon cul à offrir ! ... Oui, c'est à ce prix-là que j'ai accédé à ce fauteuil, moi qui ne suis pas fichu de remplir correctement un imprimé postal ! C'est à ce prix-là que l'on accède à tous les fauteuils dans ce pays, du plus bas au plus haut perché ! C'est par la *ta'a* et les largesses régulières que l'on grimpe les échelles, on voit aboutir sa demande de mutation, on obtient son avancement, on sort vainqueur des urnes, on obtient des autorisations, on gagne des marchés ; c'est même, à en croire les hadiths, par la *ta'a* que l'on s'assure une place au paradis !... Voilà, en tout cas, une leçon pour votre gouverne, une leçon cent fois plus utile que tout ce que vous avez appris sur les bancs de l'école ! Réfléchissez-y bien, et comportez-vous dorénavant en conséquence, si vous voulez que vos rêves se réalisent un jour ; sinon, allez attendre, vous aussi, la révolution, ou alors la fin du monde ; celle-ci arrivera bien avant celle-là !

Je me penchai sur l'auguste bureau, ôtai la boule de papier d'entre les lèvres proéminentes de José Faria et m'en allai, déçu et plus désespéré que jamais.

Sur le chemin de ma nouvelle maison, je me demandai si, finalement, il ne serait pas plus sage d'adopter désormais la *ta'a* pour me faciliter la vie, peut-être même me faire, moi aussi, une place au soleil, quelques années plus tard. Après tout, qu'est-ce que cela me coûterait, sinon quelques courbettes et autant de largesses de temps à autre ? N'était-ce pas le comble de la bêtise que de continuer à jouer le rebelle dans un monde fait entièrement, ou presque, de lèche-culs et de béni-oui-oui...? *Dans un monde de voleurs, il est sot d'être honnête*, disait à juste titre Alain.

– *Ohouuuuuye* ! s'écria une voix du fond de mon être, non. *Ohouuuuuye* ! *ohouuuuuye* !

Ce cri, fait d'indignation et de douleur mêlées, ne m'était pas tout à fait inconnu. Il éclatait ainsi en moi à chaque fois que je risquais de m'égarer, me mettre hors du droit chemin. Puis il montait, montait en échos multiples à travers mon être, se répercutant jusque dans la toute dernière de mes cellules, comme une mise en garde, une alerte au danger, un ultime avertissement contre le dérapage. Ce cri, émis toujours in extremis, et dans ma langue maternelle, est celui de ma conscience ; je l'ai surnommé le *cri de mon essence*, celui de mon être profond, qui veille sur moi, m'empêche de céder à la bêtise, de déchoir à mes propres yeux.

Il a raison, *le cri de mon essence* : je ne suis pas un lèche-cul et ne le serais jamais. Mais que suis-je alors ?

Cela fait plus de vingt ans que je me pose vainement la question. Ma constante suspicion à l'égard des croyances et convictions humaines m'a toujours empêché de me situer, d'une façon claire, parmi mes semblables, tous mes semblables, et toutes tendances confondues. Une chose est néanmoins sûre : plus je m'en éloigne, mieux je me sens dans ma peau. J'ai beau vivre en communauté, je m'y trouve de plus en plus malheureux. Je ne supporte point le manque d'intimité, et encore moins cette obligation morale – très inhérente à notre éducation – de devoir toujours tout justifier aux parents, aux frères et sœurs, aux voisins, aux copains, aux collègues... Le fait de me savoir en société me donne l'impression de manquer d'air, de suffoquer. Qui a dit que l'homme est un animal sociable ?

A Tinghir, ma vie ne retrouva vraiment un sens qu'après mon installation en solitaire, hors de portée de mes congénères, à l'abri de leurs manigances et turpitudes. Et comme pour m'assurer de la pérennité de ma nouvelle demeure dans l'espace, je levai mes yeux dans sa direction : une joie indicible m'envahit de pied en cap ; j'en oubliai ma mauvaise note et mon abominable tableau de service, j'en oubliai tous mes malheurs, passés et présents.

Mais, cette heureuse sensation ne dura, hélas, que quelques secondes : une présence humaine devant ma maison la gâcha brutalement. C'était la silhouette d'un quidam assis sur le pas de la porte ; cela se précisait à mesure que j'avançais. Bientôt, je distinguai un objet noir traînant à ses pieds, quelque chose comme un baluchon ou un sac. D'un geste furieux, je flanquai par terre mon bulletin de notation, ou plutôt ce qui en restait, et l'écrasai nerveusement du pied, le réduisant ainsi en miettes. Qui pourrait bien être ce fâcheux ? Était-ce l'un de mes ex-colocataires ? Était-ce Idir, le propriétaire de la maison... ?

De toute façon, un homme qui vous attend près de chez vous n'est jamais porteur de bonnes nouvelles. Si, en plus, il a ses affaires avec lui, alors bonjour les ennuis.

Arrivé à un jet de pierre de la maison, je m'arrêtai. Le quidam se dressa et me fit un signe de la main. Je reconnus aussitôt la gandoura marron d'Omar Irkem, mon beau-frère ; il n'y avait plus de doute, c'était lui.

17

Omar Irkem, ou l'amour par la tête

Durant les vacances d'été, Omar Irkem, mon beau frère, et tant d'autres désœuvrés de ma famille avaient souvent exprimé le désir de me rendre visite à Tinghir. Ils comptaient profiter de mon établissement dans le pays pour découvrir la région et visiter les fameuses Gorges de Todgha dont, dit-on, un simple attouchement des parois rugueuses annule instantanément l'effet de tous les mauvais sorts encaissés depuis votre venue au monde. Je répondais à chaque fois, comme le recommandent les règles de la bienséance, que leur visite me ferait beaucoup plaisir.

Au fond, je priais le Ciel de ne jamais rien concrétiser dans ce sens. Ma nouvelle vie me plaisait tant et si bien qu'il me semblait que toute présence humaine autre que celle de Louhou, serait une sérieuse menace pour mon bonheur à peine conquis. Et pour apaiser mes craintes croissantes, je me disais qu'aucun de mes proches n'était réellement à même d'entreprendre un tel voyage.

Tinghir se trouvait en effet à douze heures de route de mon village, une route héritée de l'époque coloniale et qu'on rétablissait en son état premier le lendemain de chaque pluie torrentielle, chaque inondation, exactement comme l'on fait pour une pièce de musée ou un monument ayant subi des dommages.

Comme tous leurs congénères desservant cette vaste contrée du sud-est, secrètement classée *Maroc inutile*, les autocars de Tinghir étaient si essoufflés, si déglingués qu'on les croirait rescapés du dernier déluge. Si, en outre, on ajoutait le prix assez élevé du billet et les excès du climat qui sévissent habituellement dans la région, toutes les conditions pour dissuader les candidats au voyage se trouveraient alors réunies.

En débarquant chez moi, Omar venait de fausser tous mes calculs et de me montrer, par l'occasion, que je n'étais pas à l'abri d'autres visites.

– Nos aïeux allaient jusqu'à la Mecque et rien que sur le dos de leurs bêtes de somme ! me dit Omar lorsque je lui avais demandé si le voyage n'était pas trop épuisant.

S'attendait-il au moins à tant de mauvaise route ? Oui, il s'y attendait ; un camionneur chevronné du village l'avait parfaitement renseigné auparavant. Mais, même avec tous les obstacles, toutes les difficultés du monde, il aurait de toute façon entrepris ce voyage ! Rien, absolument rien ne l'en aurait dissuadé, pas même l'enfer s'ouvrant à ses pieds !

Un rêve des plus étranges était à l'origine de cette farouche détermination au voyage. Un rêve ? Oui, un rêve ! A quatre reprises, Omar avait en effet vu une chèvre toute noire lui enjoignant, d'une voix de femme, de partir loin, très loin, le plus loin possible de Tahennaoute. A la cinquième fois, il s'en ouvrit à *S'di* Brahim, l'imam du village, lequel en conclut, après force conciliabules avec les sept djinns à son service, qu'il ne fallait surtout pas contrarier la mystérieuse chèvre noire. Non, lui, Omar, n'était pas superstitieux, enfin pas vraiment, mais il n'aimait pas non plus tenter le diable. Après tout, et à bien y réfléchir, un tel voyage ne lui ferait que du bien. Peut-être même que cela sèmerait-il quelque part cette guigne noire qui le poursuivait sans relâche depuis tant d'années ! Peut-être aussi que cela lui insufflerait-il quelque idée pour s'en sortir, échapper enfin à sa triste destinée de chômeur de longue durée ! Si, par bonheur, cela se réalisait, il s'engagerait à faire une généreuse offrande à *Sidi Aodhah*, le saint du pays ! Allah le Très-Haut était témoin qu'il en avait assez de vivre lui, sa femme et ses gosses aux dépens de ma famille ! Un homme digne de ce nom n'acceptait pas de vivre si longtemps sur le dos d'un autre, fût-ce son propre père...!

J'écoutais Omar d'une oreille distraite, émettant, de temps en temps, une interjection ou une platitude, juste pour ne pas lui donner l'impression qu'il parlait à un mur. Au fond, je réfléchissais à la manière avec laquelle je gèrerais son séjour chez moi, lequel s'annonçait décidément long, voire très long.

Le beau-frère est toujours une relation délicate, pour ne pas dire emmerdante. Mieux vaut héberger une demi-douzaine d'inconnus qu'un seul beau-frère. Vis-à-vis de lui, on éprouve une certaine gêne, légère mais constante : l'homme est avant tout l'agresseur légal des intimités de votre sœur. Il a beau être gentil, aimable, serviable et tout le tralala, il garde cette odieuse image, jusqu'à la fin de ses jours.

Mon beau-frère débarqué chez moi, je commençais immédiatement à me faire du mauvais sang. L'un de mes premiers ennuis était de lui faire entendre la particularité de ma relation avec Louhou. Je savais que, dans sa tête de péquenot stupide et ringard, une femme qui couche avec un homme ne peut être que son épouse ou sa pute. Comment donc lui éclaircir la situation sans se retrouver en plein dans la gêne ?

Après une longue réflexion, je renonçai, dissuadé par l'insoutenable embarras qu'engendrerait certainement toute tentative d'explication.

Le lendemain même, dès qu'il eut vu Louhou, Omar montra effectivement une certaine curiosité. Les regards intrigués qu'il coulait sur la jeune femme exprimaient bien son désir d'en savoir plus sur son véritable statut à la maison. Et sa curiosité s'excitait à mesure que le temps s'écoulait.

Sans doute avait-il très vite compris que Louhou était bien plus qu'une femme de ménage, puisqu'elle passait souvent plus de temps dans ma chambre que dans le reste de la demeure. Mais cette seule certitude ne suffisait pas à l'apaiser tout à fait. Et, comme il ne voulait pas non plus faire preuve de trop de curiosité, il se mit alors à tourner autour du pot, avec la nette intention de m'inciter à en parler de mon plein gré.

Mais sa sournoise stratégie n'aboutit pas au résultat escompté : à chaque fois, j'esquivais, évitant par tous les moyens d'aborder la délicate question. Parfois, je me confinais dans le silence.

Fatigué, Omar profita de mon absence certaines matinées pour se tourner vers Louhou. Il tenta d'abord de sympathiser avec elle, espérant lui soutirer par la suite quelques éléments de réponse. Mais cette tentative échoua : farouche et taciturne de nature, mon aimée ne manifesta pas de disposition au bavardage, et encore moins à la confidence. L'impatience d'Omar monta alors d'un cran, sa curiosité malsaine débordait de partout, devenant de plus en plus difficile à contrôler.

Un soir, la question qui le turlupinait depuis son débarquement, lui monta aux lèvres :

– Dis-moi, *S'di* Mohamed, cette..., me demanda Omar avec une feinte perplexité, cette jeune femme... comment elle s'appelle déjà ?

– Louhou ! grommelai-je du bout des lèvres.

– Oui, Louhou... C'est drôle, je n'arrive pas à retenir son prénom, même si...

– Eh bien, ne le retiens pas, c'est plus facile ! l'interrompis-je rudement espérant le faire renoncer à sa quête.

– Et... et, elle a une famille ? enchaîna-t-il, fermement déterminé à me faire parler.

– Ce n'est pas une météorite, voyons ! Elle n'est pas tombée du ciel !

– Ce n'est pas quoi, dis-tu ?

Face à une telle détermination, je décidai de lâcher le morceau, malgré moi. C'était la seule façon d'assouvir la curiosité rongeante de l'homme et de le rendre un peu à son calme habituel.

– Écoute Omar : je sais, depuis le premier jour, que tu grilles de tout savoir sur Louhou ! La curiosité est un vilain défaut, mais que faire quand le défaut est national ?... Je sais également que cela t'empêche de dormir à ton aise et de manger à ta faim. Alors, pour ne pas avoir à te soigner si cette situation perdure, j'ai décidé de te mettre au courant de tout. Voilà : Louhou n'est pas une météorite, mais une femme divorcée, avec des enfants en bas âge sur le dos ! Comme tu t'en doutes, je l'aime et elle me le rend bien ! Et si le Très-Haut n'y voit pas d'inconvénient, nous nous marierons bientôt selon Ses recommandations et Celles de Son Messager, prière et paix d'Allah soient sur Lui !

Omar me fixait de ses grands yeux de bovin, l'air renversé, comme s'il ne me reconnaissait plus.

– Ça va, Omar ? lui demandai-je enfin pour l'extirper de son ahurissement prolongé.

– Ça va, oui... Le mariage... le mariage est un devoir pour tout Musulman qui se respecte. Il n'y a pas de doute en cela. Mais..., ajouta-t-il d'une voix de plus en plus hésitante, mais... une femme... une femme divorcée, dis-tu ?

– Oui, c'est cela, une femme divorcée. Où est le problème ?

Omar ébaucha une moue désapprobatrice, l'air sur la réserve :

– Non... non, il n'y a pas de problème... Seulement... seulement, je ne comprends pas... Toi, tu n'es ni veuf ni divorcé, en conséquence, je ne comprends pas pourquoi tu ferais ta vie avec une femme divorcée et mère, par-dessus le marché !

– Mais c'est normal que tu ne comprennes pas ! Tu es comme tes semblables, tu cherches à tout comprendre avec ta tête ! Or, l'amour, le vrai, est une affaire de cœur ; la tête n'y comprend absolument rien ! L'amour...

– Attends ! me coupa Omar, attends que je reprenne cela doucement : tu dis qu'en somme, le véritable amour est une affaire de cœur ?

– Tout à fait !

– Et l'autre ?

– Quel autre ?

– L'autre amour, celui de... celui de mes semblables, comme dirais-tu ?

– Celui-là, c'est l'amour de la tête. Il est aussi éloigné de celui du cœur que Tahennaoute l'est de Tinghir !

Une vive lumière scintilla dans les grands yeux d'Omar, comme s'il venait de faire une extraordinaire découverte. Passé ce moment d'émerveillement, il s'abîma dans une morne songerie, le regard perdu au loin. Je n'avais jamais vu Omar réfléchir si profondément. Un instant, il obliqua vers le modeste meuble où étaient rangés les quelques livres en ma possession.

– C'est là que tu puises tout ça ?

Je fis oui de la tête, fier comme Artaban. Il enchaîna, avec un intérêt de plus en plus vif :

– Mais... mais peux-tu me dire comment fait-on pour savoir lequel de ces deux amours lie un homme à une femme ?

– C'est simple : il suffit de remonter jusqu'à l'origine de la liaison, puis de voir un peu comment les choses se sont déclenchées au départ !

– Non... non, je ne vois pas, fit Omar après un vain effort de remémoration. Non, je ne vois vraiment pas... C'est trop... trop difficile pour moi de remonter... remonter comme ça le temps, puis de voir... Non ! Pour comprendre, moi j'ai plutôt besoin que tu me donnes des exemples clairs et précis... Tiens, justement, en parlant d'exemples, peux-tu me dire lequel de ces deux amours me lie depuis tant d'années à ta sœur Zaïna ?

La question eut sur moi l'effet d'un coup de massue. Je m'immobilisai, abasourdi. Je n'avais pas du tout imaginé que mon palabre stupide allait déboucher sur une question aussi embarrassante et se refermer ainsi sur moi comme un piège. Dieu sait pourtant que ce n'était ni la première ni la dernière fois qu'un tel choc survenait. Je me retrouve dans le même pétrin pratiquement chaque fois que j'adopte le discours du sage, du bon conseiller, du fin connaisseur de la vie et de ses méandres. Je ne suis pas spécialement un discoureur, mais, parfois, j'aime à pérorer sur des sujets glissants, voire dangereux comme la vie, la mort, l'amour, l'humanité...

Cela me prend surtout quand je suis entouré d'un auditoire bête, ce qui est d'ailleurs assez souvent le cas. Je me lance alors corps et âme dans un discours emphatique et prétentieux : j'explique, analyse, argumente, réfute, m'arrête sur les moindres détails, illustre par des exemples tirés de l'actualité, ou de la vie quotidienne, appuie chacun de mes dires par des hadiths souvent imaginaires, cite des auteurs et philosophes de renommée, attribue à d'autres des propos qu'ils n'ont jamais tenus... Et plus je sens mon public en admiration devant moi, plus je m'échauffe, redoublant de verve et de culot...

Mon caquet pompeux et grandiloquent se poursuit ainsi jusqu'à ce que l'un ou l'autre de mes auditeurs y mette un terme en relevant dans mes propos quelque grave contradiction, ou tout aussi bien, une inconséquence entre mes paroles et mes actes. En général, c'est une question inattendue, comme celle de mon beau-frère, qui vient couper court à mon fougueux élan.

Le fil de mes pensées se perd alors immédiatement, mon enthousiasme s'éteint d'un seul coup ; je deviens comme une marionnette sans ficelles. Face à une situation si embarrassante, je prends la tangente, ou m'éclipse carrément. Jusqu'au jour d'aujourd'hui, je n'ai pas encore trouvé de solution moins déshonorante. Que sais-je de l'amour pour l'enseigner à autrui ? N'est-ce pas le comble de l'effronterie que de discourir sur une question si délicate ? Et cette distinction saugrenue entre l'*amour par la tête* et celui *par le cœur*, a-t-elle seulement jamais existé ?

Comme à chaque fois que ça se gâte de la sorte, je m'apprêtais à m'esquiver quand Omar me retint par le bras :

– Pas avant de me dire si l'amour me liant à Zaïna est un amour par le cœur ou par la tête ! fit-il sur un ton calme, mais ferme.

– C'est... c'est comme je viens de te dire : tu... tu remontes le temps jusqu'à la toute première rencontre entre vous deux ; puis là, tu cherches un peu si c'est par la tête ou par le cœur que les choses se sont déclenchées... Du reste, je pense qu'au point où vous en êtes, ça ne vous avancera plus à rien de savoir si c'était par l'un ou par l'autre que...

Omar leva ses grands yeux de bovin vers un coin du plafond, puis s'abîma dans le silence. Sa figure prit un air tristement préoccupé. Un instant, il sursauta :

– Alors, lui demandai-je, était-ce par le cœur ou par la tête que... ?

– Ni par l'un ni par l'autre ! répondit Omar avec l'air sidéré de celui qui vient de faire une macabre découverte. Je crois que c'était par les yeux que tout a commencé !

N'ayant pas prévu l'amour par les yeux dans ma sotte typologie, je m'accordai un moment de réflexion, le temps d'imaginer une réponse qui me permettrait de sauver la face, peut-être aussi de mettre un terme à cette fâcheuse causerie. Omar restait suspendu à mes lèvres, l'œil fixe, guettant impatiemment mes premiers mots.

– C'est par les yeux que ça s'est déclenché au départ, dis-tu ?

Omar hocha la tête en signe d'acquiescement. J'enchaînai :

– Eh bien, je crois que l'explication saute aux yeux !... Les yeux, justement, ça fait bien partie de la tête, n'est-ce pas ? Par conséquent, il n'y a pas à tergiverser : c'est un amour par la tête ! Oui, un amour par la tête, qui, par ailleurs, t'a coûté les yeux de la tête !

– Alors, c'est finalement un amour par la tête, conclut Omar plein d'amertume, pas l'autre, le vrai, comme tu disais !... Je m'en doutais bien ! Je m'en doutais bien !

Omar posa son verre de thé encore intact sur la table. Sa stupide jovialité de péquenot insoucieux et nonchalant avait cédé la place à un abattement profond.

C'était à ce moment-là que je me suis rendu compte de l'extrême gravité de la situation. Mon babil hasardeux et imprudent sur l'amour avait provoqué d'énormes dégâts : je venais, non seulement d'empoisonner l'humeur de mon beau-frère, mais aussi de compromettre l'avenir de sa vie conjugale, voire de remettre en question ses sept années de vie commune avec ma sœur Zaïna.

Manifestement, ma bêtise était de gros calibre ; ses conséquences sur Omar et sur sa vie conjugale pourraient se révéler catastrophiques. La gravité de la situation exigeait donc de moi d'agir immédiatement, sinon pour y remédier, du moins pour en limiter les dégâts. Je me lançai dans un nouveau discours, visant cette fois-ci à battre en brèche mes propos précédents. Je mobilisai tout mon savoir et toute mon éloquence afin de démontrer à Omar que l'amour par la tête était, au fond, plus solide et plus sain que l'autre. En guise d'arguments, je lui citai une douzaine de hadiths et sentences inventés pour la circonstance. Je lui démontrai même que cet amour dit par le cœur et si vanté par quelques têtes de linotte, était, en réalité, une invention de Satan, que le Ciel nous préserve de ses manigances...

Je perdis beaucoup de salive pour rien : Omar ne m'écoutait plus. Le dos courbé, les bras croisés, l'air atterré, le regard perdu au loin, mon beau-frère était devenu l'incarnation même du malheur. Je me retirai dans ma chambre et le laissai à sa souffrance.

18

Omar, ou l'amour par le cœur

Le séjour d'Omar chez moi à Tinghir se passait finalement sans encombre, ou presque. Bien que bête comme un pied de bœuf, l'homme avait tant de qualités qu'on se plaisait en sa compagnie, si bien qu'on en venait à s'y habituer. Sa bonne humeur, sa faconde intarissable, ses histoires à divertir un mourant et ses rires de baleine suscitaient très vite la sympathie. On ne s'ennuyait jamais auprès d'Omar. Au contraire.

A l'égard de Louhou, l'homme avait finalement adopté une attitude très convenable. Il se montrait désormais respectueux, distant, un peu froid, même, exactement comme l'on se comporte d'habitude avec sa belle-sœur, ou sa voisine, ou toute autre relation aussi délicate, réduisant ainsi au strict minimum ses contacts avec la jeune femme, évitant par tous les moyens de se retrouver seul avec elle à la maison... Lorsque je devais me rendre au collège, Omar s'arrangeait toujours pour s'en aller en même temps que moi ; et, très souvent, il ne rentrait que bien après mon retour.

Étaient-ce des mesures destinées à me rassurer, ou considérait-il dorénavant Louhou comme ma conjointe légitime ? Je n'ai jamais posé la question à Omar. A quoi bon.

Comme nous le recommandent vivement nos us et coutumes, je faisais de mon mieux pour rendre agréable le séjour de mon hôte. Donner l'hospitalité à un membre de sa famille est, de toute façon, un devoir moral auquel on ne déroge jamais, sous aucun prétexte.

Je m'occupai donc de mon beau-frère dès le lendemain de son arrivée. Je commençai par lui aménager une chambre avec tout l'ameublement nécessaire : une natte, un matelas de paille, une couverture, un drap, un oreiller... Pour soigner un peu sa mise, je lui achetai une chemise, une gandoura, une calotte et des sandales en cuir. La note fut, à la fin, tellement salée qu'elle provoqua un énorme trou dans mon budget du mois. Mais, j'accusai le coup sans me plaindre ; il faut bien payer un prix quand on accueille chez soi un fauché.

Toutes les semaines, je donnais à Omar un billet de cinquante dirhams. Il payait ainsi sa douche hebdomadaire au hammam du village et claquait le reste au cours de ses balades quotidiennes dans les ruelles commerçantes de Tinghir. Chaque jour, il s'offrait un cornet de pois chiches salés et une poignée de caramels – un caprice qui lui était resté de son enfance lointaine et dont il n'est jamais parvenu à se débarrasser, malgré bien des tentatives, disait-il.

Un soir sur deux, je l'emmenais avec moi au souk. Mes petites courses faites, je commandais un thé pour deux personnes à la terrasse du café L'Oasis. La qualité de l'infusion ne valait pas vraiment le déplacement, mais j'aimais quand même à venir là, moins d'ailleurs pour le thé que pour y tuer un peu de mon temps libre. A l'instar de tous les mâles désœuvrés du pays, je m'affalais sur un siège en plastique et m'oubliais pendant une heure ou deux devant la petite théière en émail, les yeux suivant nonchalamment les véhicules et les piétons, qui défilaient le long de l'artère principale, le corps mou, l'esprit tombé dans une espèce de rêverie végétative.

Sur le chemin du retour, je n'oubliais jamais de m'arrêter devant la minuscule échoppe de Moha, le marchand de fruits secs et de friandises. c'était le moment le plus attendu par Omar. Je lui payais un cornet de pois chiches et une poignée de ces caramels dégueulasses communément appelés *Tofitas*.

Certains après-midi, quand je me rendais au collège, Omar prenait le chemin de l'oasis pour sa longue promenade dans la nature.

Omar se promenait tout l'après-midi entre les petits champs délimités par des lignées de palmiers-dattiers et d'oliviers séculaires. L'endroit était effectivement l'unique qui méritait le détour, bien des lieues à la ronde : l'eau y était fraîche et pure, la nature luxuriante, l'air chargé de parfums.

Fatigué par la marche et la chaleur, Omar choisissait ensuite un coin bien ombragé et s'y étendait de tout son long, dans l'ombre ajourée d'un olivier ou sous les grands feuillages amollis d'un figuier. Sa sieste se prolongeait souvent jusqu'à la fin de l'après-midi. Parfois c'était carrément l'appel à la prière d'*Almeghreb* qui l'en extirpait. Il s'éveillait alors, faisait un brin de toilette dans le mince cours d'eau de la rivière puis rentrait à la maison, une tige de luzerne ou une petite branche quelconque entre les doigts.

De ses promenades solitaires dans l'oasis de Tinghir, mon beau-frère rentrait de plus en plus épanoui, de plus en plus ravi. En remontant le raidillon qui menait à la maison, il fredonnait toujours cet air lyrique berbère :

Le soleil peut bien s'arrêter de luire
Le monde de tourner
Moi, je m'en balance,
J'ai ma mie dans mes bras...

A cette heure transitoire, marquant la fin du jour et la tombée de la nuit, j'avais l'habitude de m'asseoir sur le pas de la maison, le dos contre l'énorme porte de chêne, les yeux fixant un point vague à l'horizon. Je m'abandonnais là à déprimer gentiment, jusqu'à ce que me parvînt la voix d'Omar fredonnant gaiement son air lyrique, toujours le même :

Le soleil peut bien s'arrêter de luire
Le monde de tourner...

En l'écoutant chanter ainsi de bon cœur, je ne pouvais qu'envier la nature si accommodante de mon beau-frère, cet homme que rien qu'une promenade dans l'oasis rendait de si brillante humeur ! Moi, par contre, j'avais cessé depuis longtemps de m'y rendre, car j'en revenais toujours plus déprimé qu'avant.

Bientôt, Omar se rendait à l'oasis deux fois par jour, matinée et après-midi, exactement comme d'autres se rendent au bureau, ou à l'usine. Il avait même renoncé à venir avec moi au souk ainsi qu'au café. Hormis l'oasis de Todgha et sa nature, plus rien ne l'attirait vraiment.

Quelque part, j'étais content que mon beau-frère ait pris goût aux promenades dans la nature. Cela ne lui ferait que du bien. A moi aussi d'ailleurs, puisqu'il disparaissait désormais de mon champ de vision durant presque toute la journée.

Je continuais de voir ainsi les choses, jusqu'à ce qu'une remarque me mît la puce à l'oreille : à chaque fois, avant de prendre le chemin de l'oasis, Omar s'arrangeait soigneusement : il se rasait, se parfumait avec mon *Heno de Pravia*, enfilait la chemise et la gandoura que je lui avais achetées, chaussait ses sandales neuves... Se met-on sur son trente et un pour aller se balader dans les champs ?

A mesure que les jours passaient, mes doutes s'amplifiaient et les promenades d'Omar dans l'oasis de Todgha prenaient de plus en plus des allures de fable.

Un jour, je décidai de tirer la chose au clair. C'était un mardi après-midi, je m'en souviens bien.

Nous venions de déjeuner ensemble dans la cuisine, des tripes de mouton au citron macéré, apprêtées, avec science et patience, par les mains expertes de Louhou. Aussitôt après le repas, Omar entama les préparatifs à sa promenade habituelle dans l'oasis.

Je me retirai dans ma chambre, sous prétexte de faire mon somme quotidien. Une fois à l'intérieur, je me plaçai derrière la porte, les yeux collés aux interstices. Omar continuait d'arranger sa toilette sans se douter de rien. Il jeta un ultime regard sur la petite glace suspendue à la porte du cabinet d'aisances, lissa les cheveux avec les paumes, redressa le col de la chemise, ajusta les manches de la gandoura, passa un torchon mouillé sur les sandales en cuir, jeta de nouveau un regard sur la glace... Enfin, il s'en alla en retirant doucement la porte derrière lui.

Deux ou trois minutes plus tard, je le suivis, le pas feutré, l'air à l'affût. Je devais à la fois le tenir à l'œil et, en même temps, veiller à ce qu'il ne s'aperçoive de rien. L'homme continuait à avancer vers l'oasis de son allure balourde. Ses petits bras potelés balançaient drôlement au rythme de sa marche...

Arrivé au sommet de la colline surplombant l'oasis, il s'arrêta, la main en visière contre le haut du front, les yeux scrutant un endroit précis sur la berge. Omar demeura ainsi, immobile comme une statue ou un épouvantail planté là par quelque farceur. Cinq minutes plus tard, il surgit de sa position et attaqua la descente, le pan avant de la gandoura retroussé pour ne pas s'y empêtrer. L'homme dévalait à pas de course le sentier menant aux champs, laissant derrière lui une longue traînée de poussière, aucune comparaison avec le promeneur dans la nature qu'il prétendait être. J'élevai à mon tour la cadence ; l'écart entre nous se réduisait peu à peu...

Au troisième champ, il obliqua brusquement à gauche et s'engagea dans un sentier bosselé, sinueux et jonché de bouse bovine et de crottes de chèvres. Je glissai derrière le tronc noueux d'un vieux figuier, le temps que l'écart entre nous reprenne sa forme initiale, celle qui me permettrait de m'effacer à temps si jamais Omar s'avisait à jeter un coup d'œil derrière lui.

Le sentier s'enfonçait de plus en plus entre de petits jardins délimités par des haies d'épines de cinq ou six pieds, tournant tantôt à droite tantôt à gauche. Omar y avançait en habitué des lieux, avec beaucoup moins de difficultés que moi. J'élevai de nouveau un peu la cadence pour ne pas le perdre de vue.

Ce que je redoutais ne tarda cependant pas à advenir : à l'issue d'un tournant, Omar disparut. Je courus pour le rattraper, sans plus aucune précaution : en vain ; l'homme s'était évanoui. Je continuais néanmoins de courir, mais le sentier mourut subitement en cul-de-sac au pied d'une haie, réduisant ainsi à néant tout espoir de retrouver sa trace.

Omar s'était certainement introduit dans l'un des champs qui m'entouraient ; il n'y avait pas d'autre explication à son éclipse. Mais quel champ ? Et par quel accès ?

Je m'apprêtais à revenir sur mes pas pour inspecter tout le périmètre, champ par champ, depuis le tournant où je l'avais perdu de vue, lorsque me parvinrent des murmures à travers la haie d'épines. Je me plaçai face à une petite brèche pour en localiser l'origine : deux vaches, un veau et quelques chèvres paissaient nonchalamment dans un carré de menthe, juste devant moi. A l'autre bout du champ, dans un coin bien à l'abri des regards, j'aperçus la gandoura d'Omar aux prises avec une *tahrouïte* – ce vaste coupon de tissu noir dans lequel s'emmitouflent habituellement les femmes de la région. Les murmures reprirent à nouveau, entrecoupés de rires de femme mal étouffés.

Bientôt, les deux silhouettes, jusque-là en position accroupie, s'étendirent de tout leur long sur l'herbe. La gandoura d'Omar prit vite le dessus et entama un léger mouvement alternatif, une espèce de balancement effréné, rythmé par des gémissements de douleur et de plaisir mêlés. Un instant, Omar releva la tête et poussa un râle de moribond, brisé et profond ; son corps frissonna violemment de la tête aux pieds, comme sous l'effet d'une décharge électrique, puis il s'écroula de tout son poids sur sa partenaire. Les deux amoureux s'immobilisèrent alors, sans souffle, sans vie.

Ainsi fut levé le voile sur la passion d'Omar pour les promenades dans l'oasis de Todgha. Le sang s'embrasa dans mes artères, mes poings se serrèrent, une colère noire monta en moi... Il me faudrait tout de suite ce connard de beau-frère, qui trompait ma sœur sous mes propres yeux, pour la passer sur sa gueule d'empeigne, sinon, je ne fermerais pas l'œil de toute la nuit ! Le mettre à la porte ne m'apaiserait pas tout à fait. Il me faudrait, auparavant, une réaction d'envergure : une paire de claques des plus sonores et un mémorable coup de pied aux fesses... !

Tandis que j'enrageais ainsi, la partenaire d'Omar se dressa sur son séant, la *tahrouïte* défaite, les cheveux en désordre, le visage luisant de transpiration, l'air encore ivre de plaisir. Elle se mit à réajuster sa toilette avec des gestes lents et mous comme dans une projection au ralenti. En remettant son foulard, elle leva les yeux sur la brèche à travers laquelle je l'observais et, presque au même moment, elle eut un haut-le-corps. M'avait-elle aperçu ? Ma cachette semblait pourtant bonne, la brèche vraiment très petite. La femme saisit vite un gourdin et s'élança dans ma direction. Je retirai ma figure de la brèche et reculai d'un pas en prévision des coups qui allaient sans doute pleuvoir sur moi. Arrivée à quelques mètres de la haie, la femme se mit à rouer de coups les bêtes qui broutaient tranquillement dans le carré de menthe.

– Sales bêtes ! fulmina-t-elle, avez-vous juré d'en finir avec ces quelques tiges de menthe ! Que le Ciel vous fasse bouffer de la grande-ciguë !

C'était une ravissante brune d'une trentaine d'années, assez grande de taille, les traits fins et réguliers, le regard d'une douceur de velours, les cheveux noirs, magnifiques, le corps épanoui, plein de grâce. Quoique simple bergère, elle donnait l'impression d'une femme, sinon comblée, du moins satisfaite, et sur bien des plans ; cela se voyait parfaitement sur son visage, le bien-être étant toujours une chose visible à l'œil nu. Sans doute faisait-elle partie de ces Tinghiriennes dont le mari est ouvrier ou commerçant quelque part en Europe occidentale, souvent en France ou aux Pays-Bas, et qui, de ce fait, reçoivent, à la fin de chaque mois, un mandat-carte bien gras. Leur seul véritable chagrin était de vivre séparées de leur conjoint onze mois sur douze, parfois bien plus.

Ces femmes esseulées ont l'habitude d'élever une ou deux vaches laitières, quelques chèvres et autant de moutons, moins pour en vivre que pour avoir une raison valable de se rendre quotidiennement aux champs ; autrement dit, fuir pour un temps les murs du logis, changer d'air, rencontrer d'autres femmes...

Ayant chassé les bêtes loin du carré de menthe, la jeune femme s'arrêta un moment face à ma planque. Elle dénoua sa *tahrouïte* : le haut de son caftan défait par les ébats amoureux, dévoila subitement une poitrine d'un galbe parfait et d'une blancheur éblouissante, qui contrastait fortement avec le brun vif et piquant du visage. Mon cœur bondit dans ma poitrine, des palpitations me parcoururent le ventre, ma gorge se dessécha... Il faut dire qu'il était rarissime de croiser une si ravissante femme à Tinghir, impossible en tout cas d'apercevoir sa poitrine, ni même la partie la moins désirable de son corps.

La bergère essaya alors de remettre un peu d'ordre dans son corsage : elle resserra les bretelles du bustier, remonta la fermeture éclair de la tunique, reboutonna le haut du caftan à manches, réajusta le *chemmar*[1]... Je suivais subrepticement ses gestes, l'esprit ravi par tant de beauté et de grâce, la respiration suspendue, ou presque, le cœur battant la chamade... D'un tour de bras, elle recouvrit enfin tout avec la *tahrouïte* noire, puis rejoignit son bienheureux amant encore étendu sur l'herbe.

A ce moment-là, je me rendis compte que ma colère envers Omar était tombée, d'un seul coup, ma soif de vengeance comme apaisée. Mais, comment pourrais-je lui en vouloir encore d'avoir trompé ma sœur qui, pour être honnête, n'arrivait pas à la cheville de cette bergère ? N'était-ce pas plutôt une prouesse de sa part d'avoir obtenu les faveurs d'une si belle femme et dans un milieu qui en manquait terriblement, de surcroît ?

Sur le chemin du retour, je m'arrêtai spontanément devant la boutique de Moha, le marchand de fruits secs. J'achetai deux cornets de pois chiches salés et deux poignées de caramels, doublant ainsi la part habituelle d'Omar, une façon de saluer son glorieux exploit.

---

1. Élastique en 8 porté autour du dos et qui sert à tenir les manches.

Bien entendu, mon beau-frère garda le silence sur sa liaison amoureuse. Il n'en souffla jamais mot ; moi non plus, d'ailleurs. Lui, parce qu'en m'en parlant, il courrait ainsi bêtement de grands risques, notamment celui de se voir tout de suite mis à la porte ; moi, parce que, au fond, je n'avais plus vraiment envie de mettre un terme à une aventure amoureuse si extraordinaire.

Un soir, je décidai de taquiner un peu mon beau-frère :

– Je viens de recevoir du courrier de Zaïna, lui dis-je en montrant une vieille enveloppe que j'avais retrouvée dans mes affaires.

Omar sursauta, pas du tout content d'entendre une telle nouvelle.

– Tout le monde va bien, n'est-ce pas ? fit-il, pressé d'en finir avec le sujet.

– Oui, tout le monde va bien, sauf que... sauf que Zaïna te demande de rentrer pour la circoncision du petit !

– Non ! répliqua-t-il, désemparé. Non, je... je n'envisage vraiment pas de retourner de sitôt à Tahennaoute ! D'ailleurs, pour la circoncision du petit, la présence du grand-père suffit largement, n'est-ce pas ?... Non, honnêtement, je ne rentrerai pas avant de me trouver un petit boulot par ici, ne serait-ce que pour payer mon billet de retour et rembourser celui de l'aller !

– Du boulot ? Je croyais que tu en avais déjà trouvé un, et depuis belle lurette, semble-t-il !

Omar braqua sur moi ses grands yeux de bovin, l'air sidéré :

– De quoi parles-tu ?

– De la bergère de l'oasis !

– Tu es au courant ?

– Bien sûr que je suis au courant, et même depuis le tout premier jour !

Omar se tut, les traits tendus, l'air d'un hibou surpris en plein jour. Je poursuivis, avec une délectation sadique :

– Ça y est, tu ne veux plus de Zaïna dans ta vie ?

– Ne dis pas ça ! s'écria-t-il d'une voix étranglée. Ne dis pas ça ! J'aime toujours Zaïna !... Je l'aime toujours autant, mais...

De la main, il fit un geste perplexe et n'acheva pas sa phrase.

Jamais je n'avais vu Omar si mal à l'aise. La honte et la peur l'oppressaient au point de perdre toute contenance. Il voulait bien se défendre, dire quelque chose, mais il n'y parvint pas. Alors, il baissa de nouveau la tête, la face bouleversée, l'œil hagard. Je revins à la charge :

– Mais quoi ?

– Me permets-tu, *S'di* Mohamed, de... de.... de te faire un aveu ?

– Vas-y, c'est permis.

– Tu sais... j'aime toujours Zaïna, mais... mais c'est différent... Avec l'autre, je sens, au fond de moi, que... que c'est un... que c'est *un amour par le cœur*, comme tu dirais !

L'aveu d'Omar eut sur moi l'effet d'une gifle écopée dans le noir. Je ne m'attendais pas du tout à ce qu'il me ressortît mon babil insensé sur l'amour comme justification de son inconduite.

D'ailleurs, ce n'était ni la première ni la dernière fois que mes stupides leçons me revenaient ainsi sur la figure, comme un soufflet imprévisible.

Durant mes premières années dans l'enseignement, j'aimais à donner des leçons de morale et de vie à mes élèves, des leçons à priori pertinentes, pleines de bon sens, et que je puisais essentiellement dans les textes bien-pensants de Moustapha Lotfi Elmanfalouti. Je leur disais et répétais tout le temps des platitudes du genre : le savoir est une lumière, l'ignorance une honte, les études l'unique moyen de s'en sortir, les diplômes indispensables pour dénicher un emploi, l'honnêteté, la fidélité, la solidarité, l'équité, la charité, l'humilité ainsi qu'une quinzaine d'autres vocables en té, étaient des vertus à chérir par dessus tout...

Aujourd'hui, ces élèves sont, dans les meilleurs des cas, devenus de petits serviteurs de l'État, protégés de la misère par un fragile statut de fonctionnaire et, très souvent, accablés de dettes. D'autres sont tout simplement des diplômés en chômage.

Il m'arrive parfois de croiser l'un ou l'autre dans la rue, mais je m'arrange toujours pour éviter de leur parler. C'était, d'ailleurs, la principale raison pour laquelle je me suis procuré des lunettes de soleil d'un noir foncé, de fausses Ray-Ban que je garde régulièrement sur le nez.

En revanche, ceux, parmi mes anciens élèves, qui se contrefoutaient de mes bobards et de ceux de la race professorale en général, se sont finalement retrouvés très à l'aise dans la vie. En désertant les bancs scolaires, ils se sont engagés sur des voies peu recommandables en somme : la contrebande, le trafic de haschisch ou de voitures cambriolées, la prostitution de luxe, le proxénétisme... D'autres se sont enrichis en exerçant des activités moins condamnables certes, mais non moins louches : ce sont des politiques mafieux, des flics aux mœurs douteuses, des intermédiaires de tous bords, des coulissiers, des entremetteurs, des représentants de sociétés anonymes, voire suspectes, des agents chargés des affaires d'individus ou groupes obscurs...

Le plus nanti de tous est devenu *semsar* – une espèce de courtier en valeurs immobilières sans foi ni loi, et qui escroque ouvertement à la fois l'acheteur et le vendeur, le propriétaire et le locataire... Le filou s'appelle Brik Dib (je vous livre son vrai nom, étant certain qu'il ne lira jamais ce livre, ni n'importe quel autre, d'ailleurs.)

Alors, pour limiter les dégâts, j'ai, une fois pour toutes, arrêté de jouer avec mes élèves le grand conseilleur, le fin connaisseur de la vie et de ses méandres, le grand sage. J'ai juré sur la tête du premier Homo sapiens de ne plus jamais donner mes conseils périmés et stupides ni à mes élèves, ni à qui que ce soit dans ce bas monde. J'ai certainement déjà gâché bien des vies, il faudrait désormais que je me la boucle et laisse les gens choisir leur chemin seuls. Qui suis-je, après tout, pour donner des leçons aux autres, sinon un enseignant prétentieux et ringard, l'un des derniers adeptes d'une morale et d'un mode de pensée à tout jamais disparus ?

– Tu vas me mettre à la porte ? me demanda Omar, de plus en plus angoissé.

– Pas du tout ! pas du tout !... Que chacun mène dorénavant sa vie comme bon lui semble, c'est ma nouvelle devise !

Omar poursuivait donc son aventure amoureuse avec la bergère de l'oasis, exactement comme auparavant, dans la discrétion absolue. Une attitude qui n'était pas sans me déplaire, car j'aurais bien aimé en savoir un peu plus sur cette Diane bergère aux formes gracieuses. Je voulais obtenir une réponse satisfaisante à un certain nombre d'interrogations qui me rongeaient sans relâche les os et m'empêchaient ainsi de manger et de dormir en paix. Je voulais surtout savoir comment une si ravissante créature avait cédé à un raté tous azimuts comme mon beau-frère, par quelle aberration elle avait succombé à ses avances, ce qu'elle lui trouvait d'attrayant, ou même de passable...

En somme, je considérais le choix de la belle bergère contraire au bon sens, contraire à la nature, un véritable pied de nez à l'amour. Le fait qu'elle ait jeté son dévolu sur un idiot pareil ne pouvait être, à mes yeux, que le résultat d'un égarement, ou d'une folie.

Face au mutisme opiniâtre d'Omar, je me retournai vers Louhou et lui exposai la situation avec force détails, dans l'espoir que mon aimée déchiffrerait bientôt l'intrigue, et trouverait ainsi une réponse aux interrogations qui me turlupinaient.

Après une courte enquête, Louhou finit par mettre un nom sur le beau visage de la bergère de l'oasis. La femme se nommait Khedjou n'Imdiaz et habitait Afanour, un patelin situé sur l'autre rive du Todgha.

Khedjou était veuve de son état. Assou Braïm, son conjoint, avait perdu la vie, deux ans auparavant, dans un accident de la route quelque part en France. La veuve avait trois enfants en bas âge, qu'elle élevait grâce aux généreuses prestations que lui envoyait mensuellement l'employeur français de son défunt mari.

Les renseignements apportés par Louhou s'arrêtèrent là. Mes brûlantes interrogations demeurèrent sans réponse. Elles le demeureront pour toujours.

Un soir, Omar ne rentra pas de son habituel rendez-vous d'amour avec *Diane bergère*. C'était, je me souviens bien, la mi-mars. Les Neuvièmes passaient leurs examens du deuxième trimestre. La journée avait commencé par une chaleur torride, inhabituelle pour la saison. Au début de l'après-midi, le temps vira au gris, un gris trouble, pesant et d'une moiteur étouffante. De gros nuages couleur de suie arrivaient du sud-est et s'amassaient sur les Gorges de Todgha, comme des armées s'apprêtant à l'invasion du village. Des losanges de feu apparurent dans le ciel, suivis bientôt de fracas de tonnerre assourdissants. Les premières gouttes de pluie arrosèrent le sol craquelé et poussiéreux de Tinghir : elles étaient incroyablement grosses et tièdes, des paquets d'eau qui tombaient du ciel. L'odeur de la terre assoiffée s'épandit dans l'air. J'aime beaucoup l'odeur de la terre mélangée aux premières gouttes d'une pluie tant attendue. De tous les parfums, naturels ou chimiques, qu'il m'est donné de sentir, l'odeur de la terre est la seule qui me procure une sensation unique, indicible, une subtile ivresse qui m'envahit tout entier. Ah ! si l'on pouvait fabriquer un parfum qui aurait cette odeur-là !

Après une demi-heure de violentes précipitations, le ciel se calma soudain. Des rigoles boueuses descendaient des collines entourant le village et s'élançaient, impétueuses et menaçantes, vers l'oasis.

L'appel à l'ultime prière du jour retentit dans le ciel, vibrant de décibels. D'habitude, Omar rentrait presque en même temps, fredonnant son air berbère, toujours le même. Ce jour-là, la pluie l'avait peut-être attardé. J'attendis encore à peu près une heure avant de partir à sa recherche. Sur le chemin, je vis des Tinghiriens de tous âges courir vers l'oasis.

– Le pont menace de céder ! s'écria un motocycliste en direction d'un camion garé sur le bas-côté de la route.

Des gens s'étaient amassés sur les collines surplombant l'oasis, les faisceaux lumineux de leurs torches braqués sur la rivière en furie. Un grondement sourd et terrifiant montait d'en bas, amplifié par l'écho des montagnes et la nuit noire. Un paysan, tenant une houe à main sur l'épaule, racontait à un cercle de curieux comment il avait arraché aux torrents une paysanne, son gosse et sa mule. Deux autres n'arrivaient pas à se mettre d'accord sur l'année des précédentes inondations d'une telle ampleur : le premier soutenait qu'elles remontaient à dix ans, le second, à huit, avançant chacun des arguments que l'autre réfutait aussitôt. Soudain, on entendit, provenant de l'autre rive, les lamentations d'une femme. Tout le monde se tut un moment, l'oreille tendue vers l'origine des cris.

Je rebroussai chemin, enjambant les flaques d'eau boueuse frangées d'écume. Une ambiance de deuil régnait ce soir-là sur le souk de Tinghir ; beaucoup d'échoppes y avaient déjà fermé ; une atmosphère poignante planait sur celles encore ouvertes. Ça et là, des marchands attroupés commentaient le drame, le ton grave, la mine effarée.

Arrivé à un jet de pierre de la maison, je levai les yeux sur les fenêtres : aucune lumière à l'intérieur ; Omar n'était donc pas rentré.

Le lendemain matin, je m'absentai du collège pour revenir sur les lieux du drame. L'oasis était dévastée, ravagée, méconnaissable. Une odeur de mort et de désolation s'en dégageait. Des paysans fouillaient le long des berges inondées de boue. Une poignée d'agents de l'autorité, gras et ventripotents, observaient de loin tout en veillant à ne pas encroûter leurs souliers.

L'étendue des dégâts dépassait toutes mes prévisions : les champs étaient à moitié couverts d'une épaisse couche de boue, les palmiers-dattiers et les oliviers déracinés, les haies effacées, les quelques maisons construites sur les rives rasées... Beaucoup de corps humains repêchés par des volontaires, étaient alignés au bord de la rivière pour une éventuelle identification. On parlait d'une trentaine de morts et autant de disparus. On parlait aussi de l'arrivée imminente d'une escouade de sapeurs-pompiers parfaitement équipés, peut-être même de la nourriture, des couvertures et des médicaments pour les sinistrés...

Je m'approchai et jetai un regard oblique sur les corps repêchés : Omar et sa *Diane bergère* faisaient probablement partie des disparus. Je pivotai sur mes talons et m'en allai.

Chemin faisant, je me sentis soudain soulagé, et même doublement soulagé. D'abord, parce qu'Omar ne faisait plus partie des vivants, ce qui était déjà un bon débarras pour moi, peut-être aussi pour les autres. Ensuite, parce qu'en disparaissant sous la boue, il m'évita la peine de lui payer une sépulture et sans doute aussi bien d'autres tracasseries.

En sept ans de vie commune avec ma sœur Zaïna, Omar avait conçu sept enfants, une moyenne d'un enfant par an, sans compter qu'il s'apprêtait à en produire d'autres avec sa *Diane bergère*. Il était donc temps qu'il soit emporté par le Todgha, ou par la peste, ou par n'importe quelle autre calamité d'Allah. Le monde n'en serait de toute façon que moins encombré.

19

Le complot

Tenez ! grommela l'Émir en me tendant trois imprimés. Justifiez-y l'absence d'hier avant de rejoindre votre travail !

Barricadé dans un burnous de laine vert henné, l'homme se tenait à l'entrée réservée au personnel, l'air plein d'une hautaine gravité, le port de tête officiel des grands dignitaires du régime, les yeux toisant les professeurs, qui arrivaient ce matin-là sans cartable ni classeur. Les cours avaient été en effet suspendus dans tout l'établissement pour, disait la note ministérielle, *permettre aux Neuvièmes Préparatoire de passer leurs examens normalisés du deuxième trimestre dans de bonnes conditions*. Le Ministère avait de toute façon fixé le taux de réussite à quarante-deux pour cent, un seuil à ne dépasser sous aucun prétexte.

Si cette décision avait le mérite de réguler minutieusement l'accès au cycle secondaire, la mesure n'en restait pas moins aberrante dans bien des cas. Ainsi, dans certains établissements, beaucoup d'élèves ayant obtenu onze, voire douze sur vingt en moyenne générale s'étaient fait recaler ; alors que dans d'autres, et pour être dans les limites des quarante-deux pour cent fixées par le Ministère, l'administration devait baisser la moyenne de passage jusqu'à sept sur vingt !

Pendant les conseils de classes, le rôle des professeurs se limitait désormais à relever les moyennes générales dans leurs carnets de notes tout en prenant garde de bien fermer leur gueule.

Je me mis à remplir soigneusement les trois imprimés. Face à la case *Raison(s) de l'absence*, je répondis : *disparition de mon beau-frère dans les inondations d'hier.* Une réponse qui, à vrai dire, était loin de me satisfaire tout à fait, puisqu'elle ne précisait pas le fait que je m'étais absenté pour aller chercher le corps de mon connard de beau-frère, pas parce qu'il était mort. En revanche, face à la case *Pièce(s) justificative(s)*, je ne répondis rien, le disparu ne m'ayant laissé aucune preuve de sa disparition.

L'Émir tendit les trois imprimés à Rouch, son secrétaire. Celui-ci en commença aussitôt la lecture à voix haute, depuis le début.

– Fais-moi grâce de toutes ces futilités ! le coupa-t-il brutalement. Passe à l'essentiel : la raison de l'absence ! La raison de l'absence !

– Raison de l'absence : *disparition de mon beau-frère lors des inondations d'hier.*

– Les pièces justificatives ?

– Aucune !

– Que dit, dans ce cas, le code de la Fonction Publique, Rouch ?

– Pour le décès d'un ascendant direct, récita

Rouch en bon élève, le fonctionnaire dispose d'un congé de trois jours !

– Le beau-frère n'étant pas un ascendant direct, votre demande est par conséquent rejetée ! Cochez la case *Avis défavorable*, Rouch, puis cachetez ! Je signerai plus tard.

– Mais, protestai-je, c'est bien un membre de ma famille qui est mort !

– Est-il votre ascendant direct ? rétorqua l'Émir. En d'autres termes : descendez-vous de votre beau-frère, hein ? C'est plutôt lui qui descend en vous, ou en votre sœur, pour être plus précis !... Cela dit, vous n'avez fourni aucune pièce justificative : pas de certificat de décès, pas de rapport des autorités locales, aucun papier !

– Comment voulez-vous que je vous fournisse des papiers justificatifs puisque le corps de l'infortuné n'a pas été retrouvé, du moins pas encore ?

– Et comment voulez-vous que je vous croie sur une simple parole ? Il se peut bien, dans ce cas, que le type soit parti au *moussem* d'Imilchil, comme ça, sur un coup de tête ! Quel air j'aurai, moi, s'il réapparaît à la fin des festivités, prévue au plus tard dans une semaine ? Allez, assez de parlotte ! Mettez *Avis défavorable*, Rouch ! Et vous, rejoignez tout de suite la salle... Dans quelle salle se trouve *S'di* Mourad, Rouch ?

– Salle trois !

– Allez rejoindre la salle trois et reprenez la place de *S'di* Mourad, sinon je vous colle immédiatement un autre imprimé pour y justifier le retard d'aujourd'hui !

Avis défavorable, voulait dire coupure automatique dans mon salaire. Je tentai à nouveau de le dissuader :

– Et si, en revanche, le corps de mon beau-frère est retrouvé ?

– Si, comme dites-vous, le corps de votre beau-frère est retrouvé, vous le salerez bien, le remballerez dans une caisse et le ferez transporter au Ministère, peut-être qu'avec une preuve aussi formelle, n'hésiteraient-ils, pas à vous rembourser votre journée ! Pour l'instant vous feriez, paraît-il, mieux de rejoindre la salle trois pour libérer *S'di* Mourad. Sa maman vient de me téléphoner : elle désire que son fils la rejoigne tout de suite ! Cochez *Avis défavorable*, Rouch !

Professeur de physique-chimie et fils unique du commissaire de la police locale, le *S'di* Mourad en question se comportait au collège, et partout sur le territoire contrôlé par son père, comme un intendant général dans sa province. Bien que bénéficiaire permanent du tableau de service le plus aéré de l'établissement, Mourad détenait le record absolu d'absentéisme. Il s'en allait souvent en plein cours, sans avertir personne, pas même ses élèves. Parfois, il disparaissait du collège pendant toute une semaine ou deux, le temps d'aller faire, en compagnie de quelques grosses légumes de Tinghir, le tour des grands foyers de la prostitution au Moyen-Atlas : Tighessaline, Zaouite Cheïkh, Khenifra, Elhajeb, Azrou... enfin, partout où ils pouvaient assouvir à satiété leur instinct bestial.

Le lendemain de son retour, Mourad s'installait à la salle des professeurs et faisait le récit de ses aventures lubriques devant un public de Sloughis entièrement subjugués.

Mourad était debout à l'entrée de la salle trois, regardant nonchalamment la cour de récréation. De temps en temps, il tirait sur sa cigarette et observait les volutes de fumée s'évanouir lentement dans l'air. À l'intérieur de la salle, une vingtaine d'élèves passaient l'examen de Sciences Naturelles dans une ambiance de souk. Le second surveillant, un Sloughi pur sucre, se coupait les ongles près de la fenêtre donnant sur les terrains de sport, déserts en cette période des examens.

– Figure-toi que je n'ai dormi que deux heures cette nuit ! me dit Mourad en étouffant un bâillement.

D'une pichenette, il balança sa cigarette à moitié consumée dans la cour :

– Bonne chance, voyous ! dit-il aux élèves. J'espère que vous décrocherez de bonnes notes !

– *Inchallah* ! répondirent ceux-ci en chœur.

Deux doigts contre une visière invisible à l'intention du Sloughi, un clin d'œil complice pour moi, et Mourad s'en alla à travers le couloir en fredonnant un air vulgaire.

Tout le monde au collège était au courant des manigances qui se tramaient depuis toujours dans la salle trois durant les examens normalisés. L'Émir y regroupait les élèves issus de la haute Tinghir, ceux qui devaient obtenir à tout prix les meilleures notes de l'établissement. On les reconnaissait à leur mise soigneusement recherchée ainsi qu'à leur embonpoint d'enfants gâtés et trop bien nourris. Leurs noms donnaient la chair de poule aux Tinghiriens ou suscitaient leur convoitise : Ikker, Allouch, Azemmou, Aït Aissa, Zoukenni, Hatouch, Lemchichi, Faskar...

C'était un groupe spécial que l'administration confiait régulièrement à des surveillants spéciaux, avec l'explicite consigne de fermer les yeux sur les manœuvres frauduleuses des élèves, voire de leur souffler la bonne réponse en cas de difficulté majeure.

D'entrée de jeu, je donnai deux violents coups de poing sur le tableau pour ramener le silence et mettre un terme à l'anarchie qui régnait dans la salle.

– C'est une salle d'examens, hurlai-je sur un ton on ne peut plus cassant, pas un souk à la criée ! Celui ou celle que je saisis en train de pomper sur le voisin ou dans son cahier de cours sera immédiatement expulsé de la salle !

Jamais auparavant je ne m'étais adressé à des élèves avec une brutalité pareille. À vrai dire, je ne comprenais pas moi-même ce qui m'avait pris ce jour-là à vouloir jouer le surveillant honnête et implacable que je n'ai jamais vraiment été, enfin pas à cent pour cent.

À cette époque-là, être un parfait honnête fonctionnaire pouvait vous causer cinq fois plus d'ennuis qu'aujourd'hui. C'était l'ère de la déraison, le monde à l'envers ; les vertus étaient des vices et les vices des vertus. Ceux qui refusaient de jouer le jeu devaient choisir entre l'enfer ou l'exil.

L'enfer, je m'y trouvais déjà, à quelques détails près. Quant à l'exil, je n'y avais tout simplement pas droit ; c'était un luxe, un privilège réservé aux nantis, ceux qui avaient de quoi payer le passeport, le voyage... L'exil revient toujours cher, c'est pourquoi, depuis la nuit des temps, seuls les riches s'y mettent.

Peut-être que ma violente réaction envers ces élèves était-elle une riposte indirecte à l'Émir pour le trou qu'il venait de creuser dans mon salaire. Peut-être était-ce l'expression de cette haine sourde et implacable que je nourrissais depuis toujours contre les nantis de ce pays, ces profiteurs pleins de morgue et de mépris...

Cependant, un silence monacal s'abattit sur la classe ; on eût dit une salle de cours durant un jour férié. Les élèves se figèrent chacun dans sa position, comme frappés de la foudre.

Le Sloughi s'approcha de moi, l'allure incertaine, le regard méfiant, les traits tendus :

– Êtes-vous sûr professeur que c'est dans cette salle qu'on vous a envoyé ? me chuchota-t-il à l'oreille.

J'acquiesçai de la tête. Le Sloughi se tut, inquiet, perplexe ; il ne comprenait pas du tout l'erreur d'aiguillage à l'origine de mon débarquement dans cette salle.

– Vous savez..., reprit-il d'une voix tremblante, vous savez, ce sont des gosses de gens hyperimportants ! Monsieur le directeur nous recommande toujours de leur réserver un traitement de faveur... Il dit qu'il n'est ni dans l'intérêt de l'établissement ni dans le nôtre de les considérer comme les autres, et encore moins de leur serrer la vis !

Je me retournai entièrement vers le Sloughi pour l'observer de près, et de face : quelles créatures ratées, ces Sloughis ! Celui-là avait bien plus d'un trait en commun avec le macaque rhésus de l'Afrique australe : un corps trapu, des bras démesurément longs, des jambes maigres et arquées, une petite tête échevelée, deux billes d'agate en guise d'yeux, des mâchoires proéminentes, une grande bouche, de larges oreilles décollées en forme d'antennes paraboliques... Face à ce spécimen, je vois vraiment mal comment on pourrait contester la théorie de l'évolution de Darwin.

– Et voilà la meilleure ! m'écriai-je, hors de moi. Vous, *macacus rhesus*, vous osez me donner des leçons sur ce que je dois faire ou pas ? N'avez-vous pas froid aux yeux ?... Écoutez bien ceci : allez vous faire voir chez les Pygmées, vous, votre connard de directeur et vos gens hyperimportants !

En même temps, je donnai deux autres violents coups de poings sur le tableau. Le Sloughi accourut à l'autre bout de la salle, la figure défaite par la peur.

– Notez bien, mes chers, l'auteur de ces propos diffamatoires ! dit-il aux élèves d'une voix de plus en plus tremblante.

– Vous, *ses chers*, intervins-je, toujours menaçant, vous feriez mieux de vous tenir tranquilles ! Parce que, je vous le répète une dernière fois, à la moindre tentative de pompage, au moindre geste suspect, ça sera l'expulsion de la salle ! peut-être même le renvoi devant le *Conseil de Discipline* !

Les minois prirent la teinte terreuse de la peur, les yeux s'abaissèrent sur les copies. Plus personne n'osa même se gratter la tête. Le Sloughi, lui, se recroquevilla dans un coin, grelottant comme un lustre qu'on époussette. De temps en temps, il me jetait un regard à la dérobée. Dans la salle, on entendrait voler une mouche.

J'installai mon siège au beau milieu de l'estrade pour dominer des yeux la totalité de la classe. Comme plus personne ne bronchait, je chaussai mes fausses Ray-Ban noires puis fermai les paupières pour un somme bien mérité.

Une demi-heure plus tard, un bruit de pas dans le couloir m'extirpa de mon sommeil. Je sursautai à l'idée d'avoir dormi jusqu'au-delà de la sonnette annonçant la fin de l'épreuve. En même temps, j'aperçus une grosse rougeaude aux lunettes de vue glissant un papier dans la poche de son blouson. Elle était la seule à s'aviser que je roupillais bel et bien derrière mes noires lunettes. Peut-être y en avaient-ils d'autres mais, visiblement, personne n'avait tenté d'en profiter, ayant sans doute pensé que c'était un piège que je leur tendais ainsi. Je me dressai et filai d'un pas ferme vers la copieuse :

– Donne le papier ! lui enjoignis-je rudement.

– Quel papier ? fit-elle avec une feinte innocence.

Je plongeai ma main dans la poche de son blouson : au lieu d'un papier, j'en retirai une poignée, entièrement noircie avec une petite écriture à peine déchiffrable ! Certains, pliés en éventail ou en amulette, contenaient des cours entiers sur la structure de l'écorce terrestre, la minéralogie, l'anatomie humaine et animale, la biologie végétale... D'autres portaient des schémas, des diagrammes, des graphiques, des courbes et des grilles de toutes sortes.

De rouge, l'énorme faciès de la tricheuse vira au blanc, lèvres comprises. Elles desserra les mâchoires pour avancer quelque pipeau bas de gamme, mais ses cordes vocales ne suivirent pas. Elle demeura alors bouche bée, comme un poisson qu'on vient de retirer de son milieu naturel. Un instant, deux grosses larmes débordèrent de sous ses lunettes et glissèrent lentement sur ses deux joues pleines à crever, avant d'échouer, presque en même temps, sur la copie. Pétrifiée de honte, la tricheuse finit par baisser les yeux.

– Allez ! lui ordonnai-je, ramasse tes cent kilos et lève l'ancre, copieuse !

– Fais gaffe, collègue ! aboya le Sloughi de son coin sur un ton où la mise en garde se mêlait à la menace. C'est la fille de *S'di* Ikker, le caïd du bled ! Si vous la mettez dehors, la vengeance du père sera immédiate et cruelle ! Réfléchissez donc bien avant aux fâcheuses conséquences de votre décision !

La classe entière avait de nouveau les yeux braqués sur moi, scrutant mes gestes et mouvements, attendant, avec un plaisir sadique, l'instant de ma capitulation. Un moment de flottement et je revins à la charge, déterminé à humilier cette petite idiote, plutôt habituée à humilier le monde. C'était l'occasion unique d'inverser la situation :

– Allez ! m'écriai-je à nouveau, du vent !

D'un geste agressif, la tricheuse s'empara de son classeur et quitta le siège en le repoussant d'un violent coup de rein. Arrivée au seuil de la salle, elle obliqua brusquement :

– Vous aurez bientôt de mes nouvelles, connard ! me lança-t-elle en mettant dans ce dernier mot toute l'exaspération, toute la haine impuissante d'un faible qui n'ose procéder à une strangulation.

– Les nouvelles d'une tricheuse doublée d'une grosse pouffiasse ? Mais permettez-moi de rire !

Elle se précipita dans le couloir. Trois ou quatre secondes plus tard, des sanglots éclatèrent, se répercutant entre les murs des salles. Tous les élèves tendirent l'oreille, effarés.

La face livide, le Sloughi regagna son coin. Les têtes se baissèrent, dépitées et amères, les regards retombèrent de nouveaux sur les copies. Et la classe retrouva son frissonnant silence de clinique.

A l'aide d'un Bic rouge, je notai la remarque suivante sur la marge de la copie : *candidate saisie en flagrant délit de tricherie ; les papiers ci-joints faisant acte de preuves*. Je tendis ensuite le stylo au Sloughi afin qu'il apposât sa signature près de la mienne : il fit un bond en arrière, comme si je lui avais tendu un boa ou un engin explosif :

– Même fou à lier, je ne signerai pas un truc pareil ! me dit-il. Non, collègue, moi, je n'ai pas envie de m'attirer les foudres du redoutable Ikker !

Sur l'allée qui conduisait à la sortie du collège, je croisai effectivement Ikker, le caïd de la localité, en costume beige et cravate rouge. Je connaissais déjà l'homme pour l'avoir souvent vu se pavaner en compagnie de sa cour dans les souks de Tinghir.

Quelques semaines plus tôt, j'étais même forcé de déjeuner à deux ou trois tables de lui, à l'hôtel Saghrou. L'Émir avait alors décrété, à l'occasion de la fête du trône, que tous les fonctionnaires de son établissement devaient verser un billet de cinquante dirhams pour donner un banquet en l'honneur d'Ikker, le premier représentant du Makhzen dans la localité. Le caïd et sa cour – une dizaine de brigands qui faisaient la pluie et le beau temps à Tinghir – étaient ainsi, tous les trois mars, les invités d'honneur de l'Émir. Si, par malheur, l'un ou l'autre des enseignants refusait de débourser ladite somme, Ikker le taxait immédiatement *d'opposant au régime monarchique* – un chef d'accusation largement suffisant pour compromettre le restant de vos jours ici-bas.

Pour ne pas en arriver là, j'avais vite déboursé les cinquante dirhams exigés par l'Émir.

Sans être vraiment heureuse, ma vie à Tinghir

valait la peine d'être vécue : j'avais vingt-cinq ans, un statut de fonctionnaire qui me protégeait de la faim, une jeune femme que j'aimais et qui me le rendait bien, quelques rêves érotiques à concrétiser, une famille ayant de plus en plus de mal à joindre les deux bouts et six neveux à sauver d'une détresse certaine. Ma vie était en somme vivable ; il serait donc vraiment inintelligent de ma part de la gâcher pour un petit billet de cinquante dirhams à verser tous les trois mars.

Un surveillant général, surnommé *l'Invertébré*, accourut à la rencontre du caïd Ikker, la tête dans le creux de l'épaule, l'air écrasé, un sourire obséquieux sur le mufle. Arrivé à un pas de lui, il exécuta une courbette des plus serviles. Ikker, indifférent et solennel, tendit sa grosse main aux phalanges poilues. L'Invertébré se rua sur elle et la baisa avec une ferveur religieuse. D'autres surveillants accoururent en file indienne, suivis bientôt d'une dizaine de Sloughis qui traînaient habituellement dans la cour. On se répandit alors à l'envi en formules d'accueil, basses flatteries, coups d'encensoir et platitudes de tous bords. Arriva enfin l'Émir, pestant contre ses subalternes qui ne l'avaient pas averti à temps. Il se cassa à son tour et baisa le revers de la main.

Mais, Ikker ne perdit pour autant pas sa mauvaise humeur ; son énorme faciès gardait un air de fauve en furie, prêt à faire des ravages. Avec mille précautions, l'Émir alla se placer devant son terrible hôte, les yeux suspendus à ses lèvres proéminentes. Son *peuple singe*, impatient et inquiet, s'agglutina derrière lui.

Ikker laissa durer encore un moment l'attente angoissée. Enfin, il desserra les mâchoires et laissa éclater sa colère, roulant des yeux furibonds, menaçant des bras quelque invisible ennemi...

Je venais de traverser la cour de récréation pour m'en aller par la sortie réservée aux élèves, lorsque l'un des Sloughis tendit l'index dans ma direction. En même temps, tous les regards se braquèrent sur moi, mon nom fut prononcé à plusieurs reprises... Je poursuivis mon chemin, mine de rien.

– *Aji hna, ahya* ! vociféra l'Émir de sa voix désagréable, venez par ici, vous.

Je poursuivis mon chemin tout en continuant de faire la sourde oreille. Quelques secondes plus tard, je m'arrêtai net, ayant vu que c'était une lâche réaction de ma part. Je pris alors mon courage à deux mains et pivotai sur mes talons.

– C'est lui, seigneur ! fit l'Émir sur un ton indigné.

La foule s'écarta, me laissant face à face avec le caïd. En ces années noires, mieux valait se retrouver face à une horde de tigres affamés que face à un caïd ou un commissaire de police ; on se sentait exactement comme un grain d'avoine devant une meule puissante. Mais je ne fléchis guère, soutenu sans doute par cette vaillance juvénile qui donne l'impression que l'on peut résister à tout.

Ikker était grand de taille aussi énorme qu'un hippopotame. Le Ciel l'avait doté d'une figure ovale aux traits grossiers, énormément de joue et presque pas de cou. Ses larges lunettes rectangulaires, d'un très mauvais goût, dissimulaient à peine deux petits yeux au regard puant le dédain du genre humain.

De sa personne, se dégageait quelque chose qui choquait, heurtait violemment, un air à la fois de gros bêta et de cynique féroce. En le regardant de près, on ne pouvait pas ne pas se demander comment un mammifère pareil était parvenu à un poste d'une telle importance. Sans doute faisait-il lui aussi partie de ces bergers arrachés, le lendemain de l'Indépendance, à leurs troupeaux pour en boucher les postes évacués par les colons français. Le jeune État de l'époque n'avait de toutes façons pas le choix ; c'était ce pis-aller ou une vacance généralisée dans la Fonction Publique, autrement dit, le chaos.

Quelques années plus tard, un grand nombre de ces anciens bergers, ayant largement bénéficié de la *Promotion des Crétins*, se virent grimper, grimper les échelons de leur hiérarchie jusqu'aux plus hauts perchés. Ainsi a-t-on vu des caïds, des présidents de cercles, des gouverneurs, des secrétaires d'État et même des ministres n'ayant, pour toute compétence, que leur gourdin hérité de l'ère pastorale !

– Pourquoi avez-vous expulsé ma fille de la salle d'examens ? grommela Ikker sur un ton qui trahissait une rage contenue avec toute la peine du monde.

La foule me fixait des yeux, attendant impatiemment ma première réaction. Allais-je tendre la gorge ou, au contraire, faire front à l'homme qui faisait régner la terreur sur le pays ? L'Émir arborait un petit rictus hideux, manifestement content de me voir fourré dans le pétrin.

– Votre fille..., répliquai-je en soutenant son regard avec l'obstination d'une bête qui ne cédera pas, même sous les coups, votre fille, je l'ai surprise en train de tricher à l'examen, puis l'ai expulsée de la salle, conformément au règlement en vigueur !

– Est-ce que *votre règlement en vigueur* vous permet de traiter une élève innocente de *grosse poufiasse* ?

– L'élève innocente, comme dites vous, m'a traité de *connard* devant toute la classe parce que je l'ai empêchée de pomper à sa guise !

– Soignez un peu votre parler, effronté ! aboya l'Émir avec une colère exagérée. Il est indigne d'un enseignant de proférer des termes orduriers devant son éminence le caïd du pays, que le Très-Haut allonge ses jours ici-bas !

– Laissez-le ! intervint Ikker avec un calme sonnant faux. Laissez-le ! Ma fille a certainement raison de le qualifier de *connard* ! C'en est vraiment un, et de la pure espèce !... Disparaissez de ma vue, *connard* !

Je m'apprêtais à lui tourner le dos lorsque, par un brusque éveil d'amour-propre, je décidai de rendre l'affront :

– *Connard*, vous-même ! hurlai-je en retroussant les lèvres sur un rictus de carnassier prêt à l'attaque.

Ikker rougit si fort qu'un flot rose alla de ses oreilles à son cou ; son regard durcit, sa main droite descendit du côté de la ceinture comme pour dégainer, puis remonta, lentement, l'index pointé sur moi :

– Arrêtez-le tout de suite ! s'écria-t-il en postillonnant de rage. Arrêtez-moi tout de suite ce forcené !

La foule se rua aussitôt sur moi comme une horde de loups affamés sur une proie isolée. Je fus assailli de partout ; un nuage de bras fondit sur mes épaules, tentant de me neutraliser le plus vite possible.

– *Amzate* ! *Amzate* ! s'écriaient les uns aux autres pour se donner du courage, arrêtez-le.

Ma capture n'étant plus qu'une affaire de secondes, je décidai de faire, avant, le maximum de dégâts autour de moi ; il ne fallait surtout pas que cela eût l'air d'une lâche reddition ; je ne me le pardonnerais jamais. Les paysans de mon douar se faisaient un point d'honneur à ne jamais capituler, même dans un combat inégal. Je profitai donc de la courte marge de manœuvre précédant ma neutralisation pour distribuer une généreuse volée de coups à mes assaillants. L'Émir fut le premier bénéficiaire en recevant mon poing dans la gueule. Il battit en retraite, ses lunettes volant en éclats, le nez en marmelade. Presque en même temps, j'assenai un violent coup de pied dans le bas-ventre à un Sloughi qui tentait gauchement de m'immobiliser par la taille. Il ne poussa pas de cri, mais il s'éloigna, cassé en deux comme s'il avait reçu une balle dans le ventre, les mains plaquées sur les testicules, la figure défaite par une abominable grimace de douleur.

– Arrêtez ce forcené ! hurlait Ikker sans bouger de sa place. Arrêtez ce forcené... !

Les Sloughis finirent par me maîtriser, non sans peine. Des dizaines de bras me serraient à présent de partout, vigoureusement, jusqu'à me paralyser les membres ; c'était pire que dans une camisole de force. Le sang bouillonnait dans mes veines, des convulsions faites de rage et de haine mal rentrées me secouaient le ventre... Je fis une ultime tentative pour échapper aux bras, une violente embardée dans laquelle j'engageai toutes les forces qui me restaient dans le corps : mes assaillants n'en furent, hélas, qu'à peine ébranlés. Une main qui me tenait par le menton glissa entre mes lèvres. Je desserrai les mâchoires et la mordis jusqu'au sang. Un hurlement de douleur éclata derrière moi.

– Appelez le dispensaire ! cria Ikker à l'Émir, qui tentait, un peu plus loin, d'arrêter son hémorragie nasale. Dites-leur de m'envoyer tout de suite une ambulance et deux infirmiers munis d'une piqûre bien dosée pour calmer cet enragé !

Ikker avança enfin de sa lente démarche des grands mammifères ongulés, certain qu'il ne risquait désormais plus rien. Il s'arrêta devant moi, fit encore deux ou trois pas. Nos corps n'étaient plus séparés que par un vide de quelques centimètres. Ses mauvais yeux, noirs de haine, me toisaient, une grimace dédaigneuse sur le museau. Je soutins son regard, l'air plus déterminé et plus agressif que jamais. Sa colère ainsi exacerbée, Ikker me flanqua une paire de gifles à assommer un dromadaire.

– Tenez, forcené ! aboya-t-il. Ceci est pour votre insolence !

Je me raclai la gorge et lui lançai un crachat bien condensé sur la gueule. Ikker l'esquiva en faisant un petit bond en arrière ; le crachat termina sa trajectoire sur le revers de sa veste.

– Et voilà ce que vous valez pour moi, sale mufle ! rétorquai-je.

Je me préparais à lui en lancer un autre, mais les Sloughis de l'Émir ne m'en laissèrent pas le temps ; ils me traînèrent loin. Autour de moi, les commentaires allaient déjà bon train :

– Le malheureux ne se rend plus compte de ce qu'il fait !

– Il ne se contrôle plus !

– Le pauvre hère a perdu la boule !

– Il est vraiment fou à lier !

– Normal, il habite une maison hantée, avec le cimetière pour tout voisinage !

– C'est depuis qu'il s'est installé dans cette maison-là qu'il a commencé à déjanter !

– Que le Très-Haut nous préserve !

– ...

À ce moment-là, mon ouïe commençait à perdre de sa capacité de perception, les propos de mes agresseurs devenaient de moins en moins audibles. Bientôt, ce fut tout mon être qui tomba en catalepsie : je me sentais très mal, comme lorsqu'on est sujet aux étourdissements ; le reste de mes forces cédait à la pression des bras et des mains, qui me tenaillaient de partout telles de gigantesques pinces, mes jambes fléchissaient, se dérobaient sous moi, ma vue se brouillait...

Trois ou quatre professeurs de la clique des N'chaïtiyyas accoururent et s'en prirent brusquement à mes agresseurs, les traitant d'exécuteurs de basses œuvres, de tortionnaires, d'assassins... Les Sloughis répliquaient à chaque fois que j'étais victime d'un accès de démence et que je devenais un réel danger pour tout le monde au collège...

Cependant, les N'chaïtiyyas criaient à la machination et exigeaient ma remise en liberté immédiate... La tension monta d'un cran, et les deux clans en vinrent bientôt aux mains, des coups furent échangés par-dessus ma tête...

L'Émir et Ikker s'interposèrent. Ce dernier prit la parole, tenta de calmer les esprits :

– Votre collègue..., dit-il avec cette assurance arrogante des agents du Makhzen, votre collègue a une crise de folie. Son esprit s'est subitement égaré. Si on le relâche, il risque de faire de gros dégâts ! Non, la sagesse veut plutôt qu'on le conduise à l'hôpital. Le médecin décidera, après consultation, de ce qu'il conviendra de faire...

Ikker fut interrompu par les protestations des N'chaïtiyyas, qui criaient à une diabolique manœuvre contre un de leurs collègues. En même temps, la vieille ambulance du dispensaire pénétra dans la cour de l'établissement, la sirène à fond. La confusion grandit autour de moi. Les images et les voix s'embrouillèrent définitivement dans mon esprit, un voile épais et sombre s'abattit sur ma vue. Mes autres sens s'éteignirent bientôt, plus rien ne ressemblait à rien...

La suite, je ne m'en souviens plus vraiment, parce que c'était à cet instant-là que j'ai commencé à tourner de l'œil.

Une heure plus tard, je me retrouvai étendu sur un lit d'hôpital. Le local, une vaste pièce dénudée et froide, empestait cette odeur spécifique à nos hôpitaux publics et qui vous prend à la gorge dès l'entrée : un mélange de mercurochrome, de plaies mal désinfectées et de vieille urine. Un essaim de mouches bourdonnaient autour de quelques flacons douteux et de vieux pansements rangés pêle-mêle dans un coin.

J'avais la tête en plomb, les membres courbaturés, les oreilles vrombissantes comme après un long voyage à bord d'un véhicule déglingué. De l'unique fenêtre de la pièce, me parvenaient des voix d'hommes manifestant vivement leur mauvaise humeur. Deux infirmiers discutaient dans l'embrasure de la porte en tirant, de temps en temps, sur leurs cigarettes.

Le premier, un stéthoscope suspendu à la nuque, était un brun foncé, la taille moyenne, la tête ronde, les cheveux crépus avec des noires moustaches, les yeux petits et rieurs, un véritable sosie de Cheb Khaled. Le second était un grand maigrichon à la tête osseuse et précocement dégarnie, le faciès jaune comme un coing mûr, le regard perçant, les lèvres noircies par la cigarette.

– Non, fit Cheb Khaled en secouant nonchalamment sa cigarette devant lui, je ne peux demander l'internement d'un fonctionnaire saint d'esprit ! Sinon, que diraient de moi ces vieux roublards de Ouarzazate lorsque, demain ou après-demain, ils se rendront compte que c'est un complot ? Il diront de nouveau que je suis à la solde de ce malotru d'Ikker, que je trempe encore dans la conspiration !... Non, je ne ferai pas ça ! Je ne ferai plus ça !

– Je suis tout à fait de ton avis, fit le grand maigre, ce mufle d'Ikker va nous créer de sérieux ennuis, cette fois-ci ! Si ce n'est déjà fait avec tous ces voyous qui grognent dehors !... Sois certain que si tu fais transférer cet imbécile à Ouarzazate, nous aurons de sérieuses emmerdes par la suite ! Les enseignants, c'est des mutins-nés, des râleurs professionnels, des tapageurs tu ne peux pas savoir ! Au moindre pépin, ils ameutent les syndicats, les politiques, l'association de ceci, l'association de cela... C'est de vrais rebelles, pas des couilles molles comme nous... Non, il vaut mieux renvoyer tout de suite chez lui cet imbé...

Le grand maigre jeta un coup d'œil de mon côté et coupa court à son propos.

– Ne vous en faites pas, professeur ! me dit-il après un silence embarrassant. C'était juste une hypertension passagère... due sans doute à une surexcitation nerveuse. Rien de grave, en somme... Vous pouvez rentrer chez vous.

Je me remis tant bien que mal sur mes pieds et m'en allai, les membres engourdis, la tête lourde, le pas chancelant. Cheb Khaled et le grand maigre me suivaient des yeux, l'air visiblement soulagé.

– À droite ! me dit Cheb Khaled quand il me vit hésiter au bout du couloir.

Une dizaine de N'chaïtiyyas m'attendaient à la sortie du dispensaire. Ils pestaient, fulminaient encore contre mes agresseurs, m'incitaient à leur réserver une vengeance des plus cruelles. Quelques-uns me félicitèrent d'avoir arrangé le portrait à l'Émir et humilié Ikker. Un professeur de langue arabe, connu aussi pour être le correspondant local d'un quotidien de l'opposition, me pressait de publier une lettre détaillée de l'agression dans son journal et de demander une enquête indépendante au gouverneur de la Province. Baddou, professeur de philosophie et ancien détenu politique au Derb Moulay Cherif, voulait à tout prix que j'avertisse les associations syndicales, l'OMDH encore clandestine, Amnesty International..., enfin tout un tas de procédures qui n'aboutissaient jamais à rien de concret, ni d'abstrait non plus.

Comme j'étais encore très épuisé, Baddou me proposa de me ramener dans sa Fiat 127. Sur le chemin, il me rappela que je devais, dans un premier temps, avertir la Centrale Syndicale, me promit de me fournir rapidement l'adresse ainsi que quelques modèles de plaintes pour me faciliter la tâche... Je le remerciai.

Une fois à la maison, j'ôtai mes chaussures et m'écroulai sur mon matelas d'éponge. À peine eusje commencé à récapituler le film de la journée que les images se mirent à se brouiller dans ma tête.

Mes paupières s'abaissèrent. Et je glissai aussitôt au pays des rêves, l'effet de la piqûre aidant.

20

Le concours

Le lendemain, ma vie au collège Zaïd ou Hmad commença une nouvelle page. Quelque chose avait décidément changé ; je le sentis d'abord dans les regards, puis dans les attitudes à mon égard.

Les N'chaïtiyyas me considéraient désormais comme le héros de l'établissement, celui qui avait redonné de la considération à la personne de l'enseignant, lui avait restitué sa dignité...

Pour l'Émir, ses Sloughis et sa cour, je n'étais rien qu'un fou furieux, un dangereux détraqué qu'il valait mieux éviter de croiser.

Les regards des élèves aussi avaient changé ; j'y lisais dorénavant un mélange de méfiance et de peur, peut-être même de la pitié. Dans les couloirs, ils se taisaient, comme d'un commun accord, dès que je m'approchais d'eux ; leurs yeux me scrutaient, l'air sur le qui-vive, prêts à déguerpir au moindre mouvement suspect. Les filles, elles, s'écartaient carrément de mon chemin.

À vrai dire, cette réputation de *fou dangereux* ne me déplaisait pas. Elle s'avéra même un excellent rempart contre les fâcheux, les raseurs, les mangeurs de temps ou les *chronophages*, comme dirait Montherlant, ainsi que contre toutes les autres espèces d'emmerdeurs. Par crainte de quelque folle réaction de ma part, beaucoup évitaient même désormais de me dire bonjour.

Cependant, cette paix, comme presque toutes les autres paix du monde, ne dura pas. Quelques semaines plus tard, L'Émir et Ikker revinrent à la charge, décidés à venger l'outrage essuyé en public. De la guerre ouverte aux conséquences imprévisibles pour eux, ils passèrent à la guerre des nerfs avec toujours le même objectif : me gâcher l'existence.

Leur première offensive fut particulièrement meurtrière, puisqu'elle me priva brutalement de la seule consolation que j'avais à Tinghir, mon seul réconfort dans cette incommensurable solitude qui me pesait de plus en plus : Louhou.

Un matin, mon aimée vint en effet me faire son éternel adieu, m'expliquant, les larmes aux yeux, qu'Ikker avait, par l'intermédiaire de l'un de ses acolytes, exigé qu'elle me quittât sans délai. Si elle ne s'exécutait pas immédiatement, elle s'en repentirait bientôt ! Tinghir entière savait qu'Ikker était un caïd qui ne souffrait pas qu'on lui désobéît ! N'avait-il pas, pour un oui ou pour un non, envoyé bien des gens innocents croupir en prison ? N'avait-il pas, tout récemment, tabassé à mort la veuve K'bira Taguerramte, juste parce qu'elle avait refusé de lui servir de faux témoin dans une sale affaire ? N'avait-il pas... ?

J'avais dans l'idée d'exhorter Louhou à la résistance, la pousser à faire l'Antigone, mais je me suis tout de suite ravisé, ayant vu que mon entreprise n'aboutirait pas. Dans ces contrées perdues du sud, où le Mahkzen faisait la pluie et le beau temps, même parmi les hommes, rares étaient ceux qui oseraient lui opposer une quelconque résistance.

Me vint alors à l'esprit une idée beaucoup plus réaliste et pleine de bon sens : au lieu d'inciter vainement la jeune femme à la résistance, je la saisis par la taille et l'étendis sur la natte. Louhou coupa aussitôt court à son macabre récit sur les cruelles machinations d'Ikker contre ses malheureux sujets. Les traits de son visage de houri fléchirent, son regard s'enivra, ses paupières s'abaissèrent... Je lui ôtai les longs vêtements, un par un, comme les feuilles d'un épi de maïs mûr : le haïk, le caftan, la tunique évasée, les dessous blancs... Le dernier acte d'amour avec une femme aimée n'a absolument rien à envier au tout premier.

Et, comme c'était effectivement mon dernier acte d'amour avec Louhou, je décidai d'assouvir en elle un désir refoulé au fin fond de mon être, parce que peu conforme à la nature, pour ne pas dire pervers, un vieux rêve, longtemps couvé. À mon grand bonheur, mon aimée n'opposa point de résistance, se contentant de quelques gémissements faits de douleur et de plaisir mêlés, de sourdes plaintes qui résonnent encore aujourd'hui dans ma tête.

Voulait-elle peupler ainsi pour toujours mes nuits, marquer à tout jamais mes rêves ? Je n'en saurais jamais rien, Louhou ayant disparu depuis ; elle ne me redonnera plus aucun signe de vie.

La disparition de Louhou avait laissé dans mon cœur un énorme creux de désolation et de chagrin, une espèce de gouffre affectif incommensurable. Ma vie perdit brutalement le peu de saveur qu'elle avait. Mes jours à Tinghir devenaient longs, insipides, impossibles à écouler ; mes nuits, un calvaire. Je passais parfois des heures et des heures à errer dans la maison comme une âme en peine. Tout autour de moi semblait s'effilocher, perdre de la consistance. Étais-je amoureux de Louhou à ce point ?

À vrai dire, c'était avant tout son corps qui me manquait : sa ravissante figure aux traits fins et gracieux, l'irrésistible limpidité de son regard, sa magnifique chevelure, la douceur veloutée de sa peau, le galbe parfait de sa croupe, l'exquise harmonie de ses jambes... Aussi loin que remontent mes souvenirs, l'amour pour moi s'est toujours arrêté là, au stade charnel. J'avais beau essayer de le hisser un peu plus haut, lui donner un peu de grandeur, l'ennoblir en quelque sorte, rien n'y faisait. Finalement, j'ai renoncé, persuadé que j'étais incapable de sentiments sublimes.

Louhou m'ayant tiré sa révérence, c'était donc moins la personne que son corps qui me manquait, au fond. La preuve en était que je me suis tout de suite mis en quête d'une autre femme, ou plutôt d'un autre corps, pour combler le vide laissé par celui de Louhou. Cette conception de l'amour peut bien me faire honte aujourd'hui, je n'y peux rien, elle a sûrement été la mienne.

Or, à Tinghir, il n'y avait rien de plus difficile que de dénicher une femelle pour des accouplements hors les chaînes du mariage. L'entreprise comportait des risques énormes, sans compter qu'elle n'avait pratiquement aucune chance d'aboutir.

Il y avait bien Akeddar, le célèbre quartier aux putes. La passe y coûtait de dix à trente dirhams, selon la tête et l'état physique de la fille. Mais, les putes, je les prends en horreur, depuis qu'une fausse blonde, opérant dans une maison à Moulay Brahim, m'avait filé une sale infection dénommée la *staphylococcie*. La passe m'avait coûté un petit billet de dix dirhams ; la guérison, la peau des fesses.

Faute d'une partenaire réelle, je tentai de me concevoir une virtuelle, autrement dit, renouer avec le plaisir solitaire. Il s'agissait, en somme, de me trouver un palliatif, un pis-aller, une mesure d'urgence pour me débarrasser du malheur coagulé dans mon bas-ventre depuis le départ de Louhou.

Ce faisant, je me rendis compte que je n'avais plus aucune imagination. J'avais beau essayer, mon cerveau ne parvenait pas à s'arrêter sur l'image d'une femme nue. Décidément, il me fallait du concret, ou du *palpable*, pour employer un terme cher à Fidel Castro.

Je me tournai alors vers Malika Tazi, la seule femelle intéressante qui évoluait dans mes parages. Ma belle collègue m'avait toujours témoigné une sympathie particulière, m'avait rendu bien des services auparavant : le PV, le CAPES... Il était, par conséquent, tout à fait naturel que je me retourne vers elle en cette période de crise majeure, confiant qu'elle n'hésiterait pas à me tendre une fesse secourable ; même si, de mon côté, et contrairement à toute la communauté mâle du collège, je ne lui avais jamais vraiment manifesté de réel intérêt. Ses relations assez louches avec l'Émir, puis avec l'inspecteur Lemfeddi y étaient pour beaucoup, sans pour autant être l'unique explication à la froideur de mon attitude à son égard.

Il y avait, en effet, une autre raison, guère avouable, et qui risque de m'attirer bien des foudres féministes, surtout en ces temps où la femme est décidément l'égale de l'homme, la nouvelle *Moudawana*[1] oblige. Aussi scandaleux que cela puisse paraître, je n'ai jamais eu qu'une sympathie de façade pour les femmes fonctionnaires. J'ai du mal à admettre que des créatures si délicates et si superficielles exercent le même métier que moi, voire, parfois, mieux que moi. Cela m'agaçait et me foutait la trouille en même temps.

À la rencontre suivante, j'abordai donc le sujet avec Malika, décidé à ouvrir une nouvelle page dans nos relations.

– Tu sais, Malika, commençai-je avec un sérieux digne de la circonstance, cela fait longtemps que je pense... que je pense te parler de... de mes sentiments envers toi, mais..., mais...

---

1. Code de la Famille.

– Mais il y avait la péquenaude au haïk noir ! me coupa Malika, un sourire goguenard sur les lèvres.

Un coup de poing dans la gueule ne m'aurait certes pas secoué si violemment. Cependant, je me ressaisis, et rapidement, ayant depuis longtemps juré de ne jamais abdiquer face à une femme.

– De qui parles-tu ? fis-je avec un air tout pantois.

Malika leva sa ravissante figure, un léger blâme dans le regard :

– Arrête de faire l'idiot, Mohamed ! Tinghir entière est au courant de ta tocade imbécile pour cette paysanne !

– Mais elle n'est rien d'autre que ma femme de ménage ! protestai-je parfaitement sincère dans mon mensonge.

– Ta femme de ménage ! C'est en tout cas une femme de ménage du genre intéressant : jeune, grande, belle et que sais-je encore ? C'est...

– *Baraka* ! *baraka* ! intervins-je, assez. Je l'ai congédiée, cette femme ! Et c'est justement pour mettre un terme aux clabaudages !

– Écoute, Mohamed, dit-elle d'une voix bienveillante, presque maternelle, tu ferais mieux de t'en aller de Tinghir !... Tu t'y es fait trop d'ennemis, et de taille !... Tu es dorénavant dans la ligne de mire d'individus puissants et redoutables... J'ai peur que ça finisse mal pour toi... Vraiment, il faut que tu t'en ailles d'ici !

– Comment veux-tu que je le fasse ? Avec les médiocres notes que m'inflige ce malotru de directeur, il est pratiquement impossible que mes demandes de mutation aboutissent un jour !

Malika se tut. Son superbe regard se perdit au loin, bien au-delà des tristes bâtiments qui nous cernaient, les traits de sa ravissante figure prirent un air pensif... Elle demeura ainsi, comme en conciliabules avec elle-même, pendant un long moment.

– J'ai..., dit-elle finalement d'une voix encore perplexe, j'ai peut-être une... une... une proposition à te faire sur la question !

– Vas-y, je t'écoute, peut-être me sauveras-tu une fois de plus.

– Voilà, cet été, un de mes proches m'a parlé d'un *semsar*[2] de Rabat, qui dégote les mutations pour une somme de six mille dirhams ! Mille pour sa commission personnelle et le reste pour soudoyer la grosse légume du Ministère... Si cela t'intéresse, nous pourrons entrer tous deux en contact avec lui.

– Six mille dirhams ? fis-je en sifflant entre mes dents, doux *Mahomet* !... Tu sais, même en ayant une telle somme en ma disposition, je ne la donnerais jamais pour une mutation, quitte à passer le restant de mes jours à Tinghir, ou même à y crever !

Malika me regarda, impuissante et désespérée, comme on regarderait un cancéreux en phase finale. Elle ajusta un peu les brassières de son sac – geste annonçant son départ et, partant, la fin de la conversation. Mais, avant de s'en aller, elle ouvrit son classeur.

– Tiens ! dit-elle en me tendant une brochure. C'est une note ministérielle qui vient de tomber. Il y

2. Intermédiaire.

est question de la préparation du diplôme du Cycle Spécial en France. Le concours aura lieu dans quelques semaines à l'ENS[3] de Meknès. Ce serait une autre possibilité pour toi de te tirer d'ici !

Malika, elle, n'était pas du tout intéressée par ce concours, ni par tous les concours, en général. Elle n'avait plus aucune envie de se retrouver face à des enseignants, dont la plupart ne rêvaient que de se taper leurs étudiantes, l'une après l'autre. Les deux années passées au CPR de Fès l'avaient complètement dégoûtée des écoles de formation.

Bien sûr, ce n'était pas moi qui lui ferais changer d'avis ; une beauté de sa trempe devait à tout prix fuir les centres de formation pédagogique, comme une proie son prédateur. Moi-même, je n'en étais pas moins dégoûté, mais ce concours, qui tombait à un moment fort opportun, s'annonçait comme la seule véritable chance de ma vie. Si j'y réussissais, je me serais tiré à la fois de Tinghir et de tout le pays.

Pendant des années, je rêvais d'échapper, ne serait-ce que provisoirement, à ma condition d'opprimé. Je rêvais de me rendre un jour en France, comme d'autres rêvent d'une place au paradis. Je voulais surtout oublier un peu cette terrible peur qui m'habitait depuis ma tendre enfance, je voulais respirer l'air de la *Liberté*, goûter à l'*Égalité*, découvrir la vraie *Fraternité*. J'étais trop idéaliste, un peu crédule, même ; mais ce n'était pas grave : à vingt-cinq ans, on a encore le droit de rêver, voire de se tromper.

3. École Nationale Supérieure.

Je préparai rapidement mon dossier de candidature. Pour parer à toute possibilité d'interception de la part de l'Émir, je le portai jusqu'à la Délégation du Ministère de L'Éducation à Ouarzazate. En même temps, je commençai la préparation au concours.

La note ministérielle mentionnait les trois œuvres au programme : *La Prière de l'Absent* de Tahar Ben jelloun, *La Chute* d'Albert Camus et *Une Saison en Enfer* d'Arthur Rimbaud. Par chance, je trouvai les trois livres en vente chez Rachid, l'unique libraire du village.

Le temps pressait ; trois semaines seulement me séparaient du concours. Je soupesais les trois œuvres : il était pratiquement impossible de les étudier toutes en si peu de temps ; je devais, par conséquent, en éliminer au moins une. Comment allais-je procéder : l'élimination à l'aveuglette ? L'élimination par référence aux épreuves précédentes ? Le tirage au sort... ?

Je saisis *Une Saison en Enfer. La saison est une période de l'année qui dure de quelques semaines à quelques mois,* disait mon Dictionnaire de Français Contemporain, publié trente ans auparavant ! Cela faisait des années que j'y pâtissais, moi, en enfer. De ce point de vue, j'avais sans doute à en dire plus que le poète aux semelles de vent ; même si, dans mon enfer, je ne me préoccupais que de ma survie ; jamais il ne m'était venu à l'esprit d'inventer la couleur des voyelles ni d'engager un combat spirituel contre moi-même, je n'avais jamais, non plus, éprouvé la moindre inquiétude métaphysique. J'écartai donc *Une Saison en Enfer.*

On voyait sur la couverture de *La Chute* un dessin qui représente une jeune fille se jetant dans un fleuve. Cela eût été sans doute une bonne solution pour moi, sans mes neveux. Qui prendrait en charge ces pauvres mômes ? Qui les nourrirait, à présent que mon père était réduit à l'inaction, autant par l'âge que par l'implacable sécheresse ? Qui les soignerait s'ils tombaient malades...? Il n'y avait personne d'autre que moi. Si, par malheur, j'emboîtai le pas à la suicidée de Camus, mes sept neveux crèveraient à coup sûr comme des chiots estropiés, dont personne ne veut. Non, les circonstances ne se prêtaient pas du tout à *la Chute* mais plutôt à la *Prière*. J'ouvris alors celle de *l'Absent* et commençai à la fois la lecture et la prière, afin que le Ciel me prête vie jusqu'à l'accomplissement de ma mission.

C'était l'an de grâce mil neuf cent quatre-vingt-sept. Ma sœur Zaïna venait d'accoucher de son septième enfant – fruit des dernières semailles d'Omar avant que le Todgha n'en débarrassât le monde. Tahar Ben jelloun, lui, venait d'obtenir le Prix Goncourt, contre vents et marées, Le Pen et compagnie. La presse nationale, toutes tendances confondues, salua l'événement. Le monarque accorda une audience au lauréat dans l'un de ses palais...

Et *La Prière de l'Absent* tomba au concours, comme un caillou qu'on a lancé en l'air, forcément. La commission chargée de préparer les sujets n'avait de toute façon pas le choix : c'était l'année de Tahar Ben jelloun !

« *La Prière de l'Absent est une histoire imparfaite et hasardeuse car les hommes et les femmes qui l'habitent sont des ombres fugitives.* » *Analysez et commentez cette idée de J.M.G Le Clézio en vous appuyant sur votre lecture personnelle du roman de Tahar Ben jelloun.*

J'abordai le sujet, confiant et serein, comme on aborde une compétition dont l'heureuse issue ne fait aucun doute. J'analysais et commentais l'idée de Le Clézio en démontrant par a + b que tous les personnages de l'œuvre, principaux et secondaires, n'étaient effectivement que des *ombres fugitives*, des silhouettes insaisissables. Je poussai mon analyse jusqu'à démontrer que l'écrivain lui-même était une ombre fugitive, difficile à fixer, impossible à saisir, *un être de fuite* comme dirait Proust. Je prenais surtout garde de ne jamais contredire l'auteur de la citation. N'est-ce pas le comble de la bêtise que d'aller à l'encontre d'un poids lourd de la littérature française comme Le Clézio ? Un pot de terre avisé, me disait souvent ma grand-mère, n'entre jamais en lutte avec un pot de fer.

Une fois la rédaction achevée, je passai à l'étape nommée *l'engraissement*. Il s'agissait, en somme, de farcir le devoir de citations apprises par cœur au préalable. Certaines provenaient de l'œuvre elle-même ; d'autres, je les empruntais à des critiques et philosophes faisant autorité en la matière : Barthes, Foucault, Deleuze, Todorov... Très souvent, ces citations, je les fabriquais moi-même moyennant une poignée de vocables abscons ou hautement techniques et quelque formulation recherchée. J'attribuais ensuite le tout à l'un ou à l'autre, sans le moindre état d'âme. Pas un correcteur ici-bas ne résiste aux devoirs truffés de citations !

Une semaine plus tard, je téléphonai à l'ENS de Meknès pour le résultat de l'épreuve écrite. À l'autre bout du fil, une voix de femme me demanda de patienter un peu.

– Dix-sept sur vingt ! me dit-elle après un court silence. C'est, de loin, la meilleure note !

Dix-sept sur vingt ! Cela voulait dire que, pour moi, l'épreuve orale, qui allait avoir lieu quelques jours plus tard, ne serait vraisemblablement plus qu'une simple formalité. Avais-je échappé à l'enfer tinghirien ?

C'était le trente et un mai. En quittant la poste, je passai chez Idir, le propriétaire de la maison, pour lui remettre le loyer du mois.

– Te voilà, enfin ! fit-il avec soulagement. Cela fait un bout de temps que je te cherche ! Je suis venu par deux fois jusqu'à la maison, et même, une fois, jusqu'au collège !... C'est finalement l'un des surveillants généraux qui m'a appris que tu étais à Meknès !

Je me méfie toujours de ceux qui me cherchent ainsi, avec insistance ; ils ne m'apportent en général que des embêtements ou de la gêne, ou les deux à la fois. *Malheur à vous quand celui qui vous cherche vous trouve* ! aurait dit n'importe quel prophète.

Idir avait régulièrement reçu son dû à temps, parfois bien avant. Entre lui et moi, il n'y avait rien d'autre que cette froide relation qui unit, partout au monde, le propriétaire à son locataire. Que me voulait-il donc ?

– Je ne sais par quoi commencer..., fit Idir d'un air gêné et perplexe. Je ne sais vraiment pas comment te dire cela... L'autre jour, le caïd m'a... m'a, pour ainsi dire, convoqué dans son bureau et... et a exigé de moi que...

– N'en dites pas plus, Idir ! j'ai compris.

– Tu sais, je ne partage pas du tout son opinion sur toi ! mais... mais, je n'ai pas le choix non plus... c'est cela ou les ennuis avec le Makhzen. Ikker est un méchant seigneur !

En plus de la gêne, Idir semblait en proie à une vive angoisse. Sans doute redoutait-il que je rejette sa demande d'évacuation, une décision qui l'exposerait automatiquement aux foudres du redoutable caïd. Les yeux d'Idir restaient suspendus à mes lèvres, attendant ma réponse comme on attend un verdict.

Fort du pouvoir absolu que lui avait conféré l'État central avec une garantie d'impunité pour la vie, le caïd Ikker régnait d'une main de fer sur Tinghir. Il faisait vivre ses hommes et ses femmes dans une terreur constante à coups de répressions violentes, de louches entreprises, de rapines, d'escroqueries et de racket systématique. Grâce à un réseau fait de délateurs, d'acolytes, d'intermédiaires, de courtiers, d'escrocs, de proxénètes et de crapules de tous bords, il avait réussi à mettre à genou tous les nantis de Tinghir. Il était régulièrement au courant de leurs opérations commerciales, leurs récoltes, leurs manœuvres douteuses, leurs liaisons extra-conjugales, leurs correspondances... Rien ne lui échappait !

Alors, en échange de son silence, voire de sa complicité, il exigeait sa part du gâteau, sous forme d'un tribut levé sur chaque récolte, chaque transaction, chaque magouille. Il fallait aussi, à l'occasion de chaque fête, religieuse ou païenne, lui offrir un présent de valeur : un tapis de haute laine, un appareil électroménager, un service à thé en argent, un bracelet-montre en or...

En six ans de racket systématique, le caïd Ikker s'était bâti une fortune colossale, de quoi acheter aujourd'hui une île grecque. Le jour où sa hiérarchie avait décidé de le muter à Tazarine, il avait fallu à Ikker une douzaine de camions pour le déménagement de ses biens mobiliers ! Les véhicules surchargés de meubles traversèrent la place centrale du village en convoi, sous les regards ébahis des habitants. Ikker quittait Tinghir comme un intendant général quittait sa province.

Ikker est aujourd'hui en retraite, se la coulant douce dans sa fastueuse villa de Ouarzazate, celle de Marrakech ou encore celle de la capitale. Le caïd en possède une dans chaque grande ville.

Cependant, avant de tirer sa révérence aux affaires publiques, le caïd Ikker a pris soin de bien caser sa descendance et, parfois, dans des postes très convoités.

Un soir, tout récemment, en jetant un regard à la télévision, je fis une découverte qui me laissa sidéré des heures durant : j'ai vu, de mes yeux vu, la fille d'Ikker, en chair et en os, celle-là même que j'avais saisie en train de pomper le jour de l'examen ! L'ancienne tricheuse présentait, sur la première chaîne, une espèce de journal économique, avec des courbes, des diagrammes, des graphiques et des chiffres qu'elle commentait à son aise. Pour lever tout doute sur son identification, je restai, les yeux collés à l'écran, jusqu'à la fin de l'émission. La phrase *présentée par Rachida Ikker* apparut en tête du générique ; il n'y avait donc plus de doute : c'était elle ! et, en plus, elle souriait, de toutes ses dents, la grosse poufiasse !

21

L'épreuve orale

Quelques heures avant de reprendre le bus pour Meknès, je vidai la maison des meubles, ustensiles de cuisines, bagages divers... balançant tout, pêle-mêle, au milieu de la cour.

Arrivé dans la chambre d'Omar Irkem, je m'arrêtai, perplexe, ne sachant que faire du vieux sac de toile contenant les quelques vêtements et effets personnels du disparu. Fallait-il le ramener à Zaïna ou m'en débarrasser sur-place ?

Finalement, je n'hésitai pas beaucoup, la seconde solution me paraissant meilleure, autant pour moi que pour ma sœur. Les effets personnels des disparus ne sont, en général, qu'une source de chagrins pour les leurs, un moyen de raviver une douleur dont ils se seraient bien passés. Et, si la personne disparue était de la trempe de mon beau-frère, là, les effets personnels deviennent un véritable encombrement pour tous.

Je retirai alors du sac la gandoura et la calotte, cadeaux faits à Omar le lendemain de son arrivée à Tinghir, puis balançai le reste à toute volée dans la cour. Comme les deux vêtements étaient encore en assez bon état, je songeai qu'il serait plus avisé d'en faire cadeau à mon père, sans me douter un instant qu'ils allaient me rendre un énorme service auparavant.

À peine avais-je terminé l'évacuation des pièces que le heurtoir de la porte se mit à cogner. Je déverrouillai : c'était Rehou, Sloughi d'une quarantaine d'années et victime typique de la mauvaise orientation.

Rehou travaillait au collège comme professeur de physique-chimie, mais sa véritable vocation n'avait rien à voir avec la physique et encore moins avec la chimie. À Tinghir, l'homme avait une réputation de brocanteur émérite. Pas un accessoire d'usage domestique, pas une ferraille ne passait d'une main à l'autre sans son intermédiaire. Il récupérait, réparait, revendait, rachetait et louait toutes sortes de meubles. Plus qu'un moyen d'arrondir ses fins de mois, la brocante était une véritable passion pour lui.

Arrivé dans la cour de la maison, Rehou fit plusieurs fois le tour du bric-à-brac, jaugeant chaque objet d'un coup d'œil connaisseur, l'air supputant, les doigts triturant les poils de sa barbichette.

– Trois mille dirhams ! fit-il en inclinant légèrement la tête, avec l'air de dire qu'il pourrait peut-être hausser encore un peu l'offre.

– *Fiha khir* ! marché conclu. Rehou haussa le sourcil, étonné de me voir accepter la somme sans les marchandages en vigueur.

– Remets la clé de la baraque au propriétaire quand tu auras tout emporté ! lui dis-je en encaissant les trois mille dirhams.

Immédiatement après, je filai vers la petite agence de la CTM. Pour tout bagage, je n'avais plus que mon sac de voyage contenant quelques effets personnels, autant de livres et la gandoura et la calotte que je comptais offrir plus tard à mon père.

Le lendemain, aux premières lueurs du jour, le bus de la CTM me déposa à Meknès. Le voyage avait duré presque toute la nuit. Mes membres étaient engourdis, ma tête barrée de migraine, mes yeux me brûlaient par manque de sommeil. Je commandai un thé à l'absinthe au café de la gare routière. Des individus à la mine sinistre rôdaient entre les tables à la recherche de quelque chose. Dieu savait quoi. D'autres, l'air débraillé, le regard terrible, épiaient les voyageurs qui somnolaient sur les bancs en fer forgé. De temps en temps, un jeune vendeur de cigarettes au détail passait en faisant cliqueter de la monnaie dans le creux de la main, une façon d'avertir les fumeurs désargentés de son retour dans la zone.

Bientôt, les moteurs des autocars vrombirent, les avertisseurs reprirent leur tintamarre habituel. Des relents de mazout brûlé emplirent l'air ; les voyageurs s'extirpaient, les uns après les autres, de leur torpeur... Et la gare retrouvait peu à peu son tumulte de tous les jours. Je jetai mon sac sur le dos et m'en allai.

Le petit taxi me déposa à l'entrée de l'ENS, vers huit heures et demie. Répartis en petits cercles, les candidats devisaient devant les salles de classe, où allaient bientôt se dérouler les épreuves orales.

Mon nom figurait en dixième position sur la liste affichée à l'entrée de la salle neuf, une position très confortable à priori. Je m'éloignai un peu et m'affalai sur l'un des bancs en béton armé plantés dans la cour.

Pour tuer le temps, je me mis à lorgner les quelques candidates présentes devant les salles, une occupation qui s'avéra tout de suite décevante : aucune ne méritait un quelconque intérêt ; toutes n'étaient que de vieilles filles hideuses, avec des gueules dont même les bêtes ne voudraient pas.

De tels laiderons parviennent toujours à décrocher un emploi et à se faire ainsi une place au soleil, parfois même, comble de l'horreur, à mettre la main sur un mâle !

Dès qu'elles ont déniché un emploi stable et souvent bien rémunéré, elles se mettent en quête d'un homme, cadre dans le secteur privé de préférence. Pour cela, elles envahissent tous les espaces d'habitude fréquentés par les hommes, les truffent de leurs pièges à maris, recourent, sans le moindre état d'âme, à tous les autres artifices de chasse au mari possibles et imaginables : elles passent les concours de promotion, adhèrent aux associations, aux clubs et comités de tous bords, participent régulièrement aux débats, aux tables rondes, aux sorties scolaires, aux voyages en groupes...

Parallèlement, elles changent de personnages comme elles changent de chaussettes. En une seule année, elles passent de *bent darhoum*, la bégueule, à la fille moderne, épanouie, prête à toutes les sortes d'aventures, pour finir sainte-nitouche ou carrément *Sœur Musulmane*, à l'autre bout de l'année ! Lorsqu'un personnage n'aboutit à aucun résultat positif, elles le laissent tomber pour en endosser un autre, différent, ou même diamétralement opposé.

La chasse au mari se poursuit ainsi jusqu'au jour où leur piège se referme sur quelque nigaud. Elles se retirent alors immédiatement de la scène publique, coupent les ponts avec le monde, font table rase du passé, obligent leur nigaud à faire de même... des précautions qu'elles prennent pour parer à toute tentative de récupération de la part des parents ou proches de l'infortuné pris au piège.

À neuf heures tapantes, les examinateurs rejoignirent chacun sa salle. Les candidats les suivaient des yeux, impatients, inquiets. Je m'approchai de la salle neuf, curieux de voir à quoi ressemblait l'homme ou la femme qui allait bientôt décider de mon sort. Lorsque je vis sa tête, mon sang ne fit qu'un tour, ou même pas. Je m'arrêtai, abasourdi, n'en croyant pas mes yeux. Les autres candidats de la salle neuf échangeaient des regards interloqués : notre examinateur était un Frérot de la pure espèce, affichant clairement tous les signes de son appartenance *wahhabite* (une secte radicale qui prône l'application pure et dure du dogme) : la calotte blanche sur le crâne, la barbe longue jusqu'au pubis, le front nettement marqué du sceau de la piété, la gandoura sombre empestant le musc, les sandales bédouines, faites d'une simple semelle tenue par des lanières...

En cette fin des années quatre-vingts, l'Éducation Nationale comptait déjà quelques Frérots dans ses rangs, mais pas encore dans les écoles supérieures, et surtout pas comme professeurs de français !

Prise au dépourvu, la première candidate de la liste eut le réflexe de retirer un fichu noir de son sac à main. Elle s'en emmaillota la tête comme on attache sa ceinture de sécurité quelques secondes avant le décollage. Sa voisine se démaquillait à la hâte les lèvres et les yeux à l'aide d'un mouchoir mouillé. Les autres candidates essayaient, chacune à sa manière, de se donner une apparence pieuse en dissimulant dans leur toilette tout signe relevant de la parure...

Étant en dixième position sur la liste, j'avais tout loisir de réfléchir aux modifications que j'apporterais à ma mise pour m'adapter, moi aussi, à la circonstance. Il me fallait bien suivre la tendance. Je filai donc aux toilettes, comme un comédien va se grimer ou changer de costume dans sa loge. J'enfilai la gandoura de mon beau-frère, ajustai bien la calotte allant avec, retroussai le pantalon jusqu'en deçà de la cheville...

Avant de quitter les lieux, je jetai un coup d'œil sur la glace accrochée au-dessus des lavabos : le déguisement m'allait à merveille ! Avec mon faciès sali par une barbe de quelques jours, j'avais exactement l'apparence d'un jeune Taliban.

Je retournai alors devant la salle neuf et attendis mon tour, avec la patience et la sérénité d'un Frérot certain de décrocher une bonne place au paradis. Les candidats me dévisageaient, l'air hébété ; quelques-uns se donnaient des coups de coude goguenards dans les côtes ou échangeaient des clins d'œil railleurs... Tous étaient néanmoins certains que mon déguisement les désavantageaient beaucoup.

Mon tour venu, je pénétrai dans la salle :

– Bonjour ! bredouillai-je dans la langue de Racine.

Aucune réponse : pas un son, pas un signe, rien ! Je rectifiai vite le tir :

– *Salam ou' aleïkoum* ! que la paix soit sur vous.

Cette fois-ci, la réponse ne tarda pas :

– *Oua 'aleïkoumou salam oua rahmatou allahi oua brakatouhou* ! Et sur vous la paix, la clémence d'Allah ainsi que sa *baraka*.

Le Frérot m'étudia un instant du regard en fourrageant dans sa longue barbe avec la sérénité d'un dieu indien. Les traits de sa figure se détendirent, un éclair de joie scintilla dans ses yeux. Visiblement, le Frérot se réjouissait de voir enfin un vrai congénère débarquer devant lui.

L'homme était petit, gras et mou, avec une face pleine d'intégriste à la vie douillette, des yeux couleur de la nuit la plus noire et une bouche pareille à un trou de cul. De sa personne, émanait une quiétude totale, un air d'homme ayant remis tous les soucis de sa vie sur le dos de son créateur. Il replongea les doigts dans sa barbe :

– C'est monsieur Mohamed Né... , n'est-ce pas ?

– ...

– Asseyez-vous, je vous en prie... Vous avez eu dix-sept à l'écrit... comment avez-vous fait pour obtenir une aussi bonne note ?

– C'était grâce au soutien du Très-Haut et à la bénédiction de mes parents, qu'Allah ait leur âme ainsi que celle de tous les Musulmans dans Sa vaste miséricorde !

– *Amiiiin* ! déclama le Frérot en hochant le crâne, tout à fait content de mon explication.

Il y avait une dizaine de feuilles étalées l'une à côté de l'autre sur le bureau, la page imprimée masquée.

– À présent, me dit-il, je vous prie de choisir un de ces textes.

Je retournai la première feuille à droite en prononçant un *bismillah* ! au nom d'Allah, haut, grave et plein de dévotion : c'était un poème d'Arthur Rimbaud : *L'impossible*, un texte que j'avais déjà assez bien préparé à Tinghir. D'un geste bienveillant, le Frérot m'invita à le lire silencieusement.

– Pourriez-vous me dire laconiquement, de quoi il s'agit dans ce poème ? me demanda le Frérot cinq ou six minutes plus tard.

– Dans ce poème, dis-je après une courte réflexion, Rimbaud dénonce la dégradation occidentale tout en magnifiant la sagesse première et éternelle de l'Orient, et... (je me tus brusquement).

– Voulez-vous ajouter quelque chose ?

– Euh... non, monsieur, répondis-je avec une feinte perplexité. Enfin, si... si toutefois vous me le permettez !

– Ne vous gênez pas ! dites ce que vous avez à dire, monsieur Né... !

– Il y a dans ce texte..., poursuivis-je sur un ton de protestation indignée, il y a dans ce texte un propos diffamatoire qui m'a mis hors de moi ! Un propos pour lequel ce mécréant de Rimbaud mérite, à mon avis, une lapidation en bonne et due forme !

– Lequel, monsieur Né... ?

– Avant de vous le relire, *mon frère en Allah*, je prie le Très-Haut de me pardonner la prononciation d'une telle horreur : *Je n'avais pas en vue la sagesse bâtarde du Coran* ! dit le vilain mécréant vers la fin de son maudit texte.

Le Frérot fit mine de se boucher les oreilles avec les doigts. J'enchaînai, furieux et menaçant comme un Taliban face aux caméras occidentales :

– Bâtarde, la sagesse du Livre sacré ? S'il y a un bâtard dans ce bas monde, c'est bien lui, Arthur Rimbaud ! Lui, le vagabond, l'impie, le renégat, le voyou sans foi ni loi, la pute à Verlaine ! Qu'Allah le Tout-Puissant l'exècre ! Qu'Il le maudisse autant de fois qu'il y a de poils sur sa tête de pédéraste ! Qu'Il lui réserve une place au fin fond de Sa géhenne ainsi qu'à tous les poètes, tous les pédés et tous les ennemis de l'islam sur la Terre ! Qu'Allah...

– Calmez-vous, *mon frère en Allah*, calmez-vous ! Dieu, le Tout-Puissant, saura châtier les profanateurs sans la moindre pitié ! Vous avez raison de vous emporter ainsi contre les ennemis de notre sainte religion ! Tout Musulman digne de ce nom devrait faire autant à votre place !... Je vous comprends fort bien, *mon frère en Allah* ! Je vous comprends et vous souhaite un agréable séjour en France !... Soyez, une fois sur cette terre impie, un bon ambassadeur de l'islam, un missionnaire dévoué à la cause d'Allah et de Son Messager, prière et paix de Dieu soient sur Lui !

– *Amiiin* ! répondis-je en baisant pieusement le bout de mes doigts.

Le Frérot tendit vers moi une main potelée, l'air très ému :

– Adieu, *mon frère en Allah* !

J'ajustai ma calotte, jetai mon sac sur le dos et m'en allai, la tête penchée sur le côté, les doigts lissant lentement une barbe à peine naissante.

22

L'éternel adieu

De retour à Tinghir, je pris une chambre individuelle à l'hôtel Todgha. Et, ironie du sort, c'était celle-là même que j'avais occupée durant mes premiers jours dans la localité.

Juin touchait à son terme. Le soleil commençait à cogner très fort dès son lever, rendant ainsi pénible tout effort, physique ou intellectuel. C'était la saison de la canicule assommante ; une certaine torpeur engourdissait les Tinghiriens de tous les âges ; leur vie entière s'assoupissait ; leurs gestes s'exécutaient avec des lenteurs de vieillard, comme dans un film au ralenti. L'activité baissait progressivement partout. Les souks et les ruelles se vidaient à partir de midi, même les véhicules rechignaient à prendre la route durant la journée...

D'un tacite accord, les élèves avaient déserté le collège un mois avant la date fixée par le Ministère. Les enseignants, eux, continuaient de s'y rendre. Ils devaient, tous les jours, faire acte de présence sur leur lieu de travail en signant un papier au secrétariat. C'était le règlement ; celui qui l'enfreignait risquait d'être immédiatement déclaré en abandon de poste, une mesure qui se traduisait par la suspension automatique du salaire pendant six mois. Ce règlement ne s'appliquait évidemment pas aux Sloughis, ni à tous les autres protégés de l'Émir.

Le lendemain, c'était le trente juin ; l'année scolaire touchait donc officiellement à son terme. Je me rendis à l'administration, muni d'un certificat attestant ma présence aux épreuves orales.

Avant de signer le PV de sortie, il me fallait d'abord déclarer ma reprise du travail. Je pénétrai dans le bureau de l'Émir sans avertissement, sans le *salam ou'aleïkoum* de rigueur, rien. C'était ainsi que je me comportais au collège depuis qu'on m'y avait taxé de fou. Le fou, n'est-ce pas avant tout un individu qui passe outre les convenances ?

L'Émir était en train de deviser familièrement avec Allouch, le chef de la gendarmerie locale, une énorme créature débordante de chair flasque, de graisse molle et d'ignorance crasse. Les *deux homo vulgarus* se rappelaient, avec de vives interjections, une soirée orgiaque passée ensemble dans quelque maison close de la région. De temps en temps, ils éclataient de rire en se tapant vivement sur les cuisses, de ce rire abject et scandaleux qui est le propre de la brute ignare investie de pouvoir et d'argent.

Comme à chaque fois que je me trouve face à des responsables aussi ridicules, ce qui est encore souvent le cas aujourd'hui, des mots de Mohammed Khaïr-Eddine me revinrent en mémoire, immanquablement : *Grands de mon pays, vous qui ceinturez ma terre de crasse et d'opprobre, je vous hais et vous démolis jusque dans mes rêves* !

Je me mis à remplir minutieusement les papiers relatifs à ma reprise du travail, tandis que les professeurs signaient, l'un après l'autre, le PV de sortie.

La signature du PV de sortie était incontestablement, pour tous les enseignants, le seul heureux événement de l'année scolaire. Ils arrivaient tout sourire, signaient et repartaient aussitôt dans une ambiance de liesse. Leurs sacs de voyage faits des jours, sinon des semaines auparavant, ils s'embarquaient illico à bord du premier véhicule en partance vers le nord du pays, fuyant Tinghir comme des évadés de prison.

Alors que j'achevais de remplir ma reprise du travail, Rouch, le secrétaire, me remit un télégramme en mon nom, provenant du Ministère de l'Éducation Nationale. Je le décachetai :

Ayant subi les épreuves écrites et orales avec succès, la commission des examens vous déclare officiellement admis au concours d'entrée au Cycle Spécial en France. A ce titre, vous êtes désormais affecté au Centre Pédagogique de Nancy pour une formation de deux années. Des journées d'information seront organisées à partir du vingt-sept septembre prochain à l'ENS de Rabat et seront animées conjointement par des responsables marocains et français. Votre présence à ces journées est indispensable.

Je signai les six exemplaires du PV de sortie et dis adieu à Tinghir en jetant sept cailloux blancs par-dessus mes épaules pour ne plus jamais y remettre les pieds.

Tahennaoute, Maroc
avril 2003-juillet 2004

Chapitres

Achevé d'imprimer sur les presses
de l'imprimerie Najah El Jadida, Casablanca
Pour le compte des Editions Le Fennec
89 B. Bd. d'Anfa, Casablanca (Maroc)
Novembre 2004

Dépôt Légal 2004/1816

HANS HOFFMANN

KAISER OTTO IV.

und andere Herrscher auf der Harzburg

VERLAG DER
BUCHHANDLUNG HOFFMANN
BAD HARZBURG

Verlag der Buchhandlung Hoffmann,
38667 Bad Harzburg, Herzog-Wilhelm-Straße 65
Tel. 05322/4511 Fax 05322/4215

ISBN 3-928826-16-6

Gesamtherstellung:
St.-Johannis-Druckerei, 77922 Lahr/Schwarzwald
31455/1997

INHALTSVERZEICHNIS

DER BURGBRUNNEN – EINE SAGE

Liegt der Wind nicht zu stark auf dem Berg, dann sind die Geräusche deutlich zu hören: Pferdegetrappel, Wagenquietschen, Stimmenfetzen ... Die Geräusche kommen von dorther, wo eigentlich nur der Fall eines Wassertropfens zu hören sein dürfte: aus dem Brunnen, den einst Kaiser Heinrich IV. hatte bohren lassen. Die Bevölkerung wußte schon lange, daß diese salische Majestät auf der Flucht seine Krone in den Brunnen geworfen hatte. Doch wer traute sich hinunter? Sie ahnte noch viel mehr. In der Tiefe sollte es heiter hergehen.

Die Gerüchte über die Geheimnisse des Brunnens wucherten, Kaiser Barbarossa, von den Italienern »Rotbart« getauft, säße im Brunnen; die weiße Frau ohnedies und wahrscheinlich noch sonstwer. Das zu ergründen, brauchte es einen verzweifelten Mann, einen, dessen Leben keinen Groschen mehr wert war. Er hieß Schöppenstedt; ihm drohte der Galgen. Davon könne er sich loskaufen, wenn er die unterirdische Welt des Brunnens erkunde. Bedenkzeit benötigte Schöppenstedt nicht.

Er hing bald an einem starken und langen Seil, das er sich eigenhändig um den Körper gebunden hatte und schwebte behutsam hinab, bis ihn die Dunkelheit wie einen Mantel einhüllte. Hätte er eine Hand frei gehabt, hätte er sie nicht mehr vor Augen gesehen. Als er hochrief, sie sollten dem Seil mehr Spiel lassen, dröhnte ihm seine eigene Stimme im Ohr. Es war, als würde das Echo Purzelbäume schlagen, sich an den feuchten Wänden brechen.

Weil sich Schöppenstedt auf das Nächstliegende konzentrierte, kam ein Gefühl von Beklommenheit gar nicht erst auf. Er wußte ja, daß er denselben Weg nicht mehr zurücklegen würde, er sollte auch den Gang ins Freie finden, den Heinrich IV. auf der Flucht vor den aufständischen Sachsen entdeckt hatte.

Er ertastete eine Unebenheit im Schacht, hangelte sich hinüber und spürte festen Boden unter seinen Füßen. Kurz entschlossen löste er das Seil, ruckte kräftig daran, damit sie es hochzögen, was sie sofort taten. Der Schöppenstedt, sagten sie sich, kam entweder durch oder um. Sie sagten es, als hätte er die Wahl gehabt. Es gab schönere Tode, als am Galgen zu baumeln.

Die Luft schlug sich feucht nieder; die Erde knirschte unter Schöppenstedts Schritt. Mittlerweile hatten sich seine Augen an die Dunkelheit gewöhnt, sie nahmen die Konturen des Ganges wahr und, o Wunder, eine verschlossene eiserne Tür. Schon wähnte er sich gerettet, dem Henker und der Hinrichtung entkommen.

Bevor Schöppenstedt anzuklopften vermochte, schwang die Tür auf, eine weiße Frau hieß ihn willkommen, freute sich wahrhaftig, ihn zu sehen und gab ihm zu verstehen, daß es ein Glück für ihn sei, nicht aus purer Abenteuerlust die glitschige Wand hinabgeklettert zu sein. Der Gang, dem sie folgte, war licht genug, so daß er alles erkennen konnte. Sie zeigte auf Höhlen, in denen Münzen lagen und hatte nicht so sehr sein Wohl, sondern das des Landes Braunschweig im Sinne. Wenn es oben einmal sehr knapp wäre, könne es sich hier sanieren. Des nun freien Mannes Herz schlug nur etwas schneller, aber seine Gedanken kreisten unablässig um die Mittel, die selbst ihm gut getan hätten.

Am Ende des Ganges öffnete sich ein höhlenartiger Raum, jedenfalls unübersehbar geräumig, von Lichtern erhellt. Schöppenstedt kniff seine Augen zusammen, öffnete die Lider und entdeckte einen reich gedeckten Marmortisch, an dem drei Männer saßen, gekrönte Häupter: Heinrich IV., Friedrich I., der Rotbart, und Otto IV. Sie befanden sich beim Mahl und schenkten ihm keine Aufmerksamkeit. An den Anblick von Lakaien waren sie zeitlebens gewöhnt gewesen.

Die drei Kaiser, kein Zweifel, waren so lebendig wie er; die Schätze in der Höhle, die sich türmten, weckten Schöppenstedts Begehrlichkeit, doch er beherschte sich. Er roch die Pferde, die in einer Ecke angebunden waren. Am liebsten hätte er ihren Hals getätschelt, wenn er sich ihrer Harmlosigkeit hätte sicher sein können. Er wollte sich der weißen Frau zuwenden, sie war verschwunden. Ihm fiel nicht ein, sie zu suchen, er lief der Nase nach, bis er im Schöppenstedtergrund herauskrabbelte. Ihm kam ein, daß er Heinrich den Löwen, den Vater Ottos, vermißt hatte.

HEINRICH IV.
UND DIE ERSTE HARZBURG

Um die Menschen zu beherrschen, die ihn nicht mochten, vielleicht sogar haßten, ließ Heinrich IV. Burgen errichten. Die gewaltige Harzburg war eine von ihnen. Bei Joachim Bumke ist nachzulesen, daß der Kaiser begonnen habe, »hohe und von Natur befestigte Berge in einsamen Gegenden zu suchen und Burgen auf ihnen zu bauen, wie sie dem Reich zu großem Schutz und Schmuck zugleich gereichen würden, wenn sie an geeigneten Orten stünden«.

Die mißtrauischen Sachsen mußten den Bau als »Zwingburg« empfinden und die »landfremden schwäbischen Ministerialen … als Besatzungstruppen« (Heinrich Spier) ansehen. Heinrich IV. wollte mit der Harzburg nicht die Bevölkerung, sondern sich vor ihr schützen. Er verhielt sich feindselig gegen die eigenen Leute, wenn er sie denn so eingeschätzt hat. Er war aber ihr König.

Mein Namensvetter Hans Hoffmann aus Wernigerode hat den Burgberg wegen seiner Form mit einem Kohlenmeiler verglichen; damals gewißlich zeitgemäß. Heinrich Spier nannte den Burgenbau Heinrichs IV. am Harz die augenfälligste Erscheinung seiner Politik, die verlorene Machtstellung des Königtums in diesem Gebiet wiederherzustellen.

Waren Burgen das geeignete Mittel dazu? Sie besaßen den Charakter von Wellenbrechern, sie nützten dem eigenen Angriff, einem Kennzeichen jener Zeitläufte, nichts. So richteten sich die Festen gegen die Bevölkerung, die niedergehalten werden sollte, damit sie keinen dummen Gedanken nachgab. Als die Sitten noch stärker verwilderten, entwickelten sie sich zu gefürchteten Raubschlössern.

Joachim Bumke bezeichnete die Burg vor allem als Zentrum

der Herrschaftsbildung. Sehr viel früher konstatierte Freidank: »Dazu baut man Burgen, damit man den Armen an die Kehle gehen kann.« Vor einer allzu romantischen Vorstellung warnte Otto Borst: »Die geschichtlichen Vergolder unter den Burgliebhabern können uns nicht darüber hinwegtäuschen, daß die Burg für lange Zeit...ein arg einfaches Aussehen behielt, daß der ›adlige‹ Lebensstil dort unter dem blieb, was ein durchschnittlich-bürgerlicher Haushalt heute bei uns gewohnt ist ... Die befestigten Plätze, die ›festen Häuser‹ und Burgställe waren kleinräumige Anlagen auf Erdwerken.«

Egal, wie gut eine Burg plaziert wurde, sie war von den das Land überflutenden Heerhaufen zu umgehen; die Truppenführer ließen sie links liegen. Das war noch Jahrhunderte nach Bau und Wiederaufbau der Harzburg zu beobachten, als die marodierenden Landsknechte der Tilly und Wallenstein 1626, ungeachtet der drohenden Burg, die Menschen in den umliegenden Dörfern töteten, das Vieh wegtrieben und die Häuser ansteckten.

Über die erste Harzburg läßt sich kein vollständiges Bild gewinnen, weil die Zerstörungen durch die erbitterten Sachsen zu nachhaltig waren, kein Stein sollte auf dem andern stehen, nichts mehr an die einstige Zwingburg erinnern. Das ist den Aufständischen gründlich gelungen. Fraglos gehörte sie zu den herausragenden Festen, war kein Haus mit Bergfried, sondern durchaus eines Königs gemäß.

Es entstanden mittelalterliche Städte, in der Diktion von Otto Borst, »Großburgen«, schier uneinnehmbar, zumindest sehr schwer zu erobern. Goslar ist dafür beredtes Beispiel. Vergebens belagerte Otto IV. die befestigte Stadt; erst Verrat überwand die Mauern.

Heinrich IV. wurde am 11. November 1050 – vermutlich in Goslar – geboren; sein Vater: Heinrich III., seine Mutter: die Französin Agnes von Pointu. Noch keine sechs Jahre alt, verlor Heinrich seinen Vater. Die Regierung übernahm zunächst seine Mutter Agnes, bis der Sohn, als Nachfolger seines Vaters aner-

Die alte Harzburg – nach K. B. Fischer

kannt, selbst zu laufen vermochte. Es mischte sich beizeiten Otto von Northeim ein, einmal Freund, einmal Gegner des jungen Königs, er nahm Heinrich im April 1062 in Kaiserswerth der Mutter weg, obwohl sich der junge Bursche dagegen wehrte, und übergab ihn dem Kölner Erzbischof Anno (in der historischen Literatur auch Hanno), der ihn nicht nur aufs Leben vorbereitete, der zudem regierte, ein Geschäft, an dem Adalbert von Bremen und Siegfried von Mainz beteiligt wurden. Agnes flüchtete sich in ein römisches Kloster.

Der Bremer wiederholte den Streich des Otto von Northeim und machte es möglich, daß Heinrich in Sachsen aufwuchs. Am 29. März 1065 war Heinrich durch den Ritterschlag, die Schwertleite, mündig geworden. Sein Verhältnis zu Sachsen war zwiespältig, ihm wurde sogar eine seltsame Äußerung zugeschrieben: »Sachsen ist ein schönes Land, aber die, welche es bewohnen, sind nichtswürdige Knechte.« Georg Weber und Alfred Baldanus schieben die Schuld am Sachsenhaß Heinrichs dem Erzbischof Adalbert zu. Die Züchtigung der Sachsen sei Adalberts letzter Triumph gewesen. Ein doch eher trauriger Triumph.

Weil er von den Sachsen kaum Gutes erwartete, rückversicherte sich Heinrich mit der Harzburg, deren Anlage von Bischof Benno II. von Osnabrück konzipiert wurde. Zu dieser Zeit war Benno kein junger Mann mehr, aber immer noch vital genug. Heinrich III. hatte von seinem Können profitiert. Er starb 1088 und wurde für einen exzellenten Architekten gehalten. Möglich, daß er die Bauarbeiten kontrolliert hat, doch fragt es sich, ob er die Aufsicht fortgesetzt führte. Die Plackerei hatten ohnedies die anderen. Im Jahre 1068 bot die Burg Unterkunft und, möglicherweise, einen der Zeit entsprechenden Komfort. Wie schon Otto Borst anmerkte, waren die Ansprüche nicht extrem hoch. Weber/Baldanus irren, wenn sie den Bau der Harzburg dem Vater Heinrichs IV. zuschreiben.

Das Plateau des Burgberges erlaubte eine großzügige Planung; für den offenbar in anderen Dimensionen denkenden Benno allerdings nicht großzügig genug. Die Anlage schied sich in eine Ost- und eine Westburg. Gleichwohl, jeglicher spätere Rekonstruktionsversuch kam der Wahrheit nur ein Stückchen nahe. Mag sein, daß Kleiner Burgberg und Sachsenberg Raum in der Planung des Baumeisters besaßen, daß die Anlage jeden Rahmen sprengen sollte. Das unterblieb.

Von den besonderen Verhältnissen im Zusammenhang mit dem Bau der Harzburg spricht Heinrich Spier. Einerseits habe die Burg schnell verteidigungsfähig sein müssen, andererseits sei der Innenausbau der Großen Harzburg, insbesondere des Chorherrenstifts, nicht vollendet worden. Das »regale palatium«, also der königliche Palast, stand auf der Osthälfte der Burg. Heinrich IV. sah die Harzburg als Residenz an; er regierte jedoch nicht nur, ihm werden auch rauschende Feste nachgesagt und, Jugend hin oder her, ein zügelloses Leben. Das beklagten zumindest jene, die auf Sitte und Anstand achten zu müssen glaubten.

Heinrich IV. schätzte diesen Platz außerordentlich. Als er während des Sachsenaufstandes von Goslar zur Harzburg floh, beförderte er Reichsinsignien und Reichsschatz dorthin. Damit war die Burg, obgleich nur temporär, zum ersten Mal Aufbewahrungsplatz der Kleinodien. Der König war auf der Burg isoliert, wie alle Burgen ihre Bewohner isolierten. Denn dort hinauf gelangte nur, wer da zu tun hatte.

Auf der zweiten Flucht nach Hersfeld belastete sich Heinrich mit den Kleinodien nicht, er ließ sie zuvor, aber wohl nur teilweise, in Sicherheit bringen. Der Rest fiel den Bauern in die Hände, die ohnedies jeglichen Respekt abgelegt hatten.

Der Besitz Goslars konnte damals geradezu als der Gradmesser für den Auf- und Abstieg der kaiserlichen Macht in Deutschland gelten, betonte Paul Jonas Meier.

Um die Harzburg wuchs dichter Urwald, der nur schwierig zu durchdringen war. Sollte es zwei feindliche Parteien gegeben haben, behinderte er beide empfindlich. Lampert, Mönch des Klosters Hersfeld, ging 1080 darauf ein, daß die Harzburg nur auf einem sehr schwierigen Weg zugänglich gewesen sei: »Die übrigen

Seiten des Berges hüllte ein ungeheuer ausgedehnter Wald in Dunkel, der sich als zusammenhängender Urwald von dort viele Meilen weit bis an die Grenze von Thüringen hinzieht.«

Die ritterliche Gesellschaft übte sich im Intrigenspiel, dieser unausrottbaren menschlichen Schwäche; als treibende Kraft am Königshof gab sich Egino zu erkennen, der seine Giftpfeile auf Otto von Northeim abschoß und dessen Ankläger er war. Dieser, 1057 von der Kaiserwitwe mit Bayern belehnt, verfolgte keine Absichten, die Heinrichs Stellung oder Leben bedrohten. Zunächst glaubte der König dem Intriganten und überzog den in Bayern festgehaltenen Otto mit einem Prozeß, der zu dessen Ungunsten entschieden wurde. Mit dem Verlust des Prozesses war der Verlust Bayerns und anderer Besitztümer verbunden. Aufgeschreckt, ritt er inmitten einer Schar ihm ergebener Ritter, auf Heinrichs Residenz zu; Northeim war sich des Beistandes Magnus', des Sohnes Ordulfs von Sachsen, gewiß, wäre nur das Unternehmen anders ausgegangen. Am Ende sahen sich beide Adlige auf der Harzburg inhaftiert. Nach einem Jahr, um die Pfingsten 1072, kam Otto frei und Egino ins Verlies; der Magnus blieb in Geiselhaft, weil Heinrich nicht mehr und nicht weniger als dessen Verzicht auf Sachsen forderte. Egino wurde geblendet und sank zum erbarmungswürdigen Bettler herab.

Mit den sächsischen Fürsten schien es Heinrich IV. verdorben zu haben, sie verhielten sich Ende Juni 1073 unbotmäßig, beklagten sich bitter und fanden in Goslar kein Gehör. Angeblich hatte der König über Fragen der Reichspolitik und den Heereszug gegen Polen gesprochen, dem die Sachsen ausweichen wollten. Eine ihrer Forderungen soll in der Schleifung seiner Burgen bestanden haben. Heinrich IV. ließ sie stehen und ritt, neben sich Benno von Osnabrück, Eppo von Zeitz und Berthold von Kärnten, zur Harzburg. Mittlerweile standen die Sachsen auf und belagerten ihn; sie wollten sich gegen den ungeliebten Herrscher mit allen Mitteln durchsetzen. Weil Gott schon je mit den stärkeren Bataillonen gewesen war, verhandelte Heinrich, wenn auch erfolglos.

Bei A.W. Grube liest es sich so: »... schickte man drei Abgeordnete an Heinrich, der eben in Goslar sein Hoflager hatte. Sie sprachen: ›Adeligster König! Das Volk der Sachsen, welches keiner Nation an Mut und Treue nachsteht, bittet dich, die Rechte der Altvordern, die alte Freiheit des Landes, ihm wiederzugeben. Ausländer und Dürftige maßen sich mit Gewalt unsere Güter an und entziehen Eingeborenen die Waldungen, Weiden und Herden. Lässest du uns nach vaterländischer Sitte leben, so wird kein Volk in Deutschland und Frankreich treuer und ergebener gefunden werden.«

Am Ende der fruchtlosen Debatte stand die unentdeckte Flucht Heinrichs. Während die Belagerung der Harzburg fortdauerte und, trotz aller gegenseitigen Opfer, kein Einbruch gelang, biß Heinrich am 2. Februar 1074 in Gerstungen in den sauren Apfel und willigte in die Zerstörung der Burg ein. Auch seine anderen Festen mußten geschleift werden. Weil den Bauern die Demontage der Harzburg zu langsam ging, legten sie Hand an, schossen dabei weit übers Ziel hinaus und wüteten selbst gegen die Gräber der beiden Toten, die dort oben ihre Ruhe gefunden hatten: den Bruder des Königs, Konrad und sein Söhnchen Heinrich. Geistliche Bauten, die vom Sturm ausgenommen werden sollten, wurden so wenig wie die weltlichen Gebäude geschont. Der Haß war grenzenlos. In der Schlacht bei Homburg an der Unstrut besiegte der König seine Feinde entscheidend. Die Sachsen unterwarfen sich im Oktober 1075 zu Spier. Es muß der ärgste Augenblick ihres Lebens gewesen sein.

Die Macht der Päpste, die ihren Willen mit Bannflüchen durchsetzten, die Kaiser krönen oder stürzen konnten, spürte Heinrich IV. durchaus, wie sie später Otto zu spüren bekommen sollte. Kein Kaiser wischte den Bann einfach weg noch vermochte er ihn zu ignorieren. Auf der am 24. Januar 1076 in Worms stattfindenden Synode war Gregor VII., dessen Wahl zum Papst nicht rechtens gewesen war, seiner Ämter enthoben worden. Gregor belegte Heinrich IV. mit dem Bann – und der hatte nur diese Alternativen: sich durch einen Bußgang freizukaufen oder seiner Würde verlustig zu gehen.

Heinrich IV. entschied sich für den Bußgang nach Canossa, diesen gefahrvollen und mühseligen Marsch über die Alpen. Fürsten setzten ihn aber zwischen dem 14. und 20. Dezember 1076 ab. Trotzdem, die Karriere des Saliers war nicht zu Ende. Die Harzburg, mit dem Bannfluch des Papstes belastet, galt als unbewohnbar. Um die Ruinen der Burg hat Heinrich künftig einen Bogen gemacht. Zunächst trug sein Bußgang den Charakter vergeblich angewandter Mühe, denn am 15. März 1077 wurde Rudolf von Rheinfelden zum Gegenkönig gewählt. Ein Bürgerkrieg brach aus, der die Fürsten spaltete und die Bevölkerung tyrannisierte. Drei Jahre später traf Heinrich IV. wieder ein Bannstrahl. Er hatte kein glückliches Los gezogen. Sein Gegenspieler Rudolf starb am 15. Oktober 1080; im August 1081 war ein neuer Gegenkönig gewählt worden: Hermann von Salm. Am 31. März 1084 wurde Heinrich IV. zum Kaiser gekrönt.

Für Weber/Baldanus war Heinrich IV. »eine hochbegabte Natur, einer der gewaltigsten Herrscher, die Deutschland je gehabt« hat. Er fiel aber über seinen eignen Sohn, Heinrich V., der die Macht, der einfach alles begehrte. Er verhaftete den Vater und zwang ihn damit zum Rücktritt. Am 7. August 1106 starb er in Lüttich.

Die Geschichte deutscher Kaiser ist mit Blut geschrieben und mit Gewalt vollzogen worden. Der Drang nach Süden, nach Italien, bewegte sie fortgesetzt und Deutschland schienen sie zu meiden, wenn sie sich nur Italien untertan machen konnten. Vor der römischen Kaiserwürde, die ausnahmslos dem Papst zu verdanken war, stand die Wahl zum König in Aachen, in Frankfurt oder an anderen Schauplätzen. Deutsche Könige brauchten sich über Anhänger oder Neider nicht zu beklagen, und so führten sie im eigenen Land Kriege, die zumeist Massaker waren, denn das Volk, das im Grunde überhaupt nicht zählte, mußte bluten. Frauen wurden vergewaltigt, die Behausungen geplündert und niedergelegt. Fiel eine Stadt, war sie verloren. Gefangengenommene Edelleute mußten zahlen, bis sie mittellos waren. Je höher der Rang eines Adligen, desto größer die Lösegeldsumme. Das ins Auge gefaßte Wohl des Landes war das Wohl der Herzöge und Grafen, die sich miteinander kabbelten, um ihren Einflußbereich zu vergrößern, also Land hinzuzugewinnen. Jede Verehrung irgendwelcher scheinbar erhabener Gestalten ist müßig. Sie verdienen keine einzige Träne. Alle dachten in Gefechten, Schlachten, Kriegen, an den Ruhm für Tapferkeit, an die erhoffte Beute, in ihren Gedanken war kein Platz für die Untertanen. Diese hatten zu dienen, Steuern zu zahlen und das Maul zu halten und wurden von den fürstlichen Barbaren für Barbaren gehalten. Es existierte keine Zweiklassengesellschaft, nur der Glanz der höheren Schichten; ob Bürger, Bauer, Handwerker, sie wurden von den Herrschenden kaum wahrgenommen. So entwickelte sich unter ihnen ein Ohnmachtsgefühl, das durch die Jahrhunderte geradezu gepflegt wurde. Das Volk konnte Opfer sein, »Kanonen«futter, aber niemals gleichberechtigt.

HEINRICH DER LÖWE

Zu Recht attestiert Karl Jordan den Welfen, eines der ältesten Adelsgeschlechter Deutschlands zu sein. Von Schwaben kommend, mit Bayern und Sachsen belehnt, war Sachsen von 1137 an ihr Herrschaftsbereich. Wie damals eher die Regel als die Ausnahme, waren Geburtsjahr und Geburtstag später berühmter Persönlichkeit nicht so wichtig, wurde die Entwicklungsphase, wenn überhaupt, am Rande gestreift. Es lohnt nicht, darüber zu streiten. Hat Heinrich 1129, 1130 oder später das »Licht der Welt« erblickt? Friedrich Steger schreibt, daß Heinrich 1129 zu unruhiger Zeit zu Ravensburg in Schwaben geboren wurde. Seine Mutter Gertrud, da ist offensichtlich kein Zweifel möglich, kam am 18. April 1115 zur Welt, muß mithin bei seiner Geburt ziemlich jung gewesen sein. Vielleicht würde die Rolle des Löwen nur mit einigen Seitenblicken zu streifen sein, wäre er nicht der Vater Ottos und der Anlaß für den Wiederaufbau der Harzburg geworden. Worin sich Heinrich verstrickte, wurde auch zum Schicksal Ottos, als wäre es vorgezeichnet.

Heinrich der Stolze, Schwiegersohn des Kaisers Lothar, war sein Vater, der aus der verwandtschaftlichen Bindung Kapital schlug. Nach dessen Tod verscherzte er sich die Gunst jener, die über einen neuen Herrscher entschieden. Obwohl er sich Hoffnungen machen zu dürfen glaubte, obsiegte der Hohenstaufe Konrad III. (1138–1152). Karl Jordan wies daraufhin, daß es sich um die Wahl einer Minderheit gehandelt habe; nicht gerade außergewöhnlich. An der Königswahl hatte sich weder Sachsen noch Bayern beteiligt.

Wenige Jahre zuvor hatte Heinrich der Stolze seine Truppen erfolgreich gegen Ulm, danach gegen Nürnberg und Speyer geführt und die gegnerischen Hohenstaufen zum Einlenken, sogar zum Friedensschluß, animiert.

Mit der Wahl Konrads im Jahre 1138 sank die Stimmung zwischen Welfen und Staufern rapide. Heinrich versagte sich die pflichtschuldige Huldigung. Und Konrad fragte sich: Was brauchte ein Welfe Bayern und Sachsen zugleich? Er sollte Sachsen aufgeben, was Heinrich dem Stolzen gegen den Strich ging. Auf dem Goslarer Hoftag im Dezember desselben Jahres mußte Heinrich ebenso auf Bayern und die Markgrafschaft Tuszien verzichten. In Sachsen machte sich Albrecht der Bär breit. Es stand denkbar schlecht um das Haus der Welfen. Doch Heinrich der Stolze holte sich Sachsen zurück. Albrecht der Bär wurde Brandenburger. Bevor sich Heinrich, wie beabsichtigt, in Bayern durchzusetzen vermochte, nahm ihm der Tod am 20. Oktober 1139 in Quedlinburg das Schwert aus der Hand.

Der zehnjährige Heinrich der Löwe mochte noch soviel Phantasie und Durchstehvermögen besitzen, für die Regentschaft war das Kind ungeeignet. Außerdem waren die äußeren Verhältnisse zu ordnen. Bayern sollte nicht mehr lästig auf dem Programm stehen. Mutter Gertrud durchschlug 1142 auf dem Reichstag in Frankfurt den gordischen Knoten, strich alle mit Bayern zusammenhängenden Forderungen. Im Jahr darauf starb sie und Heinrich war für das schwierige Regierungsgeschäft immer noch zu jung, scheute jedoch vor der Verantwortung für Sachsen nicht zurück. Sogar Bayern geriet wieder in sein Blickfeld, hätte nur Konrad III. mitgespielt; dieser setzte auf die Zeit, die alle Wunden heilte.

Kreuzzüge

Den Kreuzzügen nach Jerusalem, um die heilige Stadt den »Heiden« zu entreißen, waren die Heereszüge nach Osten angemessen. Einem dieser Ritte schloß sich der Löwe an. Paul Barz beurteilte den Welfen mitleidslos: Er sei unheimlich fleißig, unheimlich tüchtig, unheimlich egozentrisch, in jeder Hinsicht unheimlich gewesen. An Diplomatie habe es ihm gemangelt. Als wäre Diplomatie der bessere Teil der Tapferkeit gewesen.

Es ging 1147 gegen die schon teilweise christianisierten Wenden, die nun nicht ein zweites Mal bekehrt werden mußten, die Aussicht auf Landgewinn trieb Albrecht den Bär, Konrad von Meißen, Heinrich den Löwen an, als sie über die Elbe setzten. Der sogenannte Kreuzzug war ein Schlag ins Wasser, auch wenn das Land unter den Zerstörungen stöhnte. Sehr viel glücklicher war Konrad im Morgendlande nicht gewesen. Die »Heiden« mochten nicht an den Gott glauben, den sie für europäisch hielten.

Im Jahr darauf wandte sich der Welfe gegen den Norden, gegen Dithmarschen, angeblich, um die Menschen die Ermordung Rudolfs von Stade büßen zu lassen; er unterwarf sie.

Ehen

Das gängige Wort »Tu felix Austria nube – Du glückliches Österreich heirate« – darf nicht allein auf dieses Land bezogen werden, denn mit der Eheschließung gekrönter Häupter war fast immer eine auf Gewinn und Reputation angelegte Politik verbunden. Am liebsten erwischten die Fürsten zwei Fliegen mit einer Klappe.

1148, so legt sich Friedrich Steger fest, habe der Löwe geheiratet; Karl Jordan schwankt zwischen 1148 und 1149. Es war die Ehe des Welfen mit Clementia, der Tochter des Konrad von Zähringen, Zuwachs an Macht und Besitz einbezogen. Über die Mitgift gehen die Meinungen ebenfalls auseinander. Jordans Einschätzung trifft den Kern: Heinrich der Löwe habe durch das Heiratsgut seiner Gemahlin seine Machtposition im Südwesten bis ins Oberrheintal erweitern können. Andererseits war er später zum Tausch des Heiratsgutes mit Kaiser Barbarossa bereit, der ihm die Harzburgen Scharzfels, Herzberg, Pöhlde sowie Adelhard von Burgdorf, den Reichsministerialen, mitsamt seinem Besitz aushändigte.

Seiner Frau bezeugte der Löwe Respekt; als er im Oktober

1154, gemeinsam mit Friedrich Barbarossa, nach Italien aufbrach, überantwortete er ihr die Amtsgeschäfte. Barbarossa wollte sich zum Kaiser krönen lassen. Wahrscheinlich gebar Clementia einen Sohn, der sehr früh tödlich verunglückte und zwei Töchter, von denen die erste Richenza hieß und nicht sehr lange lebte, die andere war Gertrud. Gegenseitige Achtung und die beiden Töchter waren kein Kitt für die bröckelnde Gemeinschaft. Heinrich der Löwe nützte die Gelegenheit und ließ sich in den beginnenden sechziger Jahren von Clementia scheiden. Er schützte eine angeblich zu nahe Verwandtschaft vor; die sich vorzustellen, hatte er fünfzehn Jahre benötigt. Tatsächlich vermißte er einen männlichen Nachkommen. Karl Jordan erwähnt den sich zwischen den Zähringern und den Welfen zuspitzenden Konflikt.

Des Welfen neue Wahl wurde Mathilde von England, König Heinrichs II. Tochter, die er am 1. Februar 1168 in Minden ehelichte. Die Altersangaben schwankten zwischen 12 und 14 Jahren. Mathilde habe sich angepaßt, bedeutet Paul Barz. Sicherlich ihrem Alter gemäß. Ihr erstes Kind war Richenza, später nannte sie sich Mathilde, ihr zweites war Heinrich, später Pfalzgraf bei Rheine, ihr drittes Lothar, ihr viertes Otto, der Welfenkaiser, ihr fünftes Wilhelm.

Eine Ehe mit einem so kriegerischen Mann besaß nicht den herkömmlichen Charakter, sie wurde durch Trennungen zerrissen, deren letzte vom Tod diktiert war. Mathilde starb am 28. Juni 1189, dreiunddreißig Jahre alt, in Braunschweig. Zu der Zeit befand sich ihr Mann in schier hoffnungsloser Lage und war daran nicht schuldlos.

FRIEDRICH I. BARBAROSSA

Die beiden Schwaben, Friedrich und Heinrich, waren Vettern. Sie waren sich zugetan und auch nicht, je nachdem, wie es die Lage forderte. Im Grunde brauchten diese Männer einander. So wurden sie erst Kampfgenossen, dann Gegner. Wie bei Heinrich dem Löwen sind die Daten von Barbarossas Geburt nicht gesichert; er kann Ende 1122 auf die Welt gekommen sein, die wirr, voller Glauben und voller Aberglauben, voller Gewißheit und voller Zweifel gewesen war, Stückwerk eben. Sein Geburtsort steht nicht fest und die Rätselei, ob Schwäbische Alb oder nicht, ist fruchtlos. Es genügt, einige Jahre zu überspringen und sich den Tod König Konrads III. am 15. Februar 1152 vor Augen zu halten. Schon am 4. März wurde Barbarossa in Frankfurt zum König gewählt und am 9. März in Aachen vom Kölner Erzbischof Arnold gekrönt. Hier seien, sagt Karl Jordan, die Grundzüge der Politik Friedrichs I. festgelegt worden. Italien sollte Teil des römischen Reiches, die Lage in Deutschland bereinigt werden.

Welf VI., der Onkel Friedrichs, wurde angemessen belehnt: mit der Markgrafschaft Tuszien, dem Herzogtum Spoleto, mit Korsika und Sardinien, zudem mit den Mathildischen Gütern (Helmut Hiller). Als erste Pflicht verstand Barbarossa den Umritt durch Deutschland, mit ihm ritten Welf VI. und der Löwe. Niedersachsen gehörte zu den vordringlichsten Zielen. Obwohl nicht zu belegen, wird vermutet, daß Heinrich in Goslar die Reichsvogtei als Lehen bekam. Der Silberbergbau im Rammelsberg war sehr lohnend und begründete die Wohlhabenheit der Stadt. Der Löwe habe die Vogtei an seinen Kämmerer Anno von Heimburg weiterverliehen. Dieser hatte die Arbeit, jener den Profit. Damit war Heinrichs Appetit noch nicht gestillt, sein Blick ruhte auf dem Herzogtum Bayern, das den Welfen abhanden gekommen war.

Auf dem Reichstag in Merseburg versuchte Barbarossa zwischen dem Löwen und Albrecht dem Bär zu schlichten, vergebens. Er entschied über die Belehnung Dänemarks: Knut und Sven hatten sich beworben, Sven erhielt den Zuschlag. Auf Merseburg folgten Würzburg und die Auseinandersetzung um Bayern. Aber erst auf dem Reichstag zu Goslar im Juni 1154 hatte der nicht erschienene Herzog Heinrich Jasomirgott das Nachsehen und der Löwe freute sich über die Bestätigung seines Anspruchs auf Bayern. Innerlich mochte der Welfe triumphiert haben, sein königlicher Vetter hofierte ihn fast über Gebühr, doch keineswegs schrankenlos.

Die Kaiserkrönung

Friedrich I. verstand den Zug nach Italien, begonnen im Oktober 1154, nicht als Abenteuer, sondern als ein Mittel, dort die Ordnung wiederherzustellen, eine Aufgabe, die auch den Nachfolgern blühte. Weitere Absicht: die vom Papst verliehene Kaiserwürde, kein imperialer Titel, sondern das äußere Zeichen für die manchmal schon sehr enge Verbindung zum Papsttum.

Zu seinen Mitstreitern zählte unter anderem Heinrich der Löwe, dessen Bereitschaft er sich versichert hatte. Barbarossa erwartete Botmäßigkeit; Städte wie Mailand verweigerten ihm die Gefolgschaft, was der König übelnahm, indem er Festungen sowie die Städte Asti und Chieri und Tortona zu vernichten befahl, eine sich durch die Jahrhunderte bis in die Neuzeit hinziehende Methode, die nur böses Blut machte. Tortona fiel nicht auf den ersten Streich; eine langwierige Belagerung, bei der sich die Truppe des Löwen hervortat, war nötig, ehe die Bürger ihre Waffen streckten. Der Rest war noch schlimmere Gewalt.

Papst Hadrian IV. setzte Friedrich I. am 18. Juni 1155 in Rom die Kaiserkrone aufs Haupt. Helmut Hiller hat den zuvor abgelegten Schwur Barbarossas wiedergegeben: »Ich verspreche und gelobe vor Gott und dem heiligen Petrus, daß ich ein Schutzherr und Verteidiger der römischen Kirche in all ihren Angelegenheiten nach meinem besten Wissen und Vermögen unter Gottes Beistand sein werde.«

Den Römern mochten Schwur und Krönung nicht geheuer sein, sie wurden rabiat, erschlugen zwei Kriegsknechte, griffen Kardinäle an, die sie beraubten. Barbarossa warf sich mit seinen Bewaffneten dazwischen, unter ihnen der Löwe und seine Schar; am Ende war die Krönungsfeier im Blut ertrunken.

Die Kaiserkrone sinnbildlich auf dem Haupt, die Kümmernisse über die Zustände in Deutschland hinter der Stirn, kehrte Barbarossa im Oktober 1155 nach Augsburg zurück. Die Ordnung, die er Italien zugedacht hatte, brauchte nun das Reich, in dem der Landfrieden sehr zu wünschen übrig ließ, woran nicht nur die Raubritter, sondern auch übermütige Bischöfe Schuld trugen.

Des Kaisers und Heinrichs Wege

Paul Barz vergleicht Friedrich I. und Heinrich den Löwen, obschon solche Vergleiche, mangels eigener Anschauung, notwendigerweise hinken müssen. Gleichwohl, der Autor attestiert Barbarossa, daß seine Stimme meist beherrscht, die des Vetters aber rauh gewesen sei. Heinrich, knapp 1.65 m groß, aber gut proportioniert, habe fest in der Tradition seiner Familie gewurzelt.

Zwischen 1156 und 1157 war Heinrich im Norden engagiert; in Dänemark ging alles drunter und drüber. König Sven bat den Welfen um Unterstützung im Kampf gegen Wenden und die Feinde im eigenen Lande. Knut, berichtet Steger, sei ermordet worden. Im Jahre 1157 fiel Sven, den sein Vetter Waldemar als Lehnsherr sofort zu ersetzen versprach, was Heinrich der Löwe billigte. Bald darauf rief ihn der Kaiser nach Italien; er folgte dem Ruf. Den lombardischen Städten hatte die deutsche Vormundschaft nicht sehr behagt, Mailand wohl am wenigsten.

Papst Hadrian hatte ihm zudem Undankbarkeit vorgeworfen und übersehen, daß Barbarossa keine seiner Marionetten war. Bevor ein folgenreicher Streit hätte daraus entstehen können, der womöglich im Bann gegipfelt hätte, starb Hadrian im Sommer 1159.

Zunächst ging Barbarossa Crema an, das sich wacker verteidigte. Heinrich der Löwe stand, wie Otto von Wittelsbach oder Friedrich von Schwaben, dem Kaiser bei. Ohne die schon üblichen Grausamkeiten wurde auch diese Belagerung nicht geführt. Die Kontrahenten schlachteten gegenseitig ihre Gefangenen ab und Friedrich tötete sogar vierzig Geiseln und benützte Gefangene als Schutzschilde. Nach gut sieben Monaten gab die Stadt den doch ungleichen Kampf auf, der so viele Opfer gekostet hatte.

In Rom war das Schisma, die Kirchenspaltung, über die Christenheit hereingebrochen, die nun zwei Päpste besaß: Alexander III. und Victor IV., dem Barbarossa huldigte.

Der Kaiser blieb in Italien, Heinrich der Löwe wandte sich nach Deutschland, wo sich Dänen und Slawen blutig stritten. Es war die Zeit des Landraubes; nur die Waffen, mochten sie auch höchst primitiv sein, zählten, dazu der persönliche Mut der Kämpfenden. Die unglaubliche Grausamkeit zwischen den Parteien aber scheint der Hauptgrund all jener Exzesse gewesen zu sein. Das Wort »Schonung« war so gut wie unbekannt oder jedenfalls unerwünscht. Niemand brachte es über die Lippen. Der Mensch, egal, welcher Klasse, entlarvte sich als das maßlos wütende Tier, das christliche Bekenntnis war seit je nur ein Lippenbekenntnis. »Tut wohl denen, die euch hassen?«

Heinrich der Löwe zog sich niemals in das Schneckenhaus menschlicher Güte zurück, er schlug zu, wie Paul Barz definiert, und habe erst dann nach den Rechten anderer gefragt. Der Löwe provozierte die Unabhängigkeit der Bischöfe und die Macht der Grafen, verfolgt Barz des Welfen Spur. Er habe selbst noch den geringsten Lehnsmann und den Adel schlechthin provoziert, wenn er sich dem Bürger zuwende und ihre Stellung stärke.

»Kurz: Ohne es bewußt zu wollen, ist dieser Herzog als Staatsmann der große Spielverderber im eingeschliffenen Lehenswesen seiner Zeit.«

Verwandtschaft war nur dann ein Bindeglied, wenn die gegenseitigen Interessen nicht miteinander kollidierten. Wo sich die Fürsten ins Gehege kamen, kannten sie keine Verwandten mehr. Vor die Auseinandersetzung hatten die Götter den Schweiß eines neuerlichen Marsches nach Italien gesetzt. Friedrich I. Barbarossa brauchte seinen Vetter und dessen Kräfte. Zu Beginn des Jahres 1161 zog der Löwe nach Como, eine der schönen lombardischen Städte, die an Frieden denken lassen, wo Barbarossa wartete. Am 29. Januar fand die Begegnung statt, deren Ergebnis in einem Schlachtplan gegen das widerspenstige Mailand bestand. Der Kaiser gebrauchte die satt bekannte Methode der Belagerung; die Bürger sollten ausgehungert und deprimiert werden. Erst am 6. März 1162 siegte der Kaiser; die Mailänder wurden gezwungen, sich aus der Stadt zu entfernen. Ihre Heimat ging in Flammen auf. Die folgenden Greueltaten erlebte der Löwe nicht mehr, er ritt zum Reichstag nach Konstanz. Die erwähnte Trennung von Clementia wurde vorgenommen, danach eilte der Herzog schleunigst heim, die Slawen hatten sich erhoben.

Die Holsaten mochten den ihnen zu hoch erscheinenden Zehnten nicht begleichen, bei den Obodriten riskierten Pribislaw und Wratislaw den Aufmarsch gegen die Deutschen; Gunzelin von Schwerin war hellhörig gewesen und hatte den Löwen von den Absichten dieser Völker unterrichtet. Die beiden Obodritenfürsten handelten gemeinsam, schlugen aber getrennt zu. In Werle hatte sich Wratislaw eingerichtet, das Heinrich zu nehmen beabsichtigte, während Pribislaw des Herzogs Truppen nach bester Partisanenmanier aus dem Hinterhalt angriff. Es war Anfang 1163, als des Löwen Belagerungsmaschinen Lücken in die Mauern Werles rissen. Der vehement angewandten Technik waren die Obodriten nicht gewachsen, sie streckten ihre Waffen. Wratislaw bezahlte mit dem Verlust seiner Freiheit, die Sieger trieben ihn nach Braunschweig, Pribislaw mochte nicht mehr weiterfechten, er unterwarf sich.

Fürstenstreit

Bei Paul Barz steht dieses Zitat aus der »Slavenchronik« des Helmold:

»Weil aber der Ruhm Neid erzeugt und in menschlichen Dingen nichts Dauerndes ist, so sahen auf den großen Namen des Helden alle Fürsten Sachsens mit Scheelsucht hin.«

Heinrich dem Löwen die Flügel zu stutzen, darüber hatten sich Albrecht der Bär und Erzbischof Wichmann von Magdeburg verständigt. Gemeinsam rückten sie auf Haldensleben vor, das auf des Welfen Initiative hin ausgebaut wurde. Zum ersten Mal wurde Haldensleben 966 urkundlich erwähnt, gegen 1150 erhielt es die Stadtrechte. Vier Tage vor dem Heiligen Abend des Jahres 1166 umfluteten Truppen der beiden Fürsten die Stadt. Es brannte aber nicht nur in Mitteldeutschland, sondern ebenso im Norden, wo sich Christian von Oldenburg auf dem Marsch nach Bremen befand. Während des Einzugs in die Stadt jubelten ihm die Bürger, eben rechte Opportunisten aus Selbsterhaltungstrieb, zu.

Geistliche vermittelten zwischen den Angreifern in Mitteldeutschland und dem Löwen, und am Ende kam eine Übereinkunft heraus, die des Welfen Abzug aus Haldensleben für Ostern 1167 zusicherte. Mittlerweile machten seine aggressiven Westfalen Druck, und dieser war wieder von Gewalt begleitet. Bei Hildesheim standen die Häuser in Flammen, in Thüringen hausten die Westfalen sonder Skrupel, Magdeburg geriet in ernsthafte Gefahr.

In Bremen handelte Heinrich nicht weniger entschlossen, er warf Christian von Oldenburg aus der Stadt, er dürstete nach Rache und wollte Bremen in Schutt und Asche legen. Die Einwohner gerieten in Panik, verbargen sich oder flohen. Bevor die

Soldaten ihre lodernden Fackeln in die Häuser werfen konnten, köderte Erzbischof Hartwig von Bremen, nach Hamburg ausgewichen, den Welfen mit einer Summe von tausend Silbermark, wenn er nur Bremen verschone. Heinrich entschied sich für die beträchtliche Summe Geldes.

In Haldensleben entwickelte sich die Lage anders, der Löwe dachte gar nicht mehr daran, den Ort zu räumen.

Noch gab die Gegenseite nicht klein bei, sie tat sich am 14. Juli 1167 in Sandersleben zusammen und eröffnete bald darauf die Feindseligkeiten, unter denen Sachsen litt. Der Löwe glich sich mit Pribislaw aus, der dessen unbeirrbarer Vasall blieb. Blindwütige Zerstörungen, die vor keinen Grenzen Halt machten, raubten der Bevölkerung das Letzte. Städte wurden erobert; Goslar und Harburg gaben nicht auf, der Löwe biß sich an ihnen die Zähne aus. Die Differenzen mit Goslar sind beinahe typisch; auch Otto IV. hatte seinen Ärger mit dem Ort, der sich König Philipp verpflichtet fühlte. Erst mit der Wahl Ottos zum König in Deutschland änderten sich Verhältnisse und Meinungen.

Für Kaiser Barbarossa waren die Bruderzwiste in Sachen und Thürigen ein Übel, die Verschwörung der Fürsten gegen den Welfen unangemessen. Kein Herzog und kein Erzbischof sollte solche Kleinkriege, die gleichwohl schlimme Wirkungen zeigten, auf Kosten des Reiches führen. Friedrich I. verbot weitere Auseinandersetzungen; gleichzeitig wurde der Reichstag des Jahres 1168 in Würzburg zum Ausgleich benutzt.

Der Zwiespalt

Barbarossa und Heinrich der Löwe waren nicht mehr ein Herz und eine Seele, ihre Beziehung wandelte sich zum Zwiespalt. Die Lombardei war wieder spruchreif geworden, des Kaisers Hang, zu unterwerfen, machte ihn blind für die Gegebenheiten. Er setzte auf die Schärfe seiner Waffen, obwohl es damit nicht soweit her war. Obschon Heinrich der Löwe ein ganzes Jahrzehnt für seinen Kaiser geopfert hatte, sollte er weiter Speerspitze sein, als hätte er daheim keine Aufgaben zu erledigen gehabt. Zuvor hatte er eine Wallfahrt nach dem Heiligen Land unternommen. Sie führte durch Ungarn und Serbien, dem Lauf der Donau folgend, zunächst bis Konstantinopel und endlich nach Jerusalem. Um die Hinwendung des Sultans von Iconium, Kilidsch Arslan II. zum Christentum bemühte sich Heinrich auf dem Heimweg vergebens.

Wieder auf heimischem Boden, machte der Löwe Braunschweig noch stärker verteidigungsbereit; eine Mauer begrenzte die Stadt. Die Bautätigkeit bezog auch Kirchen, darunter den Dom, mit ein. Friedrich Steger schloß: »Im Ganzen herrschte Ruhe in Sachsen, ein großer Landtag zu Paderborn befestigte den Frieden noch mehr.«

Anfang 1176 setzten sich Barbarossa und Heinrich der Löwe in Chiavenna, nordöstlich des Comer Sees, zusammen. Die Lombarden sollten gemaßregelt werden. Friedrich soll sich dem Welfen zu Füßen geworfen und um seine Teilnahme am Feldzug geradezu gebettelt haben. Die Wahrheit solcher Darstellungen ist nicht mehr zu ergründen. Vielleicht war es so, vielleicht auch ganz anders. Der Löwe verriet keine Lust am neuerlichen italienischen Feldzug und forderte Goslar als Entgegenkommen. Das verdroß den Kaiser, der Preis dünkte ihm zu hoch. Er übersah, daß er die Truppen des Welfen nicht schon wieder ins Feuer schicken durfte. So war er am Mißerfolg seiner Aktion selber schuld, verfügte aber über einen Sündenbock.

Goslar, das war für den Löwen nicht das Städtegeviert, sondern der reichlich Silber liefernde Rammelsberg. Was wäre die Stadt ohne ihr Silber gewesen? Wer konnte, hielt die Hand auf, um am Reichtum zu partizipieren. Paul Jonas Meier im Rückblick: »Goslar ist – wenn wir von den ehemaligen Römerstädten auf deutschem Gebiet absehen – um das Jahr 1000 der bedeutendste Ort des deutschen Reiches; er barg alle die Keime, die den späteren Glanz begründeten.«

In der Mitte des Jahres 1177 kämpfte Heinrich erfolglos ge-

Heinrich der Löwe kämpft gegen die Wenden

gen die Slawen; in seiner sächsischen Heimat drohte neues Ungemach: Bischof Ulrich von Halberstadt forderte die Kirchenlehen kategorisch zurück, der Herzog zeigte ihm die kalte Schulter. Ulrich half sich in kirchengemäßer Weise, er verhängte über Heinrich den Bann, womit er Öl ins Feuer goß.

Trotz aller Gegenwehr: Heinrich der Löwe hatte sein strahlendes Siegerlächeln eingebüßt, die Beschwerden der Fürsten gegen ihn häuften sich, sie wollten ihn fallen sehen. Auf dem Reichstag zu Speyer, am 11. November 1178 gehalten, hätte sich Barbarossa die Ohren zustopfen können, so sehr geriet sein Vetter unter Beschuß. Dem Reichstag im nahen Worms von Januar 1179 blieb der Welfe fern; er wurde mit der vorläufigen Reichsacht gewarnt. Am 14. Juni 1179 in Magdeburg war die Reichsacht kaum mehr zu vermeiden. Heinrich der Löwe hockte auf seiner Haldenslebener Burg und hörte nicht, daß er des fortgesetzten Landfriedensbruchs angeklagt war. Ein Gespräch zwischen den beiden Vettern war nicht geeignet, die Wogen zu glätten. Der Welfe blies noch ins schwelende Feuer, vernichtete Hüttenwerke nahe Goslar und kassierte die Oberacht.

Die Zerschlagung der großen welfischen Machtstellung, die das innere Gefüge des deutschen Staates zu sprengen drohte, urteilte Karl Jordan, sei für das Königtum eine Notwendigkeit geworden, nachdem der Herzog die Unterordnung seiner Herrschaft unter die Krone in Frage zu stellen begonnen habe. »Die gelegentlich geäußerte Ansicht, daß Friedrich aus dem Gefühl der ihm in Chiavenna erwiesenen schweren Kränkungen heraus von Anfang an das Ziel verfolgt habe, seinen welfischen Vetter zu vernichten, ist aber falsch. Erst dadurch, daß sich der Löwe in einem übersteigerten Selbstbewußtsein und in der falschen Einschätzung der politischen Gegebenheiten hartnäckig weigerte, die auch ihn bindende Rechtsordnung anzuerkennen, und es stattdessen auf eine militärische Machtprobe ankommen ließ, hat er das Ausmaß der Katastrophe, die über ihn hereinbrach, selbst verschuldet.«

Die Harzburg als Schutz

Mit dem Bann belegt, weitgehend ein Trümmerhaufen, bot die einstige Harzburg wahrscheinlich nur noch Ratten eine Zuflucht. Sie war Vergangenheit, wenn in ihrer Struktur auch nicht überholt. Obwohl Reichsbesitz, hatte sich zunächst kein König zum Wiederaufbau entschließen mögen. Eine Ausnahme machten wahrscheinlich unbefugte Kräfte, angeblich »welfische Parteigänger«, kurz vor der Mitte des 12. Jahrhunderts, als sie auf dem Burgberg Hand anlegen ließen. Wer sich hinter ihnen verbarg, ist unklar, Spekulationen soll nicht Raum gegeben werden. Rudolf II., dem Bischof von Halberstadt, war der Neubau nicht geheuer, er legte sich quer, wie die »Annal. Palidenses« notierten: »Er verhinderte den Wiederaufbau der Harresburg, weil er fürchtete, daß dieselbe der Ruhe und dem Frieden der Provinzialen Gefahr bringen werde, zog sich aber dadurch die dauernde Feindschaft derer zu, welche bereits angefangen hatten, daselbst ihren Wohnsitz zu nehmen.« Im Jahr 1149 starb Rudolf, die Harzburg bekam keine Bewohner. Hilmar von Strombeck hat dieser Episode ein bißchen zuviel Überlegung gewidmet.

Friedrich I. Barbarossa, von seinem Vetter Heinrich in die Enge getrieben, brauchte unangreifbare Festungen, damit er diesem Einhalt gebot. Denn Goslar befand sich in dauernder Gefahr. In Deutschland herrschte ein feindliches Gegeneinander mit wechselnden Koalitionen und war somit ein fruchtbarer Boden für Zwischenfälle jeglicher Natur. Das Einschiebsel E.J.G. Leonhards, daß Barbarossa im Jahre 1157 die Harzburg Heinrich dem Löwen gegeben habe, entbehrt jeder Grundlage, sie wurde, im Gegenteil, von Friedrich I. gegen den Löwen genutzt.

Über die Bauarbeiten, die wahrscheinlich 1180 begannen, ist so gut wie nichts bekannt. Barbarossa beanspruchte nicht nur das Plateau des Großen, sondern auch das des Kleinen Burgberges, aber hier mag er über einen Torso nicht hinausgekommen sein.

Der Appetit war wohl stärker als die finanziellen Reserven. Weilte Barbarossa in Goslar, kann er sich vom Stand der Arbeiten auf der Burg überzeugt haben; belegt sind solche Besuche nicht.

Den Kaiser muß der auf der Burg liegende Bann nicht gestört haben. Dem Löwen wollte er auf jeden Fall die Zähne ausbrechen, wie sich im Juni 1180 zeigte, als er Burg um Burg der Welfen im Harz an sich riß: Blankenburg, Heimburg, Herzberg, Ilfeld, Lauenburg, Lichtenberg, Regenstein, Scharzfels, Schildberg, die Staufenburg. Es fiel dem Kaiser allemal leicht, des geächteten Löwen Vasallen zu überzeugen aufzugeben, statt sich gegen ihn zu verschwören. So brachen die Stützen des Welfen einfach weg. Damit war der zähe Mann nicht etwa geschlagen, nur gebremst. Der Schutz Goslars war Friedrich I. wichtig, aber die Besatzung der Harzburg hätte wohl kaum eingreifen können. Heinrich der Löwe wandte sich gegen Goslar.

Sächsische Fürsten, darunter Ludwig von Thüringen, suchten den Angriff Heinrichs auf Goslar abzuwehren, was gelang, aber die Hütten und Bergwerke am Rammelsberg vermochten sie nicht vor der Zerstörung zu bewahren. Der Löwe tobte sich aus. In Mühlhausen und Nordhausen fackelte er Pfalzen, ein Kloster und Häuser ab. Zum Zusammenstoß zwischen Ludwig, Herzog Bernhard von Sachsen und dem Welfen kam es bei Weißensee, wobei diese dem kampferfahrenen Löwen unterlagen. Ludwig von Thüringen wurde mit seinem Bruder von Heinrich gefangen gesetzt und erst später, jedoch ohne Lösegeldzahlung, freigelassen, was sich der Löwe hoch anrechnete.

Das Schlachtenglück wechselte; die Anhänger des Welfen fielen vor dem kaiserlichen Druck ab, der Herzog sah sich in die Enge getrieben. Eine Entscheidung über sein Schicksal war unabwendbar geworden. Weich geworden, lag er dem Kaiser in Erfurt während des Reichstages im November 1181 zu Füßen, nurmehr ein Bündel menschliches Elend, was Barbarossa mit einer noblen und einer vielsagenden Geste beendete, er zog ihn hoch und küßte ihn zum Zeichen seiner Versöhnungsbereitschaft. Damit waren die ihm drohenden Konsequenzen nicht aufgehoben, er mußte Deutschland für drei Jahre meiden und nahm an.

Es ist unsicher, ob Friedrich Barbarossa die Harzburg je besucht hat; als Bauherr dürfte er sich bestimmt vom Fortgang der Arbeiten und danach von der Verteidigungsfähigkeit der Feste überzeugt haben. Kein Mensch und schon gar kein König investierte so viele Mittel in ein Bauwerk, ohne sich für sein Werk zu interessieren. Er hatte jedoch keine Zeit, sich auf dem Burgberg niederzulassen. Zu Burggrafen ernannte er die von Wöltingerode-Wohldenberg; Buchard I. nahm die Position noch im Jahr des Wiederaufbaues, 1180, ein; neben ihm amtierte sein Bruder Hoier I. Es wären ruhige Posten gewesen, doch die beiden Grafen residierten nicht dauernd auf der Harzburg; Buchard brach 1189 mit Barbarossa zum Kreuzzug auf, von dem er – wie

Am Ende des Ringens:
Heinrich der Löwe unterwirft sich Friedrich Barbarossa
auf dem Reichstag zu Erfurt 1181

Die Harzburg im Jahre 1574

Friedrich I. – nicht zurückkehrte. Die Nachrichten über Hoier sind so spärlich und brechen frühzeitig ab, daß nur auf ein gleiches Schicksal geschlossen werden kann: Teilnahme an diesem verhängnisvollen Kreuzzug und Tod.

Der Stich von der Harzburg aus dem Jahre 1574 zeigt eine turmbewehrte Festung. Friedrich Stolberg resümierte, daß der Kaisersitz damals schon verfallen gewesen sei, »in schöner Anlage aber schlossen sich noch die anderen Häuser zum Ganzen. Es waren vorhanden: Amtshaus nebst Kammergebäude und Brauhaus, die zusammen als langer Trakt nord-südlich quer über den ganzen Burgplatz hinwegliefen und diesen in den westlichen Vorhof und den eigentlichen Herrensitz teilten. Längs der Nordmauer bis zur Nordost-Ecke am Quergraben erstreckte sich das Wohnhaus, die Ecke selbst, ›schöne Ecken‹ genannt, barg den Brunnen und sprang als Halbrundturm flankierend in den Quergraben vor«. Und: »Zwischen der Schönen Ecke und dem Bergfried stand, wiederum dicht hinter der Außenmauer, die Harnischkammer. Sie umschloß im Verein mit Bergfried, altem Palas, Amtshaus und Wohnhaus, einen viereckigen Hof, in dessen Südwest-Ecke, an das Amtshaus angelehnt, sich die alte Küche befand. Den Südteil des Herrensitzes nahm ein zweiter Hof ein, umgeben von Brauhaus, altem Palas, Bergfried und Ringmauern.«

OTTO, DES LÖWEN SOHN

Der Junge

Das Geburtsjahr Ottos festzustellen, bedarf es eines Rechenexempels: seine noch immer jugendliche Mutter Mathilde schenkte Heinrich wahrscheinlich 1173 das Leben; 1174 wurde Lothar geboren, so daß für die Geburt Ottos Ende 1175 oder Anfang 1176 in Braunschweig denkbar ist. Friedrich Steger nimmt das Jahr 1775 an und räumt ein: »Über Ottos früheste Jugendjahre wissen wir nichts.«

Die Verhältnisse waren nicht so, daß er ein geordnetes Elternhaus besessen hätte, fraglos aber eine behütete Kindheit. Der Vater, dem Kampf zugetan, viel lieber unterwegs als daheim, mußte die Erziehung seiner Frau und anderen überlassen. Daran hat sich bis in die Gegenwart nicht so extrem viel geändert.

Vielleicht hatte die Mutter auf ihre Söhne ja ein besonderes Auge. Bernd Ulrich Hucker schildert, daß Mathilde »den blinden Kölner Pilger und Visionär Engel« habe zu sich rufen lassen: »Dieser sagte ihr voraus, ›einer ihrer Söhne würde Kaiser werden‹.« Nur sind derlei Rekonstruktionen müßig, weil viel geweissagt worden und wenig eingetroffen ist. Mathilde hat den Kaiser Otto IV. nicht erlebt. Die Zeiten forderten die Erziehung von Jungen zu todesmutigen Männern. Tränen waren verpönt, halbwegs natürliche Empfindungen, sofern sie zum Jungenideal in Widerspruch standen, unerwünscht.

Im Juli 1182 packte Heinrich der Löwe, durch den Verlust der Lehen fast bettelarm geworden, seine Siebensachen, die Familie siedelte nach England um, auch Otto verlor seine angestammte Heimat; seine Mutter Mathilde, seine gleichnamige Schwester, sein Bruder Heinrich waren dabei, Lothar jedoch nicht. Befreundete oder von dem Welfen abhängige Adlige scheuten den Weg über die Normandie nach England nicht. Der Aufenthalt in der Normandie dehnte sich, Heinrich machte sich sogar zur Wallfahrt nach Nordspanien auf, wo er das Grab des heiligen Compostela besuchte. Zu Weihnachten waren König Heinrich II. von England, des Löwen Schwiegervater und die Welfen zum gemeinsamen Fest in Caen vereint. An eine deutsche Weihnacht mit Tannenbaum und Geschenken war noch nicht zu denken.

Das Kind Otto begegnete seinem Förderer, dem Herzog von Aquatanien und Grafen von Poitou, Richard Löwenherz, einem Mann mit Herz und von brutaler Entschlossenheit. Er hatte an Otto einen Narren gefressen und das konnte nicht allein an den verwandtschaftlichen Banden liegen.

Der Name Aquitanien klingt opernhaft, nur der Stoff ist alles andere als ein musikalisches Drama. Das Gebiet war im Südwesten Frankreichs gelegen, und Poitou ist ein Stück Westfrankreich gewesen.

Gebar Mathilde in der Normandie ein Kind? Darüber wird geredet und gerätselt; sie folgte ihrem Mann im Juni 1184 nach England und schenkte Wilhelm das Leben, dem immer wieder apostrophierten Stammvater der Welfen, dessen Sohn, Otto das Kind, dank Friedrichs II. Herzog von Braunschweig-Lüneburg geworden ist.

Söhne hatten zu allen Zeiten Schwierigkeiten mit ihren Vätern – und umgekehrt. Heinrich IV. von Deutschland ist ein Beispiel, Richard Löwenherz das andere. Dieser behauptete frank und frei, seinen Vater Heinrich II. »erledigt« zu haben; er starb im Juli 1189. Kaiser Friedrich I. Barbarossa hatte seinen Tod durch ein Bad im Saleph am 10. Juni 1190 selbst verschuldet, er war vor dem sehr kalten Wasser des Flusses gewarnt worden; ihm folgte Heinrich VI. auf den Thron. Als Richard Löwenherz in Deutschland inhaftiert war, tat sein Bruder Johann alles, sein Erbe anzutreten. Er galt als Wüstling, dem es nichts ausmachte, Frauen nach Belieben zu vergewaltigen. Ob Papstwahl oder Bestimmung eines neuen Königs: Das Volk jubelte im voraus, als sei später dazu kein Anlaß mehr.

Richard Löwenherz

Legenden ranken sich um seinen Namen, Filme, literarische Erzeugnisse und Heftchen verklären seine Abenteuer ins Übermenschliche, als sei er ein Engel auf Erden gewesen. Das war Richard mitnichten, aber auch kein bloßer Schlagetot. John T. Appleby schrieb: »Richard hatte sich großen Ruhm erworben. Er war wagemutig, tapfer, großzügig ... Er hatte den Ruhm erlangt, den idealen ritterlichen Christen zu verkörpern.« Bernd Ulrich Hucker sagt es konkret: »Richard galt schon damals als die Blüte der europäischen Ritterschaft.« Mit positiven oder negativen Merkmalen?

Um den jungen Otto hatte er sich zweifellos verdient gemacht, ihn mit den geistigen Werten konfrontiert und ihm das Waffenhandwerk beigebracht. Seine Liebe zum jungen Mann war keine Rhetorik, sondern echt. Richard belehnte den jungen Mann 1190 mit der Grafschaft York, wo er jedoch abgelehnt wurde. Ein königliches Machtwort hätte wenig genützt. Otto mußte seine Karriere auf später verschieben. Im englischen Mutterland war er zum ersten Mal an seine Grenzen gestoßen.

Offensichtlich lag Richard Löwenherz die Verwandtschaft mehr am Herzen als das gesamte England. Ihn hielt so gut wie nichts diesseits des Kanal, ihn reizte die Teilnahme am 3. Kreuzzug, an dem sich auch Friedrich Barbarossa beteiligte. Dieses Unternehmen war äußerst verlustreich gewesen und Richard mußte sich im September 1192 zu einem Waffenstillstand mit Sultan Saladin, seinem Gegenspieler, bequemen. Der Wahn der Kreuzzüge war stärker als jede Vernunft. Im Morgenland hatte sich ein schwerer Zwischenfall ereignet, den Richard noch bereuen sollte: Herzog Leopold von Österreich wähnte sich durch den Briten schwer brüskiert. Als der Babenberger nach der

Kapitulation Akkons sein Banner aufpflanzte, um seine Ansprüche am Ertrag des Sieges zu unterstreichen, war Richard darüber so erregt, daß er dessen Entfernung befahl.

Der englische König mußte sehen, daß er nach Hause gelangte; sein Bruder Johann war – wie Brüder schon mal sind – aufsässig geworden, König Philipp August von Frankreich wollte sich die britischen Besitzungen auf dem Festland aneignen. Es war die ewige Jagd nach Eigentum und Einfluß. Richard bestieg sein Schiff – und ... kam nicht weiter. Von jetzt an widersprechen sich die Darstellungen. Appleby überlegte: »Es ist unverständlich, warum er nicht mit den anderen Kreuzrittern auf direktem Wege durch die Säulen des Herkules (Meerenge von Gibraltar) nach England zurückkehrte. Wahrscheinlich dachte er, daß er auf dem Landwege schneller als auf dem Seewege vorankäme.« Eine falsche Einschätzung des Seeweges. Karl Jordan hat nicht viel mehr zu bieten: »Da ihm die französischen Häfen versperrt waren, wollte Richard bei der Rückkehr nach England trotz mancher Bedenken den Weg durch Deutschland nehmen. Er strandete aber bei Aquileja und fiel auf seiner Irrfahrt im Dezember 1192 in der Nähe von Wien in die Hände seines Feindes Herzog Leopold, der ihn auf seiner Burg Dürnstein in der Wachau in Haft setzte und mit dem Kaiser über die Auslieferung des Königs verhandelte.« Zwingender scheint die Darstellung von Karl Friedrich Krüger, weshalb Richard mitten im Strom die Pferde wechselte: »... da er auf dem Rückweg nach England durch einen Schiffbruch bei Aquilea gezwungen wurde, an Land zu gehen ...«

Detailliert schildert Norbert Ohler: »... reist er verkleidet. Um nicht aufzufallen, widmet er sich sogar dem ›servil opus‹, der knechtischen Arbeit des Kochens in der Herberge. Aber er verrät sich, da er vergessen hat, einen kostbaren Ring abzunehmen.«

In den räuberischen Jahrhunderten kannte selbst ein gekröntes Haupt keine Skrupel bei der Erpressung von Lösegeld. Diese kriminellen Machenschaften hielten sich bis in die Gegenwart.

Kaiser Heinrich VI.: Tod in Italien

Herzog Leopold von Österreich mochte sich mit Richard Löwenherz nicht belasten, er gab ihn an Heinrich VI. weiter und versicherte sich eines Teiles des Lösegeldes. Auf Burg Trifels mußte Richard auf seine Freilassung warten. Für Bruder Johann die Chance, das englische Reich aus den Angeln zu heben, das heißt durch Landesverrat an die Macht zu gelangen. Wider alle guten Sitten schwor er Philipp, dem König von Frankreich, die Treue für alle Lehen (Normandie und andere Gebiete). Um seine illegitimen Vorhaben in die Tat umzusetzen, warb er ausländische Söldner, mit denen er nach England fuhr und Wallingford sowie Windsor angriff und überwältigte. Sein nächster Schritt war die Vorstellung beim Obersten Richter in London, Walter von Coutances, und seine Forderung nach der Übergabe Englands an ihn. Bruder Richard erklärte er für tot. Das Gericht ließ ihn abblitzen.

Von nun an handelte Johann auf eigene Faust, eroberte Burgen seines Bruders. Nachdem sich in England herumgesprochen hatte, daß Richard nicht tot, sondern Gefangener sei, machten sich die Äbte von Boxley und Robertsbridge auf den Weg nach Bayern, wo sie mit Richard zusammentrafen. Von ihm hörten sie das vernichtende Urteil über den Verräter: »Mein Bruder Johann wird nie ein Land erobern, wenn es auch dort auch nur einen Mann gibt, der seinen Plänen den geringsten Widerstand entgegensetzen kann.«

Die Geschichte des zu zahlenden Lösegeldes ist in mehreren Versionen verbreitet: 70 000, 100 000, 150 000 Silbermark, erkleckliche, kaum aufzutreibende Summen, sollten an Heinrich VI. gezahlt werden.

Bei Appleby liest sich die Eintreibung der Gelder gefälliger als sie war: »Alle Männer, Kleriker und Laien, mußten den vierten Teil ihres Jahreseinkommens und den vierten Teil ihrer beweglichen Habe abliefern; jeder Ritter mußte zwanzig Schillinge entrichten; das Gold und Silber der Kirchen wurde beschlagnahmt, so wie es der König befohlen hatte; die Zisterzienser- und Gilbertinerorden, die in der Theorie arm waren, steuerten einen Jahresbeitrag Wolle bei. Es ist ein außerordentlicher Beweis für

Richards Beliebtheit bei einem Volk, das ihn kaum kannte, und es zeigt, wie sehr er die Phantasie der Menschen beschäftigte und wie sie ihn seiner Taten wegen liebten, die er im Heiligen Land vollbracht hatte, daß ganz England die Aufgabe auf sich nahm, eine so große und kaum vorstellbare Summe Geldes aufzubringen.«

Kaiser Heinrich VI. sandte seine Leute nach London, damit sie das Lösegeld holten. Appleby wußte, was er seinen Vettern nachsagen konnte: »Sie staunten über den Wohlstand der Stadt und den Reichtum seiner Bürger, denn die ungeschliffenen Deutschen hatten erwartet, daß das Land nach Entrichtung einer derart hohen Geldsumme völlig verarmt sein würde.«

Die Zahlung genügte dem deutschen Kaiser noch nicht, er verlangte die Stellung von Geiseln; unter den sechzig Männern befand sich auch Otto, der mit seinem Kopf haftete. Für den Welfen war's eine ehrenhafte Geiselhaft, denn ihm wurden Diener zugestanden.

Hucker berichtet, daß Otto in der zweiten Jahreshälfte nach England zurückgekehrt und von Richard Löwenherz mit diesem Ausruf empfangen worden sei: »Nun weiß ich, daß ich wirklich aus meiner deutschen Gefangenschaft befreit bin.« Hatte Richard sein Volk wegen seiner Inhaftierung ausgeplündert, so scherte er sich nicht im mindestens um dessen Opfer, sondern verlangte neue Zahlungen.

Unter dem englischen König wurde Otto zum Grafen von Poitou, und mit dem Herzogtum Aquitanien belohnt; sein Bruder Heinrich, durch Heirat zum Pfalzgrafen bei Rhein avanciert, machte eine etwas geringere Karriere. Bruder Lothar war 1190 und Heinrich der Löwe am 6. August 1195 in Braunschweig gestorben. Er hatte sich mit dem Kaiser ausgesöhnt.

Richard Löwenherz aber blieb seinem Gewerbe treu. Die Versöhnung mit seinem Bruder Johann hatte dessen unterwürfige Haltung bewirkt. Er verwickelte seine Heerhaufen in französische Kriege, Otto mutig an seiner Seite. In England wäre Richard gebraucht worden, wäre sein Geschäft nicht der Kampf, sondern das Regieren gewesen. Den Todesstreich empfing er auf dem Festlande im Frühling 1199. Einer seiner Vasallen hatte einen Schatz entdeckt und war zum Teilen bereit, nicht aber Richard. Er versuchte die Burg anzugreifen; bevor es dazu kam, wurde er durch einen Pfeilschuß tödlich verwundet. Zwar schenkte er dem Schützen das Leben, wären nur seine Männer etwas behutsamer gewesen. Sie häuteten ihn bei lebendigem Leibe. Das Mittelalter aber schritt der Neuzeit nur voraus.

Zwei Könige in Deutschland

Das Skatspiel besitzt vier Könige, Deutschland brauchte manchmal deren zwei. Noch herrschte der als grausam bezeichnete Heinrich VI. auch in Italien. Der sizilianischen Bevölkerung war die deutsche Bevormundung suspekt, sie stand im Februar 1197 auf, vertrieb Konstantia, die Ehefrau des Kaisers nach Palermo und Heinrich nach Messina. Im Grunde war's eine schmähliche Flucht. Heinrich kehrte mit seinen Soldaten, die ihr Ziel im Heiligen Land sahen, zurück. Die Rache des Kaisers war nicht süß, sondern erschreckend. Graf Richard von Acerra wurde durch ein Pferd zu Tode geschleift. Konstantia war ihm darob gram. Aber die Tage des Mannes waren gezählt. Ein zu kaltes Getränk, womöglich zu hastig hinuntergeschüttet, machte ihn krank, heißt es, obwohl wir heute wissen, daß sich Kaltes auf dem Weg in den Magen erwärmt. In Messina wollte er genesen, er starb dort, 32jährig, im September 1197.

Sein Nachfolger hätte sein 3jähriger Sohn Friedrich werden sollen, und die den Deutschen nicht sehr wohlgesonnene Konstantia, deren Herz Italien gehörte, die zunächst verantwortliche Regentin. Mit einer solchen Lösung vermochten sich die eine Wahl entscheidenden Herzöge und Erzbischöfe nicht anzufreunden.

Als Kandidat für die Stellung eines königlichen Herrschers wurden Heinrich von Braunschweig, später Otto von Poitou und

Richard Löwenherz wird von den Österreichern gefangen genommen

Philipp von Schwaben ins Spiel gebracht. Einige Fürsten liebäugelten mit der Wahl Bertholds von Zähringen, der jedoch abwinkte, weil er sich den finanziellen Anforderungen nicht gewachsen fühlte. In einem Land, wo selbst Schützenkönige gut betucht sein sollten, hätte sich ein unvermögender Monarch nicht durchzusetzen verstanden. Für den Herzog Philipp entschied sich am 6. und 8. März 1198 die eine Partei, für Otto die andere; dessen Krönung wurde am 12. Juli in der Aachener Pfalzkapelle durch den Erzbischof von Köln vorgenommen. Das liest sich einfacher als es war, denn die Staufer hatten in Aachen dreihundert Ritter zusammengezogen, welche die kleine Stadt gegen die Welfen verteidigen sollten. Ottos Truppe nahm sie bravourös. Von Richard Löwenherz mit beachtlichen Geldmitteln ausgestattet, war ihm zu protzen erlaubt. So ganz nebenbei schmierte er die Fürsten, was Brauch war.

Bei Joachim Bumke ist es nachzulesen: »Welche Rolle das Geld in der großen Politik bereits um 1200 gespielt hat, zeigen die Bestechungsgelder, die nach dem Tod Kaiser Heinrichs VI. († 1197) an die deutschen Fürsten gezahlt wurden, um die Wahl des neuen Königs zu beeinflussen. Während die staufische Partei um Philipp von Schwaben davon profitierte, daß der reiche sizilianische Thronschatz von Heinrich VI. nach Deutschland gebracht worden war, wurde die Wahl des Welfen Ottos IV. vor allem mit englischen Geldmitteln – Otto IV. war ein Neffe des englischen Königs – finanziert. Der Kölner Erzbischof Adolf von Altena († 1205) soll ebenso wie Heinrich I. von Brabant († 1235) für seine Wahlhilfe ›unendliche Gelder vom englischen König‹ erhalten haben. Für 8000 Mark soll der Erzbischof Johann I. von Trier für die welfische Partei gewonnen worden sein (Braunschweigische Reimchronik 4882f.). ›9000 Mark‹ hat der Kölner Erzbischof angeblich erhalten, als er zu Philipp von Schwaben überging. Für 8000 Mark wechselte der Landgraf Hermann von Thüringen († 1217) 1198 zu den Welfen über: ›Er (Otto IV.) gab ihm wohl 8000 Mark, damit er ihm aufrichtig Treue schwor zu treulichem Beistand.‹ Die Rückkehr zur Seite Philipps von Schwaben im Jahr 1199 ließ sich der Landgraf mit Reichsgut in Thüringen bezahlen.«

Beide Könige behaupteten, rechtsgültig gewählt zu sein und zu Recht auf dem Thron zu sitzen. Nachzugeben beabsichtigte keiner. Ihren Streit fochten die beiden Männer nicht im direkten Kampf miteinander, sondern mittels eines mörderischen Bürgerkrieges aus.

Zerrissenes Land

Hätten sich Philipp und Otto selbst wehgetan, wäre nichts einzuwenden gewesen. Sie taten aber lieber der Bevölkerung weh. Während Otto noch in Aachen residierte, schritt Philipp zur Tat. Sein Heerhaufen wälzte sich auf die Lande des Bischofs Conrad von Straßburg und der Grafen von Dachsburg zu, wobei er die Besatzungen von Burgen überwältigte und das Gebiet nach Kräften zerstörte. Erneut in Mainz, krönte der Erzbischof von Tarantaise Philipp am 8. September 1198. Würde und Feierlichkeiten müssen König Philipp sehr selbstbewußt gemacht haben. Er marschierte auf Köln zu; bevor er es erreichte, stellte sich Otto dazwischen, der dem Ansturm nicht gewachsen war und nach Köln retirierte, das Philipp nicht zu erobern verstand. Seine Soldaten tobten sich in Remagen, Bonn und Andernach aus.

Es wundert, daß einer dieser Monarchen Anhänger besaß, denn ihre Empfehlung bestand in Blut und Gewalt. Ihnen lag auch kaum das einfache Volk zu Füßen, nur jene Fürsten, die sich davon Vorteile versprachen. Neben der Gewalt behauptete sich die Korruption, eine jener menschlichen Errungenschaften, die sich als unausrottbar erwiesen haben.

Pfalzgraf Heinrich, Ottos älterer Bruder, kehrte vom Kreuzzug zurück; er trat auf dessen Seite; auch der Herzog Heinrich von Brabant schloß sich Otto an. Für Friedrich Steger wurden der von Brabant und Adolf von Köln als unzuverlässig eingeschätzt.

Es muß hier nicht jede Schandtat erwähnt, nicht jeder Schachzug nachvollzogen werden. Im August 1200 belagerte Philipp Braunschweig; als rettender Engel erschien am 20. Pfalzgraf Heinrich mit seinem Heerhaufen und drückte Philipps Mannen zurück. Weil's der Tag des heiligen Autor war, stand der Legendenbildung nichts mehr im Wege. Philipp von Schwaben warf seine Augen auf Braunschweig, Otto IV. auf Goslar. Diese Aspekte arbeitete Bernd Ulrich Hucker heraus, indem er sich auf Braunschweig und Goslar bezog: »Die Förderung der Stadt konnte also nur im Interesse Ottos IV. liegen, was auch im Fall des Kampfes gegen das staufentreue Goslar deutlich wird. Hier kam es zu einer bemerkenswerten Verknüpfung von wirtschaftlichen, militärischen und politischen Zielen sowohl des Königs als auch seiner Stadt.«

Der Welfe rückte gegen die widerspenstige Stadt vor, die treu

Kaiser Otto IV.

zu König Philipp hielt, was dem Welfen überhaupt nicht in den Kram paßte. Im Zusammenhang damit schrieb Gustav Langerfeldt:

»Die Stadt wurde eingeschlossen, die Zufuhr abgeschnitten, die Bürger gerieten in große Not und gingen zuletzt einen Vertrag dahin ein, daß sie die Stadt übergeben wollten, wenn nicht binnen zehn Tagen Entsatz und Hilfe von König Philipp käme. Otto hob danach die Belagerung auf und begab sich nach der nahen Harzburg, um dort das Weihnachtsfest zu feiern.«

So kann es nicht gewesen sein. Es sei denn, Otto wäre die gewaltsame Eroberung der Harzburg gelungen, was jedoch nicht der Fall war.

Die Grafen auf der Harzburg

Der Hinweis Langerfeldts auf die Weihnachtsfeier Ottos läßt vermuten, daß ihm die Harzburg offengestanden hätte. Offengestanden nicht! Seit den Tagen Friedrichs I. Barbarossa im Jahre 1180 war die Harzburg mit königstreuen Grafen besetzt und die meinten nicht den Welfen, sondern erst einmal Philipp von Schwaben. Für diesen legten sich Heinrich I. und Hermann I. ins Zeug. Ihr Gefühl, wem sie zu dienen hatten, schien untrüglich. Beim späteren Kampf um Goslar war ihre Treue unbeirrbar. So irrt O. Hohnstein, wenn er den Grafen nachsagt, daß sie »ihres eigenen Vorteils wegen sich von seinem Gegenkaiser Philipp von Schwaben getrennt hatten«. Philipp war tot, als sie sich Otto IV. zwangsläufig zuwandten.

Einmütig stand die Familie der Grafen von Wöltingerode-Wohldenberg nicht gegen Otto; Lüdiger II., Sohn Ludolfs II., knüpfte zwischen 1196 und 1197 mehrmals Kontakt mit dem König.

Otto hatte, um der Reichsstadt den Lebensfaden abzuschneiden, Burg Lichtenberg und die Harliburg errichten und besetzen lassen. Wolfgang Petke vermutet, daß die Anhängerschaft Lüdigers ihm den Bau der Harliburg erleichtert habe. Der heutige Harliberg hieß 1203 Harlungenberg.

Vor der drohenden Gewalt entwichen viele Goslarer – und wie hier ist der Mensch nie zur Ruhe gekommen. Was half es, den Landfrieden zu stärken, die Raubritter zu verfolgen und aufzuknüpfen, wenn die Haufen der Herrschenden alles nur noch schlimmer machten und der Begriff Sicherheit nicht mehr als eine Farce war. Kein König stand seinem Gegenspieler nach.

E.J.G. Leonhard legte sich nicht unbedingt für die Reichsstadt ins Zeug. Sie sei bestrebt gewesen, dem König Otto so vielen Schaden und Nachteil zuzufügen, als es in ihren Kräften stand: »Die Feindseligkeiten zwischen Otto und Goslar hörten ... nicht auf, sondern die Bewohner dieser Stadt erlaubten sich alle möglichen Streifereien in das braunschweigische Land und trieben dort Unfug, wenn Otto nicht in ihrer Nähe sich befand.«

Im Jahre 1204 bemächtigte sich Hermann I. der Burg Lichtenberg, da konnte sich Ottos Truchseß Gunzelin von Wolfenbüttel noch so sehr bemühen, er eroberte die Burg nicht zurück. Hermann übergab sie seinem Bruder Heinrich I. und wechselte nach Goslar, das wohl die Kraft besaß, sich gegen Ottos Angriffe zu wehren, doch dann kam Verrat ins Spiel. Im Kloster Neuwerk schlug Antonias Herz für die Welfen, denen sie den Weg wies, so daß Gunzelin am 8. Juni 1206 die Stadt nahm. Die Söldner hausten fürchterlich und zerstörten Haus um Haus. Die einst so reiche Stadt befand sich in Ottos Händen. Das aber war noch nicht das Ende aller Tage.

Die insgesamt zehn Jahre Bürgerkrieg sind nicht wie im Fluge vergangen, sie kosteten unglaubliche Opfer.

Papst Innocenz III.

Am 8. Januar 1198 starb Papst Cölestin III. Sein Nachfolger am selben Tag wurde der Kardinal Lothar von Segni; er nannte sich Innocenz III., war der jüngste Kardinal und ein so gut wie unbeschriebenes Blatt, was sich ziemlich rasch änderte. Willy Andreas skizzierte: »Daß Gott beide ›Schwerter‹ dem Apostelfürsten und seinem Nachfolger, dem Papst, gegeben habe, der das weltliche Schwert an Kaiser, Könige, Fürsten weitergebe, damit sie es für ihn führten, das hatte schon Bernhard von Clairvaux dem kirchlichen Denken beigebracht. Innocenz III. zog daraus die politische Folgerung, daß er als Wächter und Richter über alle Staaten und Völker den Herrschern ihre von Papst stammende Amtgewalt auch wieder entziehen könne, wenn sie dem göttlichen, das heißt dem päpstlichen Willen und Gebot widerstreben. Sein Anspruch, als Statthalter Gottes auf Erden und Stellvertreter Christi, als Nachfolger des Apostelfürsten und Pförtner des Himmelreichs ein Mittelwesen zwischen Gott und Mensch zu sein, ›geringer als Gott, doch mehr als ein Mensch‹, in unmittelbarem Verkehr mit Gott von ihm als höchster Herrscher über die ganze Menschenwelt gesetzt, war nur die letzte Steigerung einer längst im kirchlichen Recht und Schrifttum verankerten Idee, die er verkörpern und verwirklichen wollte.«

Die Päpste hatten es seit je verstanden, alle Fäden in Händen zu halten und jene, die wider sie aufbegehrten, mit einem Bannfluch zu belegen. Innocenz III., der zunächst für Otto votierte, schleuderte den Bann gegen König Philipp. Päpste wie Innocenz hatten nicht das christliche Heil der Menschen im Auge, sondern allein die Erhaltung ihrer Macht, so daß sie, wenn sie es nur für nützlich begriffen, die Fahne eilfertig in den Wind hängten.

Der Reihe nach: Otto IV. erhielt am 1. März 1201 die Zustimmung des Papstes zu seinem Rang. Innocenz III. machte für ihn mächtig Stimmung. Hartbert von Hildesheim mochte sich der Empfehlung seines obersten Dienstherrn, Otto zu würdigen, nicht zu entziehen. Die päpstliche Fürsprache erreichte gut ein Jahr danach den Bischof Konrad von Würzburg und Graf Adolf von Schaumburg. Wolfgang Petke summarisch: »Der große Abfall der Fürsten von Philipp von Schwaben hatte begonnen.« Mit nichts läßt sich der Einfluß des Papstes besser verdeutlichen.

Chronisten nannten Innocenz klug, aber eben nicht nur, ja, die

Papst Innocenz, Freund und Gegner Ottos

Urteile sind einhellig negativ: »... unter den vielen bösartigen Päpsten, deren Sünden die Geschichte aufgezeichnet hat, der schlechtesten einer«, konstatierte Friedrich Steger. Um nichts milder, meint Richard Suchenwirth: »Nun steigt die Kurie zur Weltbeherrschung auf. Im Norden hält der Papst das deutsche Königtum durch den Bürgerkrieg in Ohnmacht, im Süden muß sich Heinrichs Witwe Konstanze .. .auf sein Wohlwollen stützen ... Die Kaiserin weist die Ministerialen aus dem sizilianischen Reiche aus, in Mittelitalien wird die deutsche Herrschaft vielfach abgeschüttelt, die lombardischen Städte sind deutschfeindlich, der Kirchenstaat aber dehnt sich auf Kosten des Reiches um ganze Grafschaften und Herzogtümer aus ... Die Kaiserin hat den jungen Friedrich nach Palermo gebracht, um ihn hier zu einem echten Sizilianer erziehen zu lassen. Als sie dann sehr rasch stirbt (1198), tritt auf Grund ihrer letztwilligen Verfügung der Papst als Vormund des erst vierjährigen Friedrich auf. So bekämpft Innocenz mit der ganzen Gewandtheit der kurialen Politik in Deutschland den Hohenstaufen Philipp, in Sizilien aber ist er der Vormund des Hohenstaufen Friedrich, der auch gekrönter deutscher König ist.«

Otto sagt Suchenwirth nach, daß dieser sich um die Unterstützung des Papstes bemüht habe. Er sei bereit, sich in allem der Kurie zu fügen. Er erkenne eidlich die italienischen Ansprüche an ... Ottos Zustimmung kann durchaus zweckgebunden, also hohe Politik, gewesen sein. Soldan/Heppe warfen dem Papst vor, die Ketzerei zu einem der »ärgsten öffentlichen Verbrechen« erhoben zu haben. Bernd Rill behauptet, daß Innocenz von der Notwendigkeit durchdrungen gewesen sei, die Seelen absolut und lückenlos zu beherrschen. Im Jahr seiner Wahl ordnete Innocenz III. in einem Schreiben an den Erzbischof von Auch in der Gascogne wegen der Albigenser kategorisch an:

»Da dieser widerliche Irrglaube in der Gascogne und den benachbarten Ländern um sich greift, ist es Unser Wunsch, daß Du und Deine Bischöfe Euch mit aller Kraft dieser Pestilenz entgegensetzet...Wir erteilen Dir den strengen Befehl, daß Du mit allen Mitteln diese Ketzereien vernichtest und alle aus Deiner Diözese vertreibest, die von ihnen befleckt sind...Nötigenfalls kannst Du die Fürsten und das Volk veranlassen, ihnen mit dem Schwert ein Ende zu bereiten.«

Hart und maßlos geht Suchenwirth mit Otto IV. ins Gericht, den er als gewissenlosen Pfaffenkönig diffamiert.

Vorausgegriffen:

Bernd Ulrich Hucker hat sich mit einer auf der Hand liegenden Frage befaßt: Was schuldete Otto dem Papst? Alles, wie sogar von Otto behauptet wird? Ist er wirklich der Pfaffenkönig, also Liebkind der Kurie? Das gelte »in vollem Maße nur für die Zeit des Doppelkönigtums«. Eine noch so reich entfaltete diplomatische Aktivität, bemerkt Hucker, dürfe nicht darüber hinwegtäuschen, daß der große Papst nicht der Motor der Entwicklung von 1208 gewesen sei. »Der Tod Philipps, den er als Gottesgericht ansah, hatte seine Politik aus einer Zwangslage befreit, und nur notdürftig konnte er, wie einzelne Briefstellen verraten, sein Frohlocken darüber verbergen. Gleichwohl sind es andere politische Kräfte gewesen, die die allgemeine Anerkennung des Welfen durchgesetzt haben, und Innocenz III. blieb kaum eine andere Wahl, als sich dem Zug der Zeit anzuschließen.«

Nie vergaß der Papst, und das betonte er nachdrücklich, daß er den Menschen, gemeint Otto IV., geschaffen habe. Im Jahre 1208 äußerte er sich: »Wenn Dich aber auch Freunde und Verwandte verließen, haben Wir jedoch, treu in Liebe zu Dir ausharrend, nicht aufgehört, mit eifrigem Bemühen zu betreiben, was Wir für Dich, den Zeitumständen entsprechend vorteilhaft hielten.«

Mochte Innocenz auch die Macht der Kirche, die Macht des Himmels, die Vergänglichkeit irdischer Herrschaft beschwören und daraus den Schluß ziehen, daß er auf Erden die letzte Instanz sei, bedurfte er doch des kaiserlichen Beistands. Am 29. Juni 1201 hatte Otto IV. dem Papst einen Eid geleistet, worin er das Amt und die kirchlichen Besitztümer zu beschirmen betonte. Mit diesem verpfändeten Wort hatte sich der Welfe nur scheinbar dem Papst unterworfen. Sein Sklave ist er nie gewesen. Aber zu Beginn seiner Karriere mußte er sich an Innocenz anlehnen.

Es gab die Zeit, wo Innocenz Philipp von Schwaben zuneigte und Otto gern einen Rücktritt nahegelegt hätte; 1207 hob der Papst die Exkommunizierung Philipps auf, im darauf folgenden Jahr wollte dieser nach Rom reiten. Dazu kam es wegen des Mordes nicht mehr.

Pfalzgraf Heinrich

Brüder müssen es nicht immer und jederzeit miteinander können. Das hatten Richard Löwenherz und Johann von England bewiesen. Auf Heinrich von Braunschweig trifft diese Feststellung auch zu. Er war der Ältere und mit Otto manchmal nicht einverstanden. Im Jahre 1195 wurde Heinrich, nachdem sein Schwiegervater tot war, 25jährig, Pfalzgraf. Aus der Position leitete er sicherlich keine neue Verantwortung ab. Sein Blick galt den heiligen Städten in Palästina, für die er, ganz im Sinne Heinrichs VI. einen Kreuzzug verlangte. Der Verdacht bietet sich an, daß nicht Bekehrung, sondern Vertilgung der Ungläubigen, mörderischer Kampf gegen sie und morgenländische Beute motivierend waren.

Eine stattliche Zahl von Fürsten und Rittern brach auf. Außer Heinrich von Braunschweig, Hermann von Thüringen, Heinrich von Pappenheim, Albrecht von Habsburg, Otto von Brandenburg, waren die Erzbischöfe von Bremen, Halberstadt, Köln, Mainz, Passau, Regensburg auf dem langen Marsch. Heinrich VI. schwenkte unterwegs um, Apulien und Sizilien harrten ihrer Eroberer.

An dieser Stelle muß der Kreuzzug, weil ohne Belang, hier nicht weiter verfolgt werden. Als Heinrich wieder deutschen Boden betrat, war sein Bruder Otto deutscher König, aber auch Philipp von Schwaben. Sich Otto verpflichtet zu fühlen, mag er als

Pfalzgraf Heinrich, Ottos Bruder

zwingend angesehen haben, im Hinterkopf schon der Gedanke an neue Gewinne.

1203 war Heinrichs Mannesmut gefragt; er befand sich in Stade und wurde um Beistand gebeten. Philipp tobte sich in Sachsen aus. Überraschend hatte Ottokar von Böhmen die Seiten gewechselt und sich Otto IV. zur Verfügung gestellt, der sich noch im Rheinland aufhielt. Vom Bruder instruiert, machte sich Otto auf den Marsch. Gustav Langerfeldt bezieht erneut die Harzburg in seiner Darstellung ein: »Als der Pfalzgraf Heinrich und Landgraf Hermann Nachricht bekamen, daß Otto auf der Harzburg angelangt sei, gingen sie ihm entgegen und führten ihn zu Ottokar, der im Lager vor Erfurt zurückgeblieben war.« In Erfurt verschanzte sich Philipp. Auch diesmal kann Otto IV. nicht auf der Harzburg gewesen sein; die Hermann und Heinrich waren seine Feinde. Merseburg zählte zu der Welfen Zielen, Halle ebenso, das sich nicht ergab, da es der Erzbischof Ludolf von Magdeburg erbittert verteidigte. War's nicht Halle, dann eben die wehrlose Umgebung. Es durfte vergewaltigt, gemordet und gebrandschatzt werden, nicht immer schön der Reihe nach, sondern, wie es gerade paßte, wild durcheinander. Die Soldateska schwenkte nach Quedlinburg und näherte sich Halberstadt; beide Plätze boten ansehnliche Zahlungen und gerieten nicht in den Gewaltstrudel. Otto rückte, gemeinsam mit Heinrich, auf Goslar vor und scheiterte. Die kleine Stadt war viel zu gut besetzt.

Gewiß war's nicht Zwietracht, sondern rechtschaffener Ärger, der beide Brüder zunächst auseinanderbrachte. Sie befanden sich erneut im Anmarsch auf Goslar. Nahe Burgdorf schlug der Heerhaufen seine Zelte auf – und Heinrich brach seinen Streit vom Zaun. Philipp von Schwaben hatte Heinrich zugesetzt und ihm unter die Nase gerieben, daß er drauf und dran sei, die Pfalzgrafschaft einzubüßen. Da mußte Otto Ersatz bieten: Braunschweig und Lichtenberg wollte Heinrich haben. Der König sagte ihm kraß, daß er erst das Reich erlangen müsse, dann über Heinrichs Wünsche reden werde.

Ohne Federlesens begab sich Heinrich zu Philipp.

Eine eigenartige Wertung Philipps erlaubt sich Richard Suchenwirth; für ihn ist dieser »liebenswürdig«. Gemeint: ein liebenswürdiger Totschläger? Denn ein Marodeur und Totschläger war er ja. Seit wann wäre »liebenswürdig«, natürlich im Umgang mit Adligen, sofern sie auf der richtigen Seite standen, ein Befähigungsnachweis für höhere Führungsaufgaben gewesen?

Es gelang Philipp, Goslar vor dem Zugriff Ottos IV. zu retten, aber an einen befreienden Schlag war offenbar nicht zu denken. Philipps Heerführer, mit Sympathien für Pfalzgraf Heinrich, der dem Bruder Waffenhilfe leistete, wären im Januar 1199 durchaus zur Feldschlacht fähig gewesen. Mürrisch retirierte König Philipp mit seinen Truppen, in deren Bewegung Otto hineinstieß. Nur war das kein dauerhaftes Verfahren, der Welfe verordnete seinem Heer Ruhe in Bockenem und sich eine Reihe ausgelassener Feierlichkeiten in Hildesheim.

Könige dieser Zeit geboten über eine Sattelregentschaft; sie durchstreiften die Lande und besaßen kein Haus, in dem sie sich hätten gut einrichten können; bei Otto IV. von verschiedenen Burgen und dem Braunschweiger Dankwarderode abgesehen. Philipp sammelte jene Fürsten, die für ihn weiterhin das Schwert zu schwingen versprachen, im Januar 1199 in Nürnberg, er ritt im Februar weiter nach Speyer und engagierte sich im Mai gelegentlich seines Hoftags. Im folgenden Monat wälzten sich seine 3000 Ritter ins Elsaß. Ehe der König seine Hände nach Straßburg ausstrecken konnte, mußte er es erfolgreich belagern. In den Vorstädten hauste der königliche Pöbel schon.

Was Philipp nicht ahnte: daß Otto IV. in Köln einen neuen Kriegszug gegen ihn beabsichtigte. Dieser ließ auf Boppard zu marschieren und reiten, und jeder hatte die Barbarei im Gepäck, eine Spur der Vernichtung bis nach Koblenz tragend. Vergebens harrte Otto des Beistandes durch den Landgraf Hermann von Thüringen, der erst durch Kuno von Minzenberg am Vormarsch gehindert wurde und danach ins andere Lager schwenkte. Philipp war auf Triumph und sicherlich auch auf Vernichtung des Gegners aus. Daß ein verheerender Bruderkrieg entfesselt worden war, wird ihm kein Mitleid abgefordert haben. Er tobte sich bei Maastricht und nahe Gulpen aus. Mochte er sich auch nicht durchgesetzt haben, dem Terror seiner Truppen waren die armseligen, um Leben und Besitz bangenden Zivilisten nicht gewachsen.

Weihnachten genoß König Philipp in Magdeburg; das Fest des Friedens benützte er dazu, mit der Idee zu liebäugeln, den Krieg nach Braunschweig zu tragen. Diesmal schreckte niemand vor Heinrich zurück; Otto hielt sich noch am Rhein auf. Ob es dem König damit so ernst war, steht zu bezweifeln. In Hildesheim erlaubte er den Einwohnern, ihm zu huldigen, was diese sich nicht versagen mochten und das Herz schlug ohnedies für den gerade Anwesenden. In Nürnberg setzte Philipp im März einen Hoftag an; Erzbischof Konrad I. von Mainz suchte ihn für einen auf fünf Jahre befristeten Waffenstillstand zu gewinnen; ihm lag nicht nur daran, sondern auch am Verzicht eines Monarchen auf seine Position. Otto betrat diese Brücke nicht, lehnte ein solches Ansinnen rundweg ab. Er war rechtmäßig gewählt und würde bis zu seinem Tode deutscher König bleiben. Konrad I. starb im Oktober 1200 nach der Rückkehr von einer Reise nach Ungarn.

Dem Waffenstillstand war ein ähnliches Schicksal beschieden, er wurde nichts Halbes und nichts Ganzes. Bis zum 11. November 1200 sollte er, unter Ausschluß Sachsens, beachtet werden. Damit waren eher dem Krieg die Pforten geöffnet worden.

Bischof Konrad von Würzburg ging am 3. Dezember 1202 zur Kirche, als ihn zwei Ritter von Ravensburg ermordeten. Hucker nennt irrtümlich das Todesjahr 1203. Dieser Konrad von Querfurt hatte sich in Deutschland umgesehen: als Propst zu St. Nikolaus in Magdeburg, als Propst zu St. Marien in Aachen, als Kanzler Heinrichs VI. und Philipps von Schwaben, als Bischof von Hildesheim und endlich von Würzburg; das Hildesheimer Amt bekleidete er weiterhin. Dagegen legte Innocenz III. sein Veto ein, er enthob Konrad dieser Ämter.

Der Mord an Konrad rief den Abscheu der redlich Denkenden hervor, sie verlangten die Aburteilung der Ritter, was unterblieb; die Buße, von Innocenz verhängt, war nur ein schwacher Ersatz. Es folgte, einige Jahre später, ein noch gravierenderer Mord.

Der ewig auf blutigen Streit sinnende Philipp von Schwaben hatte das Jahr 1208 zur Aufrüstung genutzt, er wollte mit dem Gegenbuhler ein Ende machen. Der Papst hatte sich von Otto ab- und Philipp zugewandt, er würde diesen zum Kaiser krönen. Er würde ... er kam nicht dazu. Mord beherrschte die Szene.

Es traf Philipp, der in Bamberg weilte und der Hochzeit seiner Nichte Beatrix mit Herzog Otto von Meran am 21. Juni beigewohnt hatte. Pfalzgraf Otto von Wittelsbach drang zum König vor und verletzte diesen mit seinem Schwert tödlich. In der allgemeinen Aufregung entkam der Mörder zunächst.

Über die Motivation des Wittelsbachers ist nachhaltig gerätselt worden. Handelte es sich wirklich nur um die Begleichung einer privaten Rechnung? Otto sollte eine Tochter Philipps als Gemahlin heimführen; der Plan fiel der sogenannten Staatsräson zum Opfer. Daraufhin sei der sich genarrt fühlende Otto von Wittelsbach ausgerastet. Mag sein. Die Hintergründe zu klären, scheint heute zwecklos, Spekulationen aller Art bieten sich an, es ist nicht sinnvoll, ihnen nachzugeben.

König von aller Gnaden

Otto IV. verurteilte den Mord, dessen Nutznießer er jedoch war; mehr darf ihm in diesem Zusammenhang nicht nachgesagt werden. Friedrich Steger schoß über das Ziel hinaus: »So war Otto von seinem furchtbaren Gegner befreit.« Aber: »Sein Benehmen bei dieser Gelegenheit war untadelhaft.« Die deutschen Fürsten liebäugelten mit keinem anderen Namen, sie wählten am 11. November 1208 auf dem Reichstag in Frankfurt Otto zum König, genauer gesagt: alle bestätigten ihn.

Der Mörder Philipps von Schwaben und alle, die ihn unterstützt hatten, verfielen der Acht. Otto von Wittelsbach durfte sich, wo er sich auch verbarg, nicht mehr sicher fühlen.

In Augsburg war Otto am 6. Januar 1209 zum Hoftag eingetroffen. Die Verfolgung des Königsmörders stand an vorderster Stelle, aber auch die Schaffung des Landfriedens war ihm wesentlich. Wer gegen das Gesetz verstieß, ob als Räuber, Dieb oder Totschläger, Otto befahl die Hinrichtung. Bernd Ulrich Hucker spricht vom vorliegenden Verzeichnis »der im Zuge der Landfriedensmaßnahmen von 1209 geächteten Personen im südostschwäbischen Raum«, die »von frappierender Vielseitigkeit« sei: »Die Schwerpunkte der angegebenen Ortsnamen stimmen exakt mit der Reiseroute des Königs von Januar und Februar 1209 überein, was auch notwendig ist, denn der Herrscher hatte die Ächtung persönlich vorzunehmen.« Der König sei in Augsburg nach dem Bericht Buchards von Ursberg sofort tätig geworden. Er habe dem Marschall von Kalden und seinen Rittern befohlen, die Landfriedensbrecher aufzuspüren und ihm zur Aburteilung vorzuführen. »Außer den Fürsten, die wie die Bischöfe von Trient und Passau wohl eigene Listen vorlegten, führten die Reichsministerialen mit dem Marschall an der Spitze die Exekutionen durch.«

Den nahe Regensburg an der Donau sich verkriechenden Otto von Wittelsbach spürte der emsige Marschall auf, der dem Mörder den Kopf abschlug. Dessen Burgen schleiften Graf Otto von Varley und Herzog Ludwig von Bayern.

Aufmerksam beobachtete Innocenz III. des deutschen Königs Verhalten; schon Mitte Januar 1209 richtete der Papst – wie unter anderem Hucker berichtete –, eine ernste Mahnung an ihn, er möge »mit aller Wachsamkeit Vorsorge treffen, daß nicht ein feindlicher Mensch Unkraut säe zwischen uns, indem er das Ärgernis der Zwietracht oder den Zweifel eines Verdachts dazwischenträgt. Denn zur ruchlosen Ausführung dieser Schlechtigkeit sind zweifelsfrei viele bereit«. Er sandte zwei Legaten nach Deutschland, die den König beraten sollten, was immer der Papst darunter verstanden haben mochte.

Otto war nicht beeindruckt; zu Beginn des Monats März 1209 war er mit den Fürsten übereingekommen, nach Rom zu fahren. Der Monarch sah sich weiterhin in Deutschland um; über Altenburg und Merseburg kehrte er nach Braunschweig zurück. Gustav Langerfeldt resümierte: »Friede herrschte nun in den deutschen Gauen, und es begannen die, leider nicht lange währenden Zeiten, wo Recht und Gerechtigkeit herrschten, das Städtewesen wieder auf blühte und der Landmann der Früchte seines Fleißes sich erfreuen durfte.«

Goslar, bisher auf der anderen Seite, brauchte sich fortan nicht mehr zu sträuben und Otto nicht mehr zum Schwert zu greifen. Nach Pfingsten widmete sich der König diesem Gemeinwesen, an dem er einiges gutzumachen hatte. Kloster Walkenried wurde von ihm besucht. Kaiser Friedrich Barbarossa hatte sich 1157 diesem Kloster gewogen gezeigt, indem er ihm ein Viertel des dort geförderten Erzes übereignete. Otto IV., Pfingsten 1209 zum Mitglied der Walkenrieder Brüderschaft ernannt, bestätigte am Heiligen Abend desselben Jahres diesen Besitz an Hütten und Silberbergbau. Im Frühsommer erreichte der König Würzburg, die fränkische Stadt, in der sich alles, was Rang und Namen besaß, eingefunden hatte, wie Arnold zu Lübeck registrierte: Die päpstlichen Legaten, die Erzbischöfe von Mainz, Trier, Köln und Salzburg, die Bischöfe von Straßburg, Augsburg, Speyer, Würzburg, Konstanz, Freising, Passau, Regensburg, Basel, Hildesheim, Verden, Halberstadt, Havelberg; die Äbte von Ellwangen, Fulda, Hersfeld, Corvey, Prüm; König Ottokar von Böhmen, Leopold, Herzog von Österreich, Bernhard, Herzog von Sachsen, Ludwig, Herzog von Bayern, Berthold, Herzog von Zähringen, die Herzöge von Lothringen und Brabant, die Markgrafen Conrad von Landsberg, Albrecht von Brandenburg, die Markgrafen von Meran und Meißen.

Den Kreis schloß Otto IV. durch die Verlobung mit der sehr jungen Beatrix, Tochter Philipps von Schwaben. Das Kind war alles anderes als ehereif.

Der Kaiser

Obwohl das Kaisertum noch immer von Rom ausging, wurde es dem Gehalt nach weltlicher. Carlo Schmid, kritischer Schöngeist und Politiker, argumentiert, daß für Friedrich Barbarossa die Würde Roms nicht mehr an den Apostelgräbern, sondern in den Cäsarenpalästen auf dem Palatinischen Hügeln gelegen habe. Er kam aber nicht nur auf die Hohenstaufen zu sprechen, er postulierte: »Welfentum war national beschränkt und partikularistisch, und darum konnte es mit der Kaiseridee nicht viel anfangen.«

Mit der Romfahrt Ottos IV. rückten die Hermann I. und Heinrich I. von Harzburg ins Licht des Interesses. Bislang hatten Grafen die Herrscher nicht nur zu Kaiserkrönungen, sondern auch auf Kreuzzügen begleitet, weil sie wußten, wo sie hingehörten.

Auch an die Seite des Welfen?

Um es vorwegzunehmen: Kein Graf von Harzburg schloß sich dem Troß nach Rom an. Waren sie ihm noch böse – oder brauchten sie Zeit, sich umzustellen? Wolfgang Petke bietet diese Erklärung:

»Die Grafen von Wohldenberg haben Otto IV. auf seinem Zug zur Kaiserkrönung am 4. Oktober 1209 nicht begleitet. Heinrich I. hatte sich am 4. April in Hildesheim bei Bischof Hartbert eingefunden, und an einem ungenannten Tag desselben Jahres war Hermann I. mit dem Landgrafen Hermann I. von Thüringen zusammen, der zu diesem Zeitpunkt noch dem Welfen anhing.« Gewagter, aber richtiger Schluß: »An der Treue der Wohldenberger zu Otto IV. konnte also kein Zweifel sein.«

In Italien erschien der König nicht als Eroberer, doch stark gerüstet und mit einem schier unübersehbaren Gefolge, da hielt ein Herrscher Einzug, der am Glanz seines Auftritts keine Einbußen dulden mochte. Gustav Langerfeldt meint, daß alles dem König freudig entgegengekommen sei. Eben auf übliche Weise: nach außen hin devot, in den Mienen Ergebenheit. Aber: der da sprach eine andere Sprache, war anderen Sinnes als sie. Ein Deutscher eben.

Die Kaiserpfalz zu Goslar

Ans allgemein Menschliche gedacht, können die Zeitgenossen des 13. Jahrhunderts nicht anders gewesen sein als die jetzige Generation: Grundbedürfnisse, auch der starke Wunsch nach Freiheit, waren damals wie heute ausschlaggebend. Daß sich Jubler unter die manchmal sehr bescheidene Menge mischten, Frauen und Männer, die ein gekröntes Haupt hochleben ließen, war nicht abzustreiten. Als Jérome, der von Bruder Napoleon zum König von Westfalen ernannte Monarch, im August 1811 den Harz heimsuchte, waren die Bewohner nicht davon abzuhalten gewesen, ihm die Ehre ihres Beifalls zu erweisen. Zumeist sind die Zeiten unsicher gewesen, im Mittelalter, ungeachtet aller Landfriedensgesetze, waren sie es besonders. So mag ein Königsbesuch für den Moment ein Lichtblick gewesen sein, aber weit entfernt von der einst in Rom geläufigen Formel »Brot und Spiele«.

Das Rom des Oktober 1209 war auf solch hohe Herrschaft nur bedingt eingerichtet; die Menschen hatten was gegen die Nordländer und ihre kalte Heimat. Tacitus schrieb: »Die Landschaft zeigt zwar im einzelnen eine gewisse Abwechslung, ist aber im ganzen doch schaurig durch ihre Wälder oder durch Sümpfe entstellt, reicher an Niederschlägen, wo sie den gallischen Provinzen zugewandt ist ...«

Wer gegen den König, gar gegen die Krönung war, revoltierte bewaffnet, so daß sich die Soldaten mannhaft zu wehren gezwungen waren, dies erfolgreich. Innocenz III. waltete seines Amtes, Otto IV. empfing die Kaiserkrone. Zum letzten Mal hatte er sich dem Papst gegenüber willig gezeigt. Des Papstes zwei Seiten streifte Bernd Ulrich Hucker: Schon Mitte Januar 1210 habe Innocenz gegen Otto zu agitieren begonnen. Zunächst mit Schreiben an die Bischöfe in Deutschland, über deren Wirksamkeit gestritten werden darf.

Der Bruch

Die Bäume Innocenz' III. wuchsen nicht in den Himmel, die

Erde war ihm nicht untertan, der neugewählte Kaiser probte den Aufstand gegen das römische Diktat, aber vielleicht war sein Verhalten auch nur ein Akt der Selbstbesinnung. Wo er vermochte, handelte er entschlossen. In der Diktion Langerfeldts klingt es so: »Otto begann nun die Ausübung seiner höchsten weltlichen Macht damit, daß er Viterbo, Montefiascone und die umliegende Landschaft, Aquapendente, Perugia, Orvieto und andere Orte wieder unter kaiserliche Botmäßigkeit brachte.« Er stellte die Reichsgewalt in Italien in des Wortes wahrer Bedeutung wieder her.

1210 war Otto geneigt, Italien den Rücken zu kehren und nach Deutschland zu reiten; er wurde anderen Sinnes und, sein Interesse galt Sizilien, womit er den Rubikon überschritt. Von Sizilien hatte er dem Papst die Finger zu lassen versprochen. Im Mai 1210 stieß Graf Hermann I. von Harzburg in Brescia zum Kaiser, um ihm, wie Wolfgang Petke vermutet, die Gesuche vorzulegen, »sowohl das Andreasstift in Hildesheim wie seinen Vetter Buchard II. von Wohldenberg, Hildesheimer Domherrn und Vertrauten Ottos IV. seit 1197, in Schutz zu nehmen«. Während der Sommermonate warb der Kaiser, Graf Hermann an seiner Seite, Soldaten für den Marsch nach Sizilien. Dieses Gebiet war Friedrichs Reich und des Papstes Interessengebiet. Otto IV. mußte wissen, worauf er sich mit diesem Feldzug einließ, er ignorierte etwelche Bedenken. Die folgende Entwicklung vermochte er nicht vorauszusehen: Im November 1210 schleuderte Innocenz den Bannfluch gegen Otto; kein Jahr später bekam er in Friedrich II. einen schon sehr ernsthaften Konkurrenten.

Der Gegenkönig

Ottos Wahl zum König war von der englischen Krone beeinflußt worden; mittlerweile mischte sich Philipp August von Frankreich ein, weil ihn Innocenz im Frühsommer 1210 um Beistand gegen den deutschen Kaiser ersuchte; vor dem erhofften militärischen Schlag in Italien scheute der Franzose zurück, das wäre ein zu unübersehbares Abenteuer geworden, denn Otto war alles andere als wehrlos. Hucker: »Er teilte dem Papst aber mit, schon längst habe er die Fürsten veranlaßt, gegen Otto vorzugehen, daß er das päpstliche Gebiet verlassen müsse.« Gemeint waren die deutschen Reichsfürsten, von denen einige zur Opposition bereit waren. Sie witterten den Nebenbuhler Ottos IV. im Hintergrund und reichlich sprudelnde Geldquellen.

Bislang hatten Deutschlands Fürsten den Staufer Friedrich in Sizilien wirklich ignorieren können. Eberhard Horst erheiterte sich: »Ein Siebzehnjähriger, der noch nicht einmal die Herrschaft im eigenen Land fest in der Hand hat, zieht von der südlichsten Peripherie des Reiches nach Norden, um König und Kaiser zu werden. Das Ziel seiner Reise, Deutschland, ist ihm ebenso fremd wie die deutsche Sprache. Er ist arm wie ein Bettler und wird obendrein als ›Pfaffenkönig‹ und ›Zaunkönig‹ verspottet.« Aber die Fürsten, die nie so recht wußten, wem sie Gefolgschaft leisten sollten, hatten sich im September 1211 in Nürnberg für Friedrich II. als Kaiser entschieden. Friedrich Steger nahm kein Blatt vor den Mund:

»Hauptsächlich war es seine Freigebigkeit, die ihm so viele Anhänger warb. Der König von Frankreich hatte ihm 20 000 Mark Subsidien gezahlt. ›Wo soll dieses Geld verwahrt werden?‹ fragte der Bischof von Speyer. ›Ihr sollt es nicht verwahren‹, antwortete der Kaiser, ›sondern unter die Fürsten verteilen.‹ Das wirkte freilich kräftiger, als die Anmahnungen Ottos an die Fürsten, sie sollten ihrer Pflicht eingedenk sein.«

Otto IV. hatte zu hoch gespielt, jetzt trat ihm ein Mann entgegen, der im Grunde noch ein Jüngling war, doch sich der schützenden Hand des Papstes erfreute. War das von Innocenz III. schlau eingefädelt oder nur ein sehr egoistischer Schachzug? Denn Friedrich II. war dem Papst nicht hörig und würde es auch nie sein.

Der Welfe richtete sich nicht nur auf Kampf ein, auch auf die Eheschließung mit der viel zu jungen Beatrix. Der Gemeinschaft sind nur wenige Tage vergönnt gewesen, am 6. August hielt er zu Nordhausen sein Beilager mit ihr, wie es damals hieß. Beatrix verschied am 11. August 1212. Sofort züngelten die Gerüchte wie verzehrende Flammen hoch. Es waren samt und sonders haltlose Spekulationen.

Der Ausbau der Harzburg

Seitdem Otto IV. alleiniger Herrscher in Deutschland war, stand er der Harzburg nahe. Der Kaiser ließ bauen – aber was und wo? Einen Turm zog er hoch, das ist sicher. Die Nachwelt äußerte keine Zweifel, der als Pulverturm bezeichnete Bau mußte von Otto stammen. Maria Keibel-Maier, die zwischen 1974 und 1975 die Grabungen auf dem Burgberg leitete, zerstörte einige Illusionen:

»Bis einschließlich 1972 galten die archäologischen Untersuchungen der Ostburg. ... Aussagen über die salische und staufische Bebauung der Westburg fußten bislang weitgehend auf Vermutungen. So ist z.B. im Testament des auf der Harzburg verstorbenen Kaisers Otto IV. vom 18. Mai 1218 die Existenz eines alten Turmes überliefert, der von der jüngeren Fachliteratur ohne nähere Begründung mehr oder weniger uneingeschränkt mit den noch vorhandenen Überresten eines quadratischen Turmes auf der Westseite des Abschnittsgrabens identifiziert wird. Nehrings Grundriß der Burganlage, der in der einschlägigen Literatur bis heute immer wieder herangezogen wurde, faßt in einem Plan unterschiedliche Bauperioden ohne Differenzierung zusammen, welches zur irrtümlichen Vorstellung der historischen Zusammengehörigkeit dieser verschieden alten und unterschiedlich lange bestehenden Bebauung führen muß.«

Das Rätsel um den Turm Ottos IV. ist somit nicht gelöst. Hucker nimmt an, daß der Ausbau des Ostteils der Harzburg um 1211 erfolgte. Eduard Jacobs legte sich 1885 fest: »Nur eine

Die Harzburg im 14. Jahrhundert

kürzere Reihe von Jahren nach dem Tode Heinrichs des Löwen sehen wir dessen zweiten Sohn Otto IV. mit der deutschen und der römischen Kaiserkrone geschmückt und er, der Sachse, liebt und hegt geradezu die harzische Reichsfeste eben so sehr, wie einst der von seinen Stammesgenossen so glühend gehaßte Heinrich IV. und verstärkt und vergrößert den Bau durch einen Turm.«

Weshalb mußte dieser Turm gebaut werden? Viele Historiker sind sich darin einig, daß Otto die Reichsinsignien dort sicher aufbewahrt habe. Bernd Ulrich Hucker hält das für wahrscheinlich, aber unbeweisbar. Zwischen 1212 und 1219 könnten die Reichskleinodien auf der Harzburg gesichert gewesen sein. Der dreigeschossige Turm war gewiß nicht zur Verteidigung gedacht gewesen. Als mögliche Aufbewahrungsorte nennt Hucker Braunschweig, die Asseburg oder sonst eine Feste. Aber alle Spuren führen wohl doch zur Harzburg.

Vorher hatten die Insignien auf dem Trifels gelegen; am

11. November 1208 händigte Konrad von Speyer sie Otto IV. aus, der sie nach Frankfurt schaffte und im Sommer 1209 in Rom zur Kaiserkrönung verwandte. Mailand durfte sie einige Zeit bewachen, ehe sie Otto nach Deutschland verbrachte.

Außer dem Turm soll Kaiser Otto IV. auch den Palas gebaut haben, das deutet Fr. Stolberg an: »Ebenfalls Otto IV. wird der romanische Palas unmittelbar westlich dieses Bergfrieds zuzuschreiben sein, dessen eine Außenwand die Zeichnung von 1574 wiedergibt, ›die alte Mauer an dem tham‹ (Turm). Sie zeigt unverkennbare hochromanische Kuppelfenster und zeugt von der Stattlichkeit des einstigen Kaisersitzes.« Der Palas war der mehr oder minder häusliche Wohntrakt, mit einem repräsentativen Saal versehen. Ginge der Palas auf den Welfen zurück, dann wäre ihm an diesem Wohnsitz sehr gelegen gewesen. In seinem Testament vom 18. Mai 1218 spricht Otto jedoch nur vom Turm.

O. Hohnstein kann denn 1878 nicht umhin, den Dingen so auf den Grund zu gehen:

»Hier verbrachte der Kaiser nach der Wahl Friedrichs II. von Hohenstaufen, nach dem Abfall der meisten seiner Anhänger die letzten Jahre seines wildbewegten Lebens in völliger Ruhe, nur unterbrochen von wiederholten Reisen nach seiner Stammburg Dankwarderode zu Braunschweig und der von ihm erbauten ... Herlingsburg.« Vor solchen Einschätzungen warnte Heinrich Spier: »Die Harzburg erfuhr sogar durch Otto IV. einen weiteren Ausbau, womit aber nicht gesagt ist, ›daß er sie als seine Residenz betrachtet zu haben scheint‹.« Braunschweig mit Dankwarderode sei sein bevorzugter Platz gewesen.

Von einem längeren Aufenthalt Ottos auf der Harzburg nach der Schlacht bei Bouvines (Juli 1214), spricht Karl Berthold Fischer. Engen Kontakt mit den Klerikern des St. Simonstiftes in Goslar habe Otto IV. von der Harzburg aus gehalten und diesen einen »kostbaren Reliquienschrein« gestiftet, bemerkt Hucker.

Verschüttete Quellen, gegensätzliche Darstellungen, Fehlinterpretationen, wegen der scheinbar unüberbrückbaren Jahrhunderte, nur zu verständlich, erlauben höchstens die Rekonstruktion von Stückwerk. Selbst zeitgenössische Berichte unterliegen wahrscheinlich Irrtümern.

Zug um Zug: Die Absetzung Ottos IV.

Das Jahr 1212 hatte Otto IV. zum Witwer gemacht; er würde aber wieder heiraten. Damals wie heute waren die Konkubinen Ausdruck einer ungezügelten Lebensfreude. Drei italienische Konkubinen werden Otto nachgesagt. Nur zählten diese Frauen nicht zu seinen Problemen, sondern Friedrich II. und die ihm anhängenden deutschen Fürsten.

Aber: »Machtpolitisch war Otto IV., trotz des päpstlichen Bannspruchs, Friedrich zunächst weit überlegen. Wenn er auch Konstanz und den Oberrhein schmählich verlassen mußte, aus Breisach von der Bevölkerung vertrieben wurde und sein Versuch, Hagenau zu besetzen, an der Abwehr des Herzogs von Lothringen scheiterte, so konnte er im welfentreuen Köln seine Kräfte sammeln« (Eberhard Horst). Demnach alles nicht so schlimm? Wußte Friedrich nicht den Papst und Philipp August, den König von Frankreich hinter sich? Otto stützte sich auf Bayern, auf seine Stammlande, auf den Norden und Johann von England.

In dem noch ungleichen Streit erwies sich Friedrich II. als der diplomatischere Monarch; so ganz nebenbei gewann er angesehene Kleriker für sich. Denen war der unter Bann stehende Otto zumindest suspekt. Des Papstes Waffen, schärfer geschliffen als die Ottos, trafen verletzend. König Ottokar von Böhmen, ein Kostgänger des Welfen, stand sofort in Friedrichs Lager, man mußte die Bestie nur füttern. Des Hohenstaufen leerer Geldsack schien unerschöpflich. Er gab's den besitzgierigen Fürsten schriftlich. Und so sangen sie sein Lied.

Am 5. Dezember 1212 sammelten sich die Fürsten in Anwesenheit Friedrichs in Frankfurt, um Otto IV. abzusetzen. Die munteren Intrigen jener, die sich vom Hohenstaufen mehr ausrechneten, kamen zum Zuge. Der Herzog von Lothringen, längst ein Widersacher Ottos IV., König Ottokar von Böhmen, der sein Fähnlein gern in den Wind hielt, der Markgraf von Mähren, die Bischöfe von Mainz, Speyer und Worms sprachen sich ungeniert für Friedrich II. aus. Der Fürstentroß siedelte nach Mainz um und wohnte der Krönung des Hohenstaufen bei. Eberhard Horst verweist darauf, daß die Krönung mit provisorischen Insignien vorgenommen worden sei: »Die echten Insignien lagen in Aachen, der eigentlichen traditionellen Krönungsstätte. Aachen aber gehörte noch zum Machtbereich des ›ehemaligen Kaisers‹ Otto, der dort zur gleichen Zeit mit seinen merklich verringerten Anhängern versammelt war.«

Gegenwehr

Otto IV. sei am 13. Januar 1213 zu Nimwegen gelungen, den Grafen von Holland auf seine Seite zu ziehen, rekapitulierte Gustav Langerfeldt. Abgesehen vom daraus resultierenden Ärger mit dem Grafen von Looß, der sich die Grafschaft Holland gern selbst einverleibt hätte, war die Rückendeckung für den Welfen von Nutzen. Noch im selben Monat ging Otto nach Braunschweig; sein Bruder Heinrich schwamm längst wieder in seinem Fahrwasser. Dieser begab sich gemeinsam mit den Grafen von Boulogne und von Holland nach London, wo sie König Johann erwartete.

Nach einem Zwischenaufenthalt in Kaiserswerth, rüstete Otto zum Schlag gegen Erzbischof Albrecht von Magdeburg, seinen ausgemachten Feind. Doch sah diese Art von Kleinkrieg nach Verzettelung aus, die nur schmale Erfolge, falls überhaupt, gestattete. Erzbischof Albrecht stellte dem Kaiser einen Heerhaufen entgegen, der offenbar über genügend Durchschlagskraft verfügte. Anfang Juni 1213 quartierte sich Otto bei Osterweddingen, einem Ort südlich von Magdeburg, ein. Hier ließ er

Burg Trifels, Aufbewahrungsort der Reichsinsignien

seiner Truppe freie Hand, was auf üble Begleiterscheinungen, auf Plünderei und Brandschatzung, hinauslief. Als der Welfe erfuhr, daß sich des Erzbischofs Soldaten auf ihn zubewegten, wich er nicht etwa aus, sondern marschierte nordwestlich voran, bis die beiden Heere am 9. Juni bei Remkersleben aufeinandertrafen.

Der Erzbischof, doch ein Streiter der Kirche und nicht des Schlachtfeldes, ging mit Mann und Maus unter. Gott war wieder einmal mit den stärkeren Bataillonen gewesen. Salbke an der Elbe war des Kaisers nächstes Ziel, danach Erxleben, wo er wiederum die Hunde von der Leine ließ. Die Nachricht von des Erzbischofs Gefangenschaft trieb ihn zur Eile an, nur waren die treuen Magdeburger schneller gewesen, sie hatten den Oberhirten aus der Hand des Ritters von Karo befreit. Den Vororten Magdeburgs, aber nicht der Stadt, tat er Gewalt an.

In Braunschweig fanden sich seine Soldaten wieder; die Feinde rückten nach und nahmen die bei Helmstedt gelegene Burg Walbeck, die Otto nicht zurückzuerobern gelang.

Friedrichs II. Angriff

Auch damals war Angriff die beste Verteidigung, obgleich ausnahmslos zu Lasten der Unschuldigen, der Bauern, überhaupt der Landbevölkerung, die dulden mußte, was über sie kam, die ihre Existenz und oft ihr Leben verlor. Ortschaften zu zerstören, Landschaften zu verwüsten, war keine höhere Kriegskunst, es war das erbarmungslose Mittel der verbrannten Erde, das zu niemandes Vorteil gereichte.

Das Pfingstfest in Eger, zugleich Reichstag, benützte Friedrich, um in seiner »Goldenen Bulle« dem Papst zu garantieren, was ihm schon Otto IV. versichert hatte: daß er über die Territorialrechte in Mittelitalien verfüge. War das mehr als Augenwischerei? Diese »Goldene Bulle« bedeutete aber nur ein Nebenprodukt. Das Augenmerk des Hohenstaufen galt Otto IV. Solange dieser nicht ausgeschaltet war, vermißte er die Vollmacht über das ganze Land.

Krieg gegen Otto IV. war das Gebot der Stunde, das hieß Krieg gegen das Land, gegen seine Bevölkerung, also Bürgerkrieg – wie gehabt, wie von Heinrich dem Löwen und Philipp dem Schwaben genugsam praktiziert. Alle Fürsten, die von dem Welfen so leicht abgefallen waren, weil sie sich von ihm keine Vorteile mehr erhofften, wetzten die Messer, als wollten sie ihr eigenes schlechtes Gewissen ausrotten.

Vor die Ausführung des Planes setzte Friedrich II. den Hoftag in Merseburg; Otto handelte sofort, drang auf Halle vor, ohne die Stadt erobern zu können; er verwüstete, ungeachtet Friedrichs II., thüringische Städte. In Quedlinburg focht der Hohenstaufe vergebens, er retirierte.

Der Feldzug gegen Otto war ein Schlag ins Wasser gewesen.

Der falsche Gegner

Die angeblich wichtigste Stütze Friedrichs II. war für den Welfen Philipp August, König von Frankreich. Wäre dieser geschlagen, wäre auch Friedrich geschlagen gewesen. Den Hohenstaufen hätte Otto fraglos besiegen können, wäre er nur dazu entschlossen gewesen. Gustav Langerfeldt attestierte ihm nach dem vergeblichen Versuch Friedrichs, den Welfen aus dem Sattel zu heben:

»Nun ruhten einstweilen die Waffen. Die Lage des Kaiser war damals keineswegs ungünstig. Friedrichs Zug gegen ihn war ohne erheblichen Erfolg geblieben. Der von Philipp von Frankreich gegen England beabsichtigte Angriff war vereitelt, die französische Flotte großenteils vernichtet, die mächtigsten niederländischen Fürsten neigten sich den Feinden Frankreichs zu.«

Zwischen England und Frankreich bestand eine tiefverwurzelte Feindschaft; Ottos IV. Verwandter in London, König Johann, vor seines Bruders Tod mit den Franzosen in einem Bündnis, hatte sich längst englischer Tradition besonnen und Philipp August bekämpft. Er gewann den Grafen von Flandern als Waffenbruder; Kaiser Ottos durfte er sicher sein. Für ihn focht auch der Graf von Boulongne, der Philipp August den Fehdehandschuh hingeworfen hatte. Otto IV. würde an seiner Seite kämpfen und das Nordheer in die Schlacht führen, das eine Ziel vor Augen: die Vernichtung des Feindes.

Bei Bouvines in Flandern sollte die gewaltige und über das Schicksal Ottos IV. entscheidende Schlacht geschlagen werden. Otto Henne am Rhyn spricht davon, daß der Welfe über 1500 Ritter und 150 000 Mann zu Fuß befehligte, eine unglaubliche Streitmacht. »Es darf angenommen werden, daß das Fußvolk gewöhnlich zehn- bis hundertmal so stark war als die Reiterei. Geteilt wurde es in Legionen zu 1000 Mann.« Kein Graf von Harzburg war dem Kaiser aufs Schlachtfeld gefolgt, aber sie wurden jedenfalls nicht fahnenflüchtig.

Wie war die Feindseite bestückt? Eberhard Horst zählte zusammen: »... fochten im ... französischen Heer zwölfhundert Ritter, dreitausend Knechte zu Pferd und zwölftausend zu Fuß.«

Manche Historiker, die sich allein auf ihre Buchstabenweisheit stützen, beschreiben Schlachten kalt, ein Verfahren, das sich bis in die Neuzeit hinzieht. Während im Zweiten Weltkrieg der Nahkampf nicht die Regel war, vielmehr die vernichtenden Waffen (Stuka, Panzer, Artillerie) ihren gehörigen Anteil am Ausgang einer Schlacht hatten, war es im Mittelalter der mörderische und somit verlustreiche Kampf Mann gegen Mann, der über Sieg oder Niederlage entschied. Dem Verfasser, der Soldat hatte sein müssen, ist es rätselhaft, wie damals solche Massen zu mobilisieren waren, die nur schwere Verwundung oder schlimmen Tod zu erwarten hatten, die Überlebenden irgendeine Beute, die aber den Einsatz auch nicht lohnte.

Auf einige Aspekte im Handeln Ottos IV. machte Friedrich Steger aufmerksam: »Mit einem trefflichen Heer und in so freudiger Zuversicht des Sieges, daß er schon im voraus die französischen Landschaften unter seine Anhänger verteilte, zog Otto in den Hennegau ... Diese Zuversicht brachte den Untergang. Vergebens warnte der Graf von Boulogne, den tapfern Feind nicht zu verachten. Otto wollte das gänzliche Verderben des Königs; seine einzige Furcht war, daß Philipp August ihm entgehen möchte.«

Die zahlenmäßige Überlegenheit nutzte Kaiser Otto wenig, am 27. Juli 1214 triumphierte das französische Fußvolk. Sind die Toten jemals gezählt, die Verwundeten registriert worden? Eberhard Horst erwähnt, daß Ottos Heer bis auf siebenhundert brabantische Söldner niedergemetzelt worden sei. Austin L. Poole urteilte:

»Eine Schlacht war ausschlaggebend für das Schicksal des Reichs und Frankreichs und nicht weniger Englands.« Frankreich zog unmittelbar Gewinn aus dem Sieg, festigte seine Position in Flandern und, so Hucker, »stärkte seine politisch finanzielle Potenz durch die Erzielung immenser Lösegelder.«

Auf der Flucht

Nicht nur die Tapferkeit seiner Feinde kann Otto IV. besiegt haben, es müssen – heute nicht mehr nachvollziehbar – Führungsfehler begangen worden sein. War der Kaiser zu siegesgewiß gewesen? Sowohl Philipp August als auch Otto hatten die Mittelfront kommandiert, auf der rechten Seite führte der Graf von Flandern, der sich dem Herzog von Burgund gegenübersah, auf der linken Seite standen der Graf von Boulogne und der Graf von Salisbury; sie hatten sich mit den Grafen von Dreux und Ponthieu auseinanderzusetzen. Die Mittelfront unter Otto kam gut voran, Philipp August geriet in Lebensgefahr, als ihn die Deutschen vom Pferd rissen, um ihn zu töten. Die französischen Söldner verhinderten das, es ging wie ein Ruck durch sie. Wie beflügelt drückten sie den Feind zurück; Ottos Pferd krepierte, der Kaiser suchte sein Heil in der Flucht auf dem Tier eines Knappen.

Köln, nicht Aachen, war seine erste Station; Steger zufolge sei Otto nach Braunschweig gegangen, nach der Auffassung Fischers aber auf die Harzburg. Hatte der Welfe unterdessen alle Hoffnung begraben und sich in einen unfreiwilligen Ruhestand geschickt? Das wohl kaum. Ob glücklich in seinen Kämpfen oder nicht, er pflegte nicht aufzugeben.

Eine Ehe

Könige und Kaiser, die für sich Sonderrechte beanspruchten, die mit einem gewöhnlichen Sterblichen nicht gemessen werden mochten, frönten durchaus der Vielweiberei und leisteten sich Liebschaften. Karl der Große, der die Sachsen mit dem Schwert bekehrt hatte, war kein Kostverächter. Mit sechs Mätressen und vier Ehefrauen war er seiner Sache sicher. Als Alleinschuldige bei einem Ehebruch wurde, gegen den Protest der Kirchenleute, die Frau bezeichnet, obschon die Männer dabei das aktive Geschlecht gewesen sind. Papst Innocenz III. hatte im Jahre 1209 an den Bischof von Regensburg geschrieben: »Die Ritter, die darauf bestehen, daß sie sich wegen ihrer Sünden nicht einem geistlichen Gericht zu unterwerfen brauchten, begehen ungestraft Ehebruch, Unzucht und andere Sünden und werden nicht einmal dafür zurechtgewiesen.«

Bevor das Gemetzel in Bouvins eröffnet wurde, nahm Otto IV. am 19. Mai 1214 Maria von Brabant zur Frau. Zu diesem Zeitpunkt war der Stern des deutschen Kaisers noch nicht erloschen, die Aussicht auf eine glanzvolle Rolle an seiner Seite bezwingend. Es kam alles anders, niederdrückender. Der jungen Frau blieben exakt vier Jahre für diese von Nackenschlägen begleitete Ehe. Ihr Mann hegte indes noch Hoffnung, sich gegen Friedrich II. und den Papst behaupten zu können. Er setzte auf eine Klärung während des Vierten Laterankonzils im Jahre 1215, aber er täuschte sich, trotz aller Auseinandersetzungen um seine Sache. Er wurde zwar seiner Würden nicht entkleidet, doch auch nicht so gestützt, daß er daraus für sich hätte Kapital schlagen können. Obwohl Papst Innocenz III. zu fallen schien, weil Otto von Konzil und Kardinälen die Aufhebung des Bannes erbat, ist seine Entmachtung verhindert worden. Bernd Ulrich Hucker nennt Einzelheiten:

»Unter den Teilnehmern am Konzil saßen seine Widersacher in großer Zahl. Das wurde bereits in dem Moment deutlich, als die Mailänder Gesandten am 20. November in der Lateranbasilika zur zweiten Sitzung, die der Erörterung des kaiserlichen Schismas dienen sollte, das Wort zu ergreifen wünschten. Zahllose hohe Kleriker – insgesamt waren 71 Patriarchen und Erzbischöfe, 412 Bischöfe, über 800 Äbte und viele weitere, auch Könige, Fürsten und Gesandte gekommen – erhoben tumultartigen Widerspruch.«

Einen ausgesprochenen Erfolg hatte das Konzil für Friedrich II., der sich auf den mächtigen Papst und deutsche Fürsten stützen konnte.

Gekrönt

Bevor das Vierte Laterankonzil in Rom stattfand, hatte sich Friedrich II. am 25. Juli 1215 in Aachen durch den Erzbischof von Mainz offiziell zum deutschen König krönen lassen; Mainz war Notbehelf gewesen. Aachen hatte bisher zu Otto IV. gehalten, und Friedrich II. sich hier mit seinem Heer im August 1214 blutige Köpfe geholt. 1215 mochte sich Aachen durch Friedrich nicht gewaltsam belehren lassen und zeigte der neuen Majestät notgedrungen ein freundliches Gesicht, obwohl der Zustand des Doppelkönigtums Deutschland erneut spaltete. Eberhard Horst leuchtete den Akt aus: »Friedrich empfand die Königskrönung, diesen ersten Höhepunkt nach allen voraufgegangenen Schwierigkeiten, als göttlichen Gnadenerweis, dem er sich verpflichtet fühlte.«

Der Aachener Dom und hier das Oktogon Karls des Großen, gab der Krönung den würdigen Rahmen, wie weitere Krönungen an diesem Platz Glanzlichter in der Geschichte dieser Tradition bedeuteten. Auf diese Tradition berief sich Friedrich II., indem er zusagte, »dem Beispiel des Herrn und Heiligen Karl und dem der anderen Vorfahren zu folgen«. Die Umbettung der sterblichen Überreste Karls in einen Schrein geschah am nächsten Tag.

Ein Frührentner auf der Harzburg?

Glauben wir gewissen Historikern blindlings, dann führte Otto IV. nach der fehlgeschlagenen Auseinandersetzung bei Bouvines auf der Harzburg ein beschauliches Dasein, von keinem Ehrgeiz mehr geplagt, ein kaiserlicher Frührentner mit einem Fensterplatz und der freien Sicht ins Tal. Wandte er sich auf die östliche Seite, tauchte der Brocken auf, ein fernes, wohl auch feindseliges Gebilde. Nur verfügte Otto nicht über das Phlegma, sich tatenlos in sein Schicksal zu ergeben. Die Welt sollte nicht schlafen, er wollte sie wie bisher beunruhigen.

Sein Konkurrent Friedrich II., der Sizilianer auf dem deutschen Thron, den alle Fürsten hofierten, die entweder dem Papst zu Füßen lagen oder die ihnen zugeschobenen Geldsäcke anbeteten, durfte sich seines Erfolges sicher sein. Eberhard Horsts Überlegung berührt die Dinge unmittelbar: »Während der Amtszeit Innocenz' III., von 1198 bis 1216, entschied sich Friedrichs künftiges Schicksal. Es gehört zu den Paradoxien der Geschichte, daß ausgerechnet der mächtigste der Päpste Friedrich schützte und ihm zur Krone verhalf, der später zum schärfsten Gegner der ›Imperialisierung‹ des Papsttums wurde, weil er selbst in säkularisierter Form dasselbe Ziel anstrebte wie Innocenz.«

Beide Könige lebten scheinbar in Frieden miteinander. Friedrich II. griff Otto nicht an, der aber ließ die in Norddeutschland vordringenden Dänen durch seinen Bruder Heinrich bekämpfen.

Ottos Reich war klein, eben überschaubar geworden. Seine Herrschermentalität muß er sich bewahrt haben. Befand er sich noch auf der Harzburg – oder wieder in Braunschweig, wie Gustav Langerfeldt glaubt? Der Autor erwähnt aber auch noch die Harliburg. Otto IV. war überall gleich sicher, aber auch unsicher. Die Harzburg und ebenso Braunschweig galten als uneinnehmbar. Wie stand es mit der Harliburg? Er konnte nicht hier und dort zugleich sein; wanderte er tatsächlich von Platz zu Platz, dann kann innere Unruhe eine der Ursachen gewesen sein.

Fraglos rieb sich der Kaiser ohne Land nun am Erzbischof Albrecht von Magdeburg; obwohl er persönlich gemeint war, blutete die Bevölkerung wiederum aus, mußte sie die Schandtaten der losgelassenen Söldner hinnehmen. In höchster Not wandte sich Albrecht an Friedrich II., der reagieren mußte, wollte er sich die gewonnenen Sympathien nicht verscherzen.

Nicht nur das Reich Ottos IV. war klein geworden, auch seine Hoffnung auf eine Wendung zum Besseren war geschrumpft. In Deutschland hielten Markgraf von Brandenburg, der Graf von Anhalt sowie Herzog Albrecht von Sachsen zu ihm. König Johann von England, ohnedies zögerlicher als sein Bruder Richard gewesen, war 1216 gestorben. Aus dieser Ecke hatte Otto nichts mehr zu erwarten, zumal der Konflikt England-Frankreich weiterhin schwelte. In Rom lebte Innocenz III. seit 1216 nicht mehr.

Auf das Schicksal des Kaisers hatte das keinen Einfluß mehr, er dachte weiterhin in Kriegen, mochten sie auch noch so begrenzt sein. Gemeinsam mit dem Markgrafen von Brandenburg, Albrecht II. (1205-1220), und dem Herzog von Sachsen, benutzte er Mitte 1217 zum Angriff auf das Erzstift Magdeburg. Es herrschte Sommer, die günstigen Monate für bewaffnete Auseinandersetzungen förderten sein Vorhaben. Was wollte Otto IV. noch erreichen? Wäre ihm das Erzstift anheim gefallen, wenn er obsiegt hätte? Einen Schritt weitergedacht: würden dann die abtrünnigen Fürsten zur Krone zurückkehren und Friedrich II. fallen lassen? Im Grunde kämpfte der Kaiser wohl um seine Selbstbehauptung.

Im September nahte Friedrich II. Um die Mitte des Monats tauchte er mit seinen Haufen in Gernrode auf. Der Ort, südlich von Quedlinburg gelegen, fiel durch seine stattliche Stiftskirche mit den zwei Türmen, die zu Beginn des 20. Jahrhunderts erneuert wurden, auf. Das Benediktinerstift war um 960 von Markgraf Gero begründet worden. Es lag für Friedrich nahe, auf Quedlinburg vorzustoßen. Hauptmann Cäsarius, ein Gefolgsmann Ottos, verteidigte die Stadt so geschickt, daß Friedrich II. abdrehte. Der Kaiser schien plötzlich die Lust am Kampf verloren zu haben, er wich zurück und befand sich kurz darauf in Braunschweig. Sein Bruder Heinrich brandschatzte das Umfeld Hamerslebens unweit Oscherslebens. Friedrich II. blieb dem sich zurückziehenden Otto auf den Fersen und gab die Dörfer und Städte zur Plünderung frei. Sonder Skrupel führten die Fürsten Krieg gegen die eigenen Leute.

Männer wie Albrecht II. von Brandenburg schätzten die Lage des Kaisers realistischer ein, Otto verlor seine letzten Anhänger bis auf den Herzog von Sachsen. Auf seiten der Macht war's für Albrecht und den Grafen von Anhalt angenehmer. Ringsum versank das Land im Elend, gleich, wer die brennende Fackel in die Häuser geworfen hatte. Braunschweig nahm Friedrich nicht, weil die Verluste wohl zu hoch gewesen wären. Er vertilgte Staßfurt, die kleine Stadt an der Bode. Die Schuld der Einwohner: sie waren Untertanen des Herzogs von Sachsen.

Langerfeldt schreibt: »Otto war nicht besiegt, aber isoliert, auf sein Erbland beschränkt.« Er war aber besiegt, auch wenn er der entscheidenden Schlacht ausgewichen ist, genauer: er hatte sich selber aufgegeben. Seine Wunden brauchte er in Braunschweig nicht zu lecken, er hatte keine. Mit nichts war er ins große Abenteuer gestartet, mit nichts hörte er auf. Derselbe Autor merkte aber auch an: »Unerschütterlich blieb Otto in der Behauptung seiner Kaiserwürde, deren Insignien noch in seinem Besitz waren. Wollte Friedrich diese haben, so mußte er sie ihm abgewinnen. Der Kaiser machte sich aufs Äußerste gefaßt. Schon im Frühjahr 1218 ließ er dem Grafen von Anhalt die Stadt Aschersleben wegnehmen und die dort angehäuften Getreide-Vorräte in sichere Verwahrung nach Quedlinburg führen, welches der Hauptmann Cäsarius in sicherer Hut hielt. Er besuchte seine festen Plätze und befand sich im Mai in Goslar ...«

Auf der Harliburg

Mag man darüber streiten, wo sich Otto IV. am liebsten aufhielt, auf der Harliburg – oder auf der Harzburg; die Chronisten widersprechen sich eifrig. Kein Zweifel herrscht, daß der Welfe die Harliburg niemals links liegen ließ. Sie war ihm einst teuer gewesen, das geeignete Machtmittel, um die widerspenstigen Goslarer Mores zu lehren, obschon die ihm so oft wie möglich Knüppel zwischen die Beine warfen. Man war sich so lange nicht grün, bis Otto von allen Fürsten als unumschränkter Herrscher Deutschlands anerkannt war. Goslar leistete er tatkräftig Wiedergutmachung und die Bürger brauchten sich nicht mehr zu fürchten oder gar in eine andere Stadt zu flüchten.

Wildromantisch: die Harzburg im 16. Jahrhundert

Im Mai 1218 richtete sich der Welfe auf der Harliburg ein; ob er zur Besinnung kommen wollte oder die Tage des erwachenden Frühlings zu genießen beabsichtigte, steht dahin. Er war jedenfalls auf seine Gesundheit bedacht und tat einiges zur Entschlackung seines Körpers. Im Mittelalter gehörte körperliche Sauberkeit – im Gegensatz zur Zeit des Rokoko – zur selbstverständlichen Pflicht und war nicht nur ein königliches Privileg. Heilkräutergärtlein lieferten der Gesundheit wohltuende Mittel, die, im Übermaß angewandt, auch zum schädlichen Gift wurden. Frauen und Männer vererbten ihr Wissen über Heilmethoden.

Männer wie Otto IV. brauchten für die Entschlackung sicherlich keinen medizinischen Beistand, die glaubten sie, ihren Erfahrungen folgend, zu beherrschen. Irgendwelche gesundheitlichen Katastrophen waren davon nicht zu erwarten. Der Kaiser war kräftig. Ein Bär von einem Mann?

Entschlackung ist selbst heute noch Abführung. Damals muß sich Otto überschätzt haben, er nahm entschieden zuviel von einem Mittel, das ihm ein Freund empfohlen hatte. Die Kur begann er am 10. Mai 1218. Die Folgen: ein nicht enden wollender Durchfall. Der Körper verlor Wasser und Mineralien, das Herz wurde zwangsläufig geschädigt. Ein Zeitgenosse beschrieb, was sich anbahnte. Otto fühlte sich rasch nicht gut; die von ihm aufgenommene Nahrung sei unverdaut geblieben. Er habe sich auf die Harzburg begeben wollen, aber zunächst nicht gekonnt. Zwei Tage nach Einnahme der Medizin sei er zur Harzburg, und dies unter heftigen Beschwerden, gebracht worden.

Innere Blutungen schwächten Otto. Schmerzhafte Blähungen, womöglich Koliken, machten ihm, neben dem Kräfteverlust, zu schaffen. In den wenigen Tagen seit dem Transport von der Harliburg muß seine Zuversicht, mit der Erkrankung fertig zu werden, geschrumpft sein.

Was beschäftigte den Kaiser in jenen Stunden? Die Sorge um das Reich? Kaum. Sein Seelenheil war wichtiger, er wollte nicht sterben müssen, ohne vom Bann gelöst zu sein. Die Konzentration auf das Jenseits kann den Kranken dem Leben noch mehr entrückt haben. Die überhandnehmende Schwäche, eine eintretende Bewußtseinstrübung vertieften die Furcht vor einem plötzlichen Hinscheiden.

TOD AUF DER HARZBURG

Buße

Das Leben eines jeden Herrschers war reich an unsäglichen Schandtaten; sie billigerweise zu bereuen und mit Bußübungen eine Vorauszahlung auf die Strafe des Jüngsten Gerichts zu leisten, gehörten zu den Konsequenzen aus den letzten Stunden. Der kranke Otto schickte zum Kloster Walkenried, das ihm Wein und Früchte übersandt hatte, der Abt möge schleunig auf die Harzburg kommen. In der »Walkenrieder Zeittafel«, die sehr wohl auf Otto IV. Bezug nimmt, ist der Besuch des Abtes nicht vermerkt.

Weil die Zeit drängte, der Walkenrieder Abt sich verspätete, bat Otto den Propst des Halberstädter Buchardiklosters um Beistand. Hier lebten Nonnen des Zisterzienserordens. Der Propst erschien unverzüglich und Otto kroch zu Kreuze. Verdrängt war sein Mut vor dem Feind, vergessen, wie er Innocenz III. die Stirn geboten hatte. Er versprach, künftig nicht mehr gegen den Papst handeln zu wollen, eine, seines Zustandes wegen, leichte Zusage. Der Propst reagierte mit der Absolution, dem letzten Geschenk der Kirche an den Lebenden. Dann salbte er den Kranken mit Öl und gewährte ihm das Abendmahl. Die heiligen Handlungen scheinen vor Zeugen stattgefunden zu haben; darunter der Gemahlin des Kaisers, die aus Braunschweig herbeigeeilt war, und Heinrichs I. von Harzburg.

Dem Besuch des Walkenrieders Propstes stand am nächsten Tag nichts mehr im Wege. Der Gottesmann scheint sich auf dem Weg veraussgabt zu haben; zwar verhehlte Otto IV. nicht, wie glücklich er darüber war, riet ihm jedoch, in Goslar zu übernachten.

Am nächsten Morgen trafen alle zusammen; dem Patienten ging es offensichtlich besser, diesen Schluß erlaubte sein Verhalten. Bis auf die Geistlichen und seine Gemahlin bat er alle, sich aus dem Raum zu entfernen. Es war Zeit für die Buße. Ein Priester beschrieb, wahrscheinlich auf Bitten der Kaiserin, die letzten Stunden Ottos IV. Sie nahm den Augenzeugen-Bericht an sich. Bernd Ulrich Hucker nennt den Zisterzienserabt Friedrich von Walkenried als mutmaßlichen Autor der »Narratio de morte Ottonis IV. imperatoris« und begründet: »Bei seiner Ankunft auf der Harzburg ist von der Freude des Kaisers die Rede; auch fährt der Bericht noch fort, nachdem der Abt alle außer den engsten Angehörigen aus dem Raum gewiesen hatte. Schließlich gibt es die Provenienz der einzigen, wenn auch nur fragmentarischen Handschrift; sie fand sich in der Zisterzienserabtei Villers in Brabant. Vermutlich hat der Walkenrieder Prälat die Narratio im Auftrag der Kaiserin zu Memorialzwecken verfaßt.« Narratio steht für Erzählung.

Die Helfer breiteten einen Teppich aus, auf den sich der Kaiser, vom Propst gestützt, stellte. Seine Beine mögen wacklig, gewesen sein, er hielt durch, vernahm die frommen Lieder der Gottesdiener und betete, seine Augen an die Decke geheftet. Dann befahl er dem Abt, ihn loszulassen und seinen Platz dort einzunehmen, wo sein Kopf ruhen werde; die anderen Geistlichen sollten zur Rechten wie zur Linken des Teppichs stehen und sich die Stolen umlegen. Während er sich auf dem Teppich ausstreckte, verband er sich mit der Stola des Abtes und begann mit seinem Schuldeingeständnis – hier in der Wiedergabe Gustav Langerfeldts:

»Unter dieser Stola bekenne ich euch allen, daß ich gegen den römischen Stuhl schwer gesündigt habe, und seit der Zeit, wo der Herr durch die Fürsten, welche mich einstimmig zum Könige erwählten, mich zu Ehren erhöhet, und der Herr Papst, nach Bestätigung der Wahl, auch zum römischen Kaiser geweiht hat, gegen den Papst selbst wie gegen die römische Kirche und gegen die von ihm gesandten Machtboten, sie schlimm behandelnd, halsstarrig widersetzlich gewesen bin und außerdem andere Kirchen schwer benachteiligt habe. Außerdem, Herr Abt, habe ich bei meiner Absolution über die Reliquien Simons und Judä, welche ich mir von Goslar herbeibringen ließ, geschworen, daß ich bei allem, was ich bei Lebzeiten noch werde ausführen können, dem Gebote des Herrn Papstes mich fügen werde, jedoch unbeschadet des Rechts meines Kaisertums, zu welchem ich rechtsgültig erwählt und feierlich erhoben bin – salvo tamen meo imperio ad quod caninice sum electus...«

Otto beichtete und erklärte darauf:

»Weil ich nicht wußte, wie ich sonst meinen Dank gegen Gott, durch dessen Vorsehung ich zum Kaiser gewählt und vom Papste geweiht bin, für die empfangenen Wohltaten betätigen sollte, habe ich Leib und Seele dem dargebracht, welcher für mich das Kreuz getragen hat, und beim Auszuge aus der Stadt Rom nach geschehener Krönung den Bischof von Kamenik beiseite gezogen und das Kreuz von ihm genommen, welches ich bis heute an meinem Hals getragen und vor den Menschen verborgen habe, indem ich eine günstige Gelegenheit erwartete, um solche Pilgerschaft auszuführen, wie es der kaiserlichen Majestät ziemt zum Lobe und zur Verherrlichung des Gekreuzigten und zur Wiedergewinnung des Heiligen Landes. Aber der Teufel hat die Ausführung des Vornehmens bis jetzt gehindert.«

Sein Unrecht am Papst bedauerte Otto, denn dieser vermochte ihm die Pforte ins Himmelreich zu öffnen, was er den Menschen zugefügt hatte, berührte er gar nicht, denn die Bauern, Landarbeiter, Handwerker, Kaufleute besaßen keinerlei Rang in dieser adligen Klassengesellschaft.

Der Beichte sollte die Buße folgen, die so manchem Chronisten das Blut in den Adern gerinnen ließ. Der Kaiser hatte Weidenruten zu besorgen befohlen. Nackt empfing er die Schläge der Priester, die seinen Leib an allen Stellen trafen. Vergebens bat Otto um mehr Courage, er wollte den Schmerz spüren. Andere sangen dabei das Miserere. Es muß gespenstisch gewesen sein. Ottos Wunsch nach heftigeren Schlägen traf auf taube Ohren. Sie konnten den Sterbenden doch nicht totprügeln. Aus der Erniedrigung vor Gott hoffte der Welfe rehabilitiert aufzustehen.

Ein Sünder, der sich dem irdischen Strafgericht nicht entzog und göttliche Gnade erhoffen durfte. Den Geistlichen, wird berichtet, hätten Tränen in den Augen gestanden. So zartfühlend waren sie nicht immer.

Der Bericht des Augenzeugen hielt fest: »In der Nacht kam der Bischof Siegfried von Hildesheim, dessen Anblick den Kaiser sehr erfreute. Er wiederholte gegen denselben das früher Gesagte, erkannte an, daß er gegen die römische Kirche und andere Kirchen sich vergangen habe und gab genügende Versicherungen, worauf ihn der Bischof, nach nochmaliger körperlicher Züchtigung, absolvierte und dann, nachdem ihm die schriftliche Absolutionsformel, die er mit dem kaiserlichen Siegel versah, zugestellt war, in seine Herberge zurückkehrte.« Die Lösung des Banns durch Siegfried von Hildesheim war dem Kaiser unendlich wichtig. Nicht dabei war Ludolf IV. von Wöltingerode-Wohldenberg, der Hildesheimer Dompropst. Wahrscheinlich war Ludolf im Jahr davor gestorben; sicher ist das Todesdatum nicht.

Das Testament

Der Kaiser bedurfte einer Pause; er bat die Kirchenleute, sich Essen servieren zu lassen und nach dem Mahl zurückzukehren. Er werde sein Testament aufsetzen und bitte sich aus, daß nichts übersehen oder gar ignoriert werde. Es war der 18. Mai 1218.

Otto IV. ordnete an:

»Im Namen der heiligen unteilbaren Dreifaltigkeit.

Von Gottes Gnaden, Otto der Vierte, römischer Kaiser und immer Mehrer des Reichs, seinen lieben Getreuen, seinem Bruder Heinrich, Pfalzgrafen bei Rhein, seinen Dienstmann und allen Bürgern in Braunschweig und allen, welche dieses einsehen, Heil im Namen dessen, welcher aller Heil ist. Was auf Erden geschieht, muß, damit es nicht dem vergänglichen Wesen der Zeit verfalle, durch das Zeugnis der Schrift dem Gedächtnisse eingeprägt werden. Wir also, indem Wir zum Heile unserer Seele unser Testament machen, bitten mit aller tunlichen Dringlichkeit Dich, Bruder Heinrich, Pfalzgraf bei Rhein, daß Du, wenn Gott, in dessen Macht alle Dinge stehen, uns gebietet, den Weg alles Fleisches zu wandeln, bei der Liebe Gottes und bei der Treue, zu welcher Du uns durch Deinen Eid und als Bruder verpflichtet bist, das heilige Kreuz, die Lanze und Krone, den Zahn Johannis des Täufers und die kaiserlichen Insignien, außer unserem Mantel, welcher dem Kloster St. Aegidii zu geben ist, zwanzig Wochen nach unserem Tode bewahrest, und keinem Menschen unter dem Himmel übergebest, als Dem, welchen die Fürsten einstimmig und rechtmäßig gewählt haben werden oder Dem, welcher jetzt erwählt ist, falls die Fürsten über ihn einig sein werden, und daß Du für diese Überlieferung zur Ehre Gottes und zu unserem Heile kein Geld nehmest, es sei denn, daß Du Unser und Dein väterliches Vermögen durch solche kaiserliche Kleinode wieder erlangen könntest. Wenn dies aber durch die Gnade Dessen, der das Reich erhalten wird, nicht geschehen kann, so mögest Du alles Genannte ausliefern. Wir ersuchen auch Euch, sehr getreue Dienstleute, bei Eurer schuldigen Treue, und Euch, unsere geliebten und treuen Bürger in Braunschweig, daß Ihr, damit dieses alle ausgeführt werde, treulich und wirksam, wie Wir Euch zutrauen, helfet. Außerdem wollen Wir, daß unsere Gemahlin mit dem Truchseß Gunzelin und unseren Getreuen das Schloß Harlungeburch im Besitze behalten bis dahin, daß Der, welcher König oder Kaiser ist, oder unser Bruder, oder unsere Gemahlin, den Klosterjungfrauen in Wöltingerode jährliche dreißig Mark aus bereiten Gütern dauernd und unabänderlich überweiset, und diejenigen, welche Erbeigentümer des Berges sind, veranlaßt, von ihrem Anteile abzustehen, gegen eine ihnen genehme Vergütung; dann soll unsere Gemahlin die Burg dem Reiche oder unserm Bruder zurückgeben. Wenn dies Vorgedachte aber nicht geschieht, so wollen Wir, daß die Burg zerstört werde.

Alle Reliquien, welche unser Vater hatte und Wir haben, weihen Wir für immer Gott und Johannes Baptista und St. Blasius in Braunschweig mit Ausnahme eines Armes, den unsere Gemahlin erhalten soll. Was Wir aber an Gold, Edelsteinen und Kleinodien haben, geben Wir unserer Gemahlin.

Wir wollen, daß die Burg zu Quedlinburg zerstört werde vor der Rückgabe an die Äbtissin. Nach Zerstörung der Befestigung soll die Stätte nebst der Kirche der Äbtissin zurückgegeben werden und unsere Getreidevorräte, welche sich dort finden und alles übrige, was zu Gelde zu machen ist, soll der Äbtissin und deren Convente, unserer Seele zum Besten, überliefert werden, mit Ausnahme der Wurfgeschütze, welche denen zu überlassen sind, die über das Meer fahren wollen, damit dieselben gegen die Feinde Gottes gerichtet werden; und das Getreide, welches von Aschersleben weggeführt worden, soll den Leuten zurückgegeben und unter dieselben verteilt werden. Der Truchseß Gunzelin und sein Sohn Eckbert sollen ferner schwören, die Burg Walbeck ein Jahr besetzt zu halten, während unser Bruder jemand an den Papst absenden soll; und wenn mit dessen und derjenigen, welche Erbeigentümer des Berges sind, Bewilligung die Burg ohne Schaden unseres Seelenheils erhalten werden kann, so soll dieselbe unserm Bruder gegeben, ist dies jedoch mit dem Heile unserer Seele nicht vereinbar, so soll sie zerstört werden.

Unsere Voigtei in Walbeck, welche wir für unser Geld erworben haben, überweisen wir dem dortigen Convent. Die Burg Harzburg wird dem Reich übergeben werden mit dem Turme, welchen Wir daselbst gebaut haben. Die Grafen von Waldenberch (gemeint: von Harzburg) mögen ihr Lehn behalten, Luthard von Meinershem sein Lehn, Alard von Burcthorp seinen Turm mit seinem Lehn und die anderen mögen ihr Lehn behalten, so wie solches vom Reiche nehmen müssen. Die Burg Levenburch soll Otto von Lüneburch, unserm Neffen, übergeben werden, weil sie sein Erbgut ist und zu seinem Landesteile gehört. Die Burg Varsfelde soll Gardolf von Hathemersleve eingeräumt werden; wenn jedoch unser Bruder sie haben will, soll er jenem dafür 100 Mark geben. Alle unsere Güter in Keverlingeburch und den Ort selbst, mit den Kirchen, mit Äckern, Weiden, Wiesen, Wäldern und Fischereien in dem ganzen Umfange, wie Wir dies und alles andere jenem Orte verliehen haben, weihen Wir Gott und der heiligen Maria, Sanct Johann Baptista und St. Blasius in Braunschweig mit der Bestimmung, daß der Convent von St. Blasius daselbst einen Priester, einen Diakon und einen Subdiakon bestelle, damit dort beständig zur Ehre Gottes und der heiligen Maria Kirchendienst sei, zum Heile unserer Seele; alles übrige sollen sie zu ihrer Präbende nützlich verwenden. Wir bitten Dich, teuerster Bruder, mit aller und möglichen Inständigkeit und Beflissenheit, daß Du diese Unsere Verfügung fest und unverbrüchlich haltest aus Liebe zu Gott und zu Deinem und Unserem Heile, weil Wir hoffen und glauben, daß es mehr zu Gottes Ehre gereiche und Unserer und Deiner Seele heilsamer sei, als wenn der vorgedachte Ort in dem Zustande, in welchem er war, dem Heile unserer Seele zuwider, einem elenden Untergange zerfiele. Damit aber dieser Unser Wille zur Geltung komme, zum Lobe Gottes und zum Heile Unserer Seele, haben wir diese Schrift mit Unserem Siegel versehen lassen, jeden Zugang der Böswilligkeit nach allen Seiten hin verhindernd.«

Als Zeugen der Verfügung waren unter anderem diese Geistlichen anwesend: Siegfried, Bischof zu Hildesheim; Conrad, Hauptdekan in Hildesheim; Conrad, Kantor; Conrad, Scholasticus; Heinrich von Tossen; Berthold, Kanonikus von St. Moritz; Magister Marsilius, Kanonikus vom Heiligen Kreuz; Kanonikus Sctae Crucis. Träger des weltlichen Adels: Graf Heinrich von Harzburg; Luthard von Meinershem; Gunzelin von Wolfenbüttel, Truchseß; Alardus von Borchthrop (= Burgdorf); Werner von Lengethe; Barthold von Wetelemstide; Heinrich von Urnthe; Rother von Velthem; Johannes von Bornum.

Das waren bei weitem nicht alle Namen, aber sicherlich die bedeutendsten. Graf Heinrich I. bekam vom Kaiser die Bitte zu hören, er möge sich nach Braunschweig begeben, von seinem Geld 500 Mark zu holen und diesen Betrag Dienern und Armen zu überreichen. Pfalzgraf Heinrich, einer der Testamentsvollstrecker, setzte sich über den Wunsch seines Bruders hinweg.

Der Graf zog nicht mit leeren Händen ab, wurde jedoch nur mit dem Betrag ausgestattet, der für eine standesgemäße Beisetzung genügte. Es werden 150 Mark erwähnt. Diener und Arme interessierten ihn nicht. Das war das Herrschaftsdenken, das sich seit je in den Köpfen der Fürsten festgesetzt hatte. Welche Armen hatte Otto gemeint? Jene in Schulenrode, die angeblich nicht existierten oder gar in Braunschweig? Wäre ihm Schulenrode, die kleine Siedlung zu Füßen der Harzburg, überhaupt einer Erwähnung wert gewesen?

Schulenrode

Schulenrode klammerte sich an die Hügel und Harzberge, schmiegte sich ans Tal und soll schon vor dem Bau der ersten Harzburg bestanden haben, eine verschwiegene Siedlung, die nur der Zufall entdeckte. Obschon die Flucht der Menschen in den Schutz des Gebirges nicht ganz einleuchtet. Alfred Todes Ausgrabungen, über die er 1950 berichtete, förderten Keramik zu Tage, die den Schluß erlauben, daß der Beginn der Besiedlung in der zweiten Hälfte des 11. Jahrhunderts gelegen habe und im 12. Jahrhundert fortgeführt worden sei. Gegen Mitte des 13. Jahrhunderts, nach dem Tode Ottos IV., klang die Besiedlung ab. Tode spricht von einem halben Dutzend Häusern und deren wohlhabenden Besitzern sowie von den nach längerem Suchen gefundenen Kirchenfundament auf Höhe des Tüllmann-Buesschen Grundstückes. Die Kirche war 35 Meter lang, mithin keine Kleinigkeit. Alfred Tode schloß:

»Da die Kirche, wie wir annehmen dürfen, auch für den Besuch des Kaisers und seiner Familie bestimmt war, dürfte die Annahme eines reichen Portals für den Haupteingang von der Burgbergseite her wohl berechtigt sein.« Und: »Das bisherige Ergebnis der Grabungen im Schulenroder Tal läßt sich etwa so zusammenfassen, daß hier im oberen Tal unmittelbar unter der Harzburg eine mittelalterliche Ansiedlung mit guten, soliden

Bauten aus der Zeit vom 11. bis tief ins 13. Jahrhundert hinein mit einer romanischen Kirche nachgewiesen ist, die mit bedeutenden Mitteln im letzten Drittel des 11. Jahrhunderts erbaut sein muß. Die auf verschiedenen Grundstücken angetroffenen Gebäude, die in ihrer Bauart zu der Kirche passen, lassen durch ihre Lage und Art sowie durch die in ihnen geborgenen Fundstücke vermuten, daß sie die Behausungen der zu der Kirche gehörigen Geistlichen und ihres Gesindes darstellen.

Ohne die gesamten geschichtlichen Konsequenzen aus dieser Feststellung ziehen zu wollen, mag hier ... zur geschichtlichen Deutung ausgeführt werden:

1. Diese Ansiedlung muß unmittelbare Beziehungen zur Harzburg gehabt haben. Es dürfte geradezu der kirchliche Mittelpunkt der kaiserlichen Residenz gewesen sein.

2. Das mehrfach erwähnte Chorherrenstift der Harzburg, auf das Kaiser Heinrich IV. so großes Gewicht legte, und das wahrscheinlich bis zum Bau der großen Kirche im Tal auf der Burg untergebracht war, muß im Schulenroder Tal errichtet oder neu errichtet sein. Es ist unsere Ansiedlung.

3. Die Erbauung der Kirche und der umliegenden Gebäude der Chorherren um 1075, also in der Zeit schwerster Auseinandersetzungen zwischen dem Kaiser und den Sachsen (Zerstörung und Wiederaufbau der Harzburg) macht es wahrscheinlich, daß die große Kirche im Tal erst nach der Zerstörung der Burg nach 1074 mit den großen Mitteln, die die sächsischen Edeln beisteuerten, errichtet wurde, und daß sie von der erneuten Zerstörung der Burg im Jahr 1076 nicht betroffen wurde. Erbauer der Kirche dürfte der bedeutende Baumeister Heinrichs IV. Benno von Osnabrück gewesen sein.

4. Die geistliche Siedlung im oberen Schulenroder Tal dürfte über Barbarossas Zeiten hinaus bis in das hohe 13. Jahrhundert hinein Bedeutung gehabt haben, scheint dann aber entsprechend dem Absinken der Bedeutung der Harzburg verfallen zu sein. Vielleicht mögen einige Gebäude, darunter etwa die Kirche, noch längere Zeit gestanden haben, bis dann in späteren Jahrhunderten

nur noch die Ruinen der Kirche von dem alten Chorherrenstift aus der Zeit der Blüte der Harzburg Zeugnis ablegen konnten.«

Die erste urkundliche Erwähnung Schulenrodes hat Wilhelm Lüders für das Jahr 1578 festgestellt. Er vermutet, »daß Schulenrode durch den Bau der Burg besonders in Mitleidenschaft gezogen wurde«. Über die Vermutung kommt er nicht hinaus: »Wissen wir doch bis jetzt nicht einmal, wie weit sich jene alte Siedlung in dem Tale aufwärts erstreckte, ob sie ursprünglich nur in dem schützenden Tale selbst oder ob sie an seinem Eingange lag und sich dann etwa nach der einen oder andern Seite hin ausdehnte.« Lüders ergänzt: »Jedenfalls ist im 11. Jahrhundert die Siedlung, falls sie auch das obere Tal mit einschloß, durch den Burgbau insofern in Mitleidenschaft gezogen worden, als der König sicherlich diesen Teil ganz für seine eigenen Zwecke beansprucht haben wird und höchstens einen Teil des Ortes am Eingange des Tales bestehen ließ.«

Was spricht dagegen, daß »Neustadt unter der Harzburg« nicht wesentlich älter ist als bisher angenommen? Die Burgbevölkerung, später, auf die Bewohner der Stadt bezogen, die »Bürger«, brauchten Proviant und bestimmt nicht aus dem engen Schulenrode und auch nicht aus den dichten Waldungen, sondern aus der zu ihren Füßen lagernden Ebene. Gegen 1200 war die Salzquelle am Burgberg kein Geheimnis mehr, um diese Zeit wohnten auch Menschen in der Harzburger Ebene, das hat Wolfgang Petke bestätigt.

Ottos IV. Ende

Jener 18. Mai 1218 war der Tag des Abgesangs, des Abschieds wahrscheinlich, denn der Kranke spürte, daß sein noch einmal aufgeflackertes Lebenslicht zu verlöschen drohte. Das Testament hätte er zu anderen Zeiten diktieren können, die Anordnungen, was nach seinem Tode mit seinem Körper zu geschehen habe, vermochte er nur angesichts seines nahen Ablebens zu erlassen. Die Krone möge ihm auf den Kopf gedrückt, sein Leichnam mit dem weißen Oberkleide und seinem Mantel angezogen werden. Ihm war wichtig, seine Füße in Samtstiefel zu stecken und ihm das Zepter in die Rechte, den Reichsapfel in die Linke zu tun, beide Hände mit Handschuhen zu versehen. Damit nicht genug, den Ort seiner ewigen Ruhe und den Ablauf der Begräbnisfeierlichkeiten bestimmte er. Weil er die Tränen der anderen nicht zu trocknen vermochte, schenkte er ihnen einen etwas merkwürdigen Trost: »Weint nicht, denn an diesem Tage werde ich nicht sterben, morgen zwischen der ersten und dritten Stunde haltet euch auf mein Abscheiden bereit.«

Mit sich selbst im reinen, erwartete er den 19. Mai, vermeldete den Wartenden: »Es kommt mir vor, als wenn mir die Sinne vergehen.« Dem Beichtvater gab er zu verstehen, daß er die Hostie haben möchte. Es heißt, daß er diese nicht mehr habe schlucken können und sie wie durch ein Wunder, ohne ihn zu verletzen, in seinen Körper gelangt sei. Des Kaisers Gewißheit, daß er an diesem Tag sterben würde, bestätigte sich. An dieser Stelle muß das Elend dieser Stunden, die Trauer der Menschen, die ihm nahestanden, nicht beschrieben werden. Ihr Vertrauen in Gott war durch nichts zu erschüttern. Zu Recht hat Otto Borst festgestellt: »Die Welt ist für den Menschen des Mittelalters kein wissenschaftliches Phänomen, sondern eine Tatsache des Glaubens.«

Den Tod Ottos erklärte Eduard Winkelmann zum notwendigen Übel: »Wer vermag zu sagen, wie lange diese Zuckungen des Todeskampfes hätten dauern können, wäre nicht dieses Mal an Otto selbst jener Ruf ergangen, welcher ihn im Jahre 1208 in gleicher Not plötzlich von seinem damaligen Nebenbuhler befreit hatte. Es war aber die höchste Zeit, daß sein Ende kam, denn das Sachsenland seit Jahren der Schauplatz wildester Kriegsgreuel, war seinem Ruin nahe.« Des Autors weitere kritische Reflexionen erscheinen unangemessen.

Obwohl mit Maria von Brabant verheiratet, ging Otto Beatrix nicht aus dem Kopf, die so früh hatte sterben müssen. Neben ihr wollte er ruhen. Sie lag wie seine Eltern im Dom St. Blasius zu

Braunschweig. Dorthin wurde er überführt. Günter Lange schreibt, daß der tote Kaiser im feierlichen Zuge von der Harzburg nach Braunschweig geleitet worden sei. Siegfried von Hildesheim begleitete den Zug. Ich will das feierliche Geleit glauben, aber die Vorstellung von der langen Strecke und den unglaublich schlechten Straßenverhältnissen erlaubt Zweifel, daß alles so feierlich, so würdevoll zugegangen sein kann.

Auf einen beachtenswerten Umstand verweist Hucker: »Die Nachricht, Otto habe befohlen, seine Gebeine nach Rom zu bringen, damit Honorius sie selbst einsegne und die Absolution bestätige, bringen die Benediktiner Konrad von Scheyern (um 1225) und Richard von Senones (1264), etwas später auch der Franziskaner Thomas von Pavia (1274). Dies sei dann auch geschehen, und erst danach habe man sie in Braunschweig bestattet.«

Des Welfen Nachruhm glänzte nicht nur, er war von Schatten verdunkelt. Otto Hohnstein äußerte sich, Jahrhunderte nach seinem Tode, nicht eben freundlich; er warf ihm herrisches Wesen vor. Bei Gustav Langerfeldt klang das Urteil maßvoller: »Otto war ... einsichtig, gerecht und Gerechtigkeit liebend, gottesfürchtig und ohne Eigennutz, ein sehr tapferer, unverzagter Krieger, in widrigen Schicksalen ungebeugt ausharrend.« Auch Friedrich Steger fällt nicht aus dem Rahmen: »Otto war ein echter Sohn des Löwen. Er war tapfer und kühn, gegen seine Redlichkeit ist nie der geringste Zweifel erhoben. Aber auch die Fehler des Vaters besaß er, vielleicht in einem noch höhern Grade. Sein Benehmen war hart und barsch, seine Beharrlichkeit artete oft in Starrsinn aus.« Als Herrscher gescheitert sieht ihn Bernd Ulrich Hucker, was wahrscheinlich nicht nur an seiner Persönlichkeit, sondern auch an den dynamischen Gegenkräften lag, deren er vielleicht mit einer besser eingesetzten Diplomatie hätte Herr werden können. Andererseits, so Hucker: »Ottos IV. deutsch-römisches ›Doppel‹königtum 1198-1208 trug keineswegs die Merkmale von ›Starrheit, Unbeherrschtheit und Unzuverlässigkeit‹ und ›Servilität‹ gegenüber dem Papst an sich, sondern ist durch zähes Bemühen gekennzeichnet, den geringen Spielraum, den er besaß, extensiv zu nutzen.« Neben aller Kritik deutet Hucker auf die Vorzüge Ottos hin: auf die Landfriedensgesetze, auf die geplanten, aber nicht durchgeführten Verfassungsänderungen, auf Steuerpläne zur »finanziellen Sicherung der königlichen Politik«, auf des Kaisers Leistungen »als Gönner von Literatur und Kunst«. Weber/Baldanus versteigen sich zur schroffen Ablehnung: »Ottos Königtum ist in jeder Hinsicht für Deutschland unheilvoll gewesen; da es ungerechten Ursprungs war und zu Zwiespalt führte, erhöhte es die Unbotmäßigkeit der Fürsten und machte den Papst zum Herrn in Italien und zum Schiedsrichter in Deutschland.«

Die Kaiserin

Maria von Brabant, die Tochter Herzog Heinrichs I. von Brabant, war nicht vom Glück gesegnet. Im Jahre 1198 war sie die Verlobte Ottos, dann wurde sie der »Staatsräson« geopfert und mußte hinter Beatrix zurückstehen, ehe sie 1214 die Gemahlin Kaiser Ottos IV. wurde. Die kurze Ehe war ihr alles schuldig geblieben. Sie schenkte dem Mann, dessen Stern unaufhörlich sank, keinen Nachkommen. Was nutzte der Witwe der Besitz der Harliburg oder der Aufenthalt in Herzberg? Sie war dort »amtlich« tätig und bestätigte, »daß der Kaiser der Provinzialbrüderschaft von Klerikern und Rittern die St.-Jakobi-Kirche in Osterode zu seinem Seelenheil übertragen hat«. Sie erneuerte auch die Aufnahme Ottos IV. in die Brüderschaft des Stifts St. Peter vor Goslar »und schenkt diesem zwei Hufen Land vor Wetsleben, wofür auch für sie selbst nach ihrem Tode gebetet und Messe gehalten werden soll«.

Sie muß sich als Fremde gefühlt haben, sonst wäre sie nicht ins Elternhaus zurückgekehrt. Ihre nächste Wahl war noch unglücklicher; 1220 ging sie eine Verbindung mit dem Grafen Wilhelm von Holland ein, der gut ihr Vater hätte sein können. Rei-

Das Gebiet um die zerstörte Harzburg, von Ludwig Richter gesehen

ner von Lüttich, von Haus aus Chronist, sprach in diesem Augenblick von der »sonderbaren Erniedrigung« der Kaiserin. Am 4. Februar 1222 starb ihr Ehemann; sie war wieder allein und band sich nicht mehr. Knapp sechs Jahre Ehe waren eine allzu knappe Bilanz. Am 9. März 1260 folgte sie ihrem Ehegatten in den Tod.

DIE HARZBURG ALS REICHSLEHEN

Kaiser Heinrich IV. war die von ihm erbaute Harzburg sehr wichtig gewesen; Friedrich I. Barbarossa mochte auf sie nicht verzichten und Otto IV. schon gar nicht. Mit seinem Tod war alles anders geworden. Friedrich II. schenkte ihr höchstens noch einen Seitenblick. Er hatte anderes vor, als eine eingeengte Lokalpolitik. Im Jahr von Ottos Tod näherten sich die Grafen von Harzburg Friedrich II., wobei nicht bekannt ist, ob sie sich ihm andienen mußten. Die Hinwendung zum Staufer begründet Wolfgang Petke so:

»Einmal war es für sie als Inhaber einer zum Teil beim Reich zu Lehen gehenden Grafschaft ein Gebot politischer Klugheit, mit der Krone Verbindung aufzunehmen. Zum anderen scheinen sie im Auftrag des Pfalzgrafen Heinrich mit Friedrich II. um die Übergabe der Reichsinsignien verhandelt zu haben.«

Im Juli 1219 fand der Reichstag in Goslar statt. Hier sollten Friedrich die Reichsinsignien übergeben werden. Merkwürdigerweise machte Pfalzgraf Heinrich daraus ein Geschäft, er verlangte und erhielt 12 000 Mark in Silber. Heinrich Spier meint, daß die Grafen von Harzburg diese Insignien dem König auf der Burg übergeben hätten – aus Sicherheitsgründen: »Ihnen wurde dafür eine jährliche Rente von 25 Mark aus der Vogteikasse vom Pfalzgrafen ausgesetzt, ›weil sie dem Kaiser Friedrich die Reichsinsignien überreicht haben‹, offenbar in Anerkennung für ihr diplomatisches Geschick, das sie bei den schwierigen Verhandlungen bewiesen hatten.«

Die Grafen von Harzburg, Gefolgsleute des jeweils regierenden Herrschers, brauchten um ihre Position als Burggrafen nicht zu bangen. Was Otto IV. ihnen eingeräumt hatte, änderte auch Friedrich nicht; zu diesem Zeitpunkt noch kein gesalbter Kaiser.

Nicht immer waren die Grafen Friedrich II. nah wie einst Otto IV. Heinrich I. jedoch öfters als Hermann I., aber beide Brüder stellten ihre Kraft in den Dienst von Kaiser und Reich.

Sizilien, Friedrichs Heimat, hatte er vom Reich getrennt zu halten zugesagt. Nach Tisch sprach er anders. Mit dem Papst Honorius III. wollte er wohl fertig werden. Dieser, nachgiebiger als Innocenz III., mochte es mit Friedrich nicht verderben. Im Jahre 1220 präsentierte der Staufer den Fürsten seinen achtjährigen Sohn Heinrich als römischen König. Um den Papst zu beruhigen, sagte er wieder einmal einen Kreuzzug ins Heilige Land zu. Aber zunächst ritt Friedrich nach Rom und wurde am 22. November desselben Jahres von Honorius III. zum Kaiser gekrönt.

Friedrich Steger erwähnt, daß Pfalzgraf Heinrich »zur Belohnung seiner Unterwerfung das Vicariat Sachsen erhielt«. Er wohnte in Braunschweig ohne sonderlichen Ehrgeiz und beschloß sein Leben am 18. April 1227. Ein Freund Friedrichs war er nicht geworden. Die Aussöhnung mit den Welfen brauchte noch Zeit. Otto das Kind, Wilhelm von Braunschweigs Sohn und somit Enkel Heinrichs des Löwen, von Friedrich II. zunächst nicht gehätschelt, tat 1235 auf dem Reichstag zu Mainz den Kniefall vor dem Kaiser. Otto wurde Herzog von Braunschweig-Lüneburg und sodann ein Parteigänger Friedrichs.

Im Zusammenhang mit der folgenden Feststellung verweist Wolfgang Petke darauf, daß die Harzburg wieder Reichsburg geworden sei: »Castrum imperiale hieß sie im Jahre 1222. Auf sie zog eine Besatzung von Reichsministerialen und Edelfreien, denen für ihre Dienste aus der Goslarer Vogteikasse Geldlehen angewiesen wurden.«

Die grundlegende Idee der Reichsfeste starb, sie degenerierte zum Reichslehen, es wechselten die Besitzer der Harzburg, Hermann I. starb 1243, Heinrich I. 1251, es folgten Hermann II. (1247-1270) und Heinrich II. (1240-1273, beide nicht mehr so burgversessen, aber die Verpfändung der Harzburg an Konrad II. von Wernigerode nahmen Hermann III. mitsamt Sohn Ludolf an 1. Mai 1269 vor. Von nun war die Feste dem Wernigeröder Grafen lieb und teuer. Niemand verfügte über Eigentumsrechte. Es passierte noch viel auf dem Burgberg, Raubritter schürten die Unruhe im Land. Der Reichsgedanke war verblaßt. Noch griffen die Welfen, die schon einmal auf der Harzburg gesessen hatten, nicht zu, sie harrten ihrer Stunde, die nur zu bald schlug. Das jedoch ist eine ganz andere Geschichte – die mit der ganz unmilitärischen Niederlegung der Feste nach dem 30jährigen Krieg abrupt endete.

LITERATUR

Johann T. Appleby: Johann ›Ohneland‹, König von England, Stuttgart 1958
Willy Andreas (Herausgeber): Der Aufstieg des Germanentums und die Welt des Mittelalters, Berlin 1940
Paul Barz: Heinrich der Löwe – Ein Welfe bewegt die Geschichte, Bonn 1983
Otto Borst: Alltagsleben im Mittelalter, Frankfurt/M. 1983
Egon Boshof: Heinrich IV. – Herrscher an einer Zeitenwende, Göttingen 1970
Joachim Bumke: Höfische Kultur – Literatur und Gesellschaft im hohen Mittelalter; in zwei Bänden, München 1986
Ch.H. Delius: Untersuchungen über die Geschichte der Harzburg und den vermeinten Götzen Krodo, Halberstadt 1826
Hans Dollinger: Schwarzbuch der Weltgeschichte – 5000 Jahre der Mensch des Menschen Feind, München 1973
A.W. Grube: Charakterbilder aus der Geschichte und Sage, Leipzig 1914
Fr. Günther: Der Harz, Hannover 1888
Darin: Die Harzburg
Harzburger Altertums- und Geschichtsverein (Herausgeber): Der Nordharz, Landschaft – Geschichte – Kultur, Bad Harzburg 1955
Daraus: Fr. Stolberg: Die Harzburgen und ihre Umgebung:
Hanns Göpener: Die Harzburg – Ein geschichtlicher Überblick
Harzburger Altertums- und Geschichtsverein: Die Harzburg und ihr Gebiet, Bad Harzburg 1922
Otto von Heinemann: Die Harzburg, Darmstadt 1858
Otto Henne am Rhyn: Geschichte des Rittertums, bearbeitete Neuauflage von 1890 – Essen
Helmut Hiller: Friedrich Barbarossa und seine Zeit, München 1977
Fr. Hoffmann: Die Burgen und Bergfesten des Harzes, Quedlinburg 1836
Hans Hoffmann: Bad Harzburg und seine Geschichte – Bis Ende des 19. Jahrhunderts, Bad Harzburg 1994
Hans Hoffmann: Der Harz, Leipzig 1899
Daraus: Eduard Jacobs: Geschichtliches und Kulturgeschichtliches
Otto Hohnstein: Volkstümliche Geschichte des Herzogtums Braunschweig, Braunschweig 1908
Otto Hohnstein: Die Harzburg. Nach Sage und Geschichte, Braunschweig 1878
Eberhard Horst: Friedrich der Staufer, Düsseldorf 1971
Bernd Ulrich Hucker: Kaiser Otto IV., Hannover 1990

Eduard Jacobs: Die Harzburg und ihre Geschichte, Bad Harzburg 1885
Karl Jordan: Heinrich der Löwe, München 1979
J.G. Kirchner: Das Reichsstift Walkenried, Hann. Münden o.J.
Friedrich-Wilhelm Krahe: Burgen des Deutschen Mittelalters, Augsburg 1996
Karl-Friedrich Krieger: Geschichte Englands von den Anfängen bis zum 15. Jahrhundert, München 1990
Karl Lamprecht: Deutsche Geschichte, Berlin 1922
Gustav Langerfeldt: Kaiser Otto der Vierte, der Welfe, Hannover 1872
Hans Liermann: Richter – Schreiber – Advokaten, München 1957
E.J.G. Leonhard: Die Harzburg und ihre Geschichte, Helmstedt 1825
Paul Jonas Meier: Die Stadt Goslar, Stuttgart 1926
Norbert Ohler: Reisen im Mittelalter, Stuttgart 1991
Wolfgang Petke: Die Grafen von Wöltingerode-Wohldenberg – Adelsherrschaft, Königtum und Landesherrschaft am Nordwestharz im 12. und 13. Jahrhundert, Hildesheim 1971
Otto Piper: Burgenkunde, Augsburg 1994
Friedrich Reinboth/Walther Reinboth senior: Walkenrieder Zeittafel – Abriß der Orts- und Klostergeschichte, Walkenrieth 1994
E.A. Roloff: Tausendjähriges Braunschweig, Braunschweig o.J.
Wulf Schadendorf: Zu Pferde, im Wagen, zu Fuß – Tausend Jahre Reise, München 1959
Friedrich Christoph Schlosser: Geschichte des Mittelalters, Stuttgart o.J.
Carlo Schmid: Kaiser Friedrich II. und seine Zeit; Festvortrag am 13. Juli 1969 in der Kaiserpfalz zu Goslar
Horst Scholke: Halberstadt, Leipzig 1974
Soldan/Heppe: Geschichte der Hexenprozesse, Hanau o.J.
Heinrich Spier: Die Geschichte der Harzburg, Bad Harzburg 1985
Friedrich Steger: Das Haus der Welfen, Braunschweig 1843
Richard Suchenwirth: Deutsche Geschichte, Leipzig 1935
Tacitus: Germania, Wiesbaden o.J.
Alfred Tode: Die Ausgrabungen im mittelalterlichen Schulenrode bei Harzburg, Sonderdruck aus der Harz-Zeitschrift 1950
Adolf Waas: Der Mensch im deutschen Mittelalter, Wiesbaden 1996
Johannes Graf Waldburg-Wolfegg: Das mittelalterliche Hausbuch, München 1957
Georg Weber/Alfred Baldanus: Geschichte des Mittelalters, Essen o.J.
Eduard Winkelmann: Philipp von Schwaben und Otto IV. von Braunschweig, II. Band – Reprint, Darmstadt 1968
Eugen Wohlhaupter: Die Rechtsfibel – Deutsches Recht in der Vergangenheit, Bamberg 1956
Hans-Jürgen Wolf: Neuer Pfaffenspiegel – Sünden der Kirche – Das Geschäft mit dem Glauben, Herrsching 1990
Monika Zeidler: Chronik der Stadt Braunschweig, Baunschweig 1989

Veröffentlichungen in Periodika

Braunschweigischer Kalender 1979
Fred Mentzel: Wie es zur Bildung des welfischen Allodialbesitzes in Niedersachsen kam

Goslarscher Bergkalender 1976
Kurt Lerm: Otto das Kind – erster Herzog von Braunschweig-Lüneburg
Goslarscher Bergkalender 1987
Horst-Günther Lange: Kaiser Otto IV. stirbt auf der Harzburg

Goslarsche Zeitung vom 11.5.1996
Klaus Röttger: Ein Turm von großer geschichtlicher Bedeutung
Goslarsche Zeitung vom 19.9.1996
In 16 Metern Höhe ist der Blick in die Ferne frei

Der Harz 1924
Hermann Hieber: Die Gernröder Stiftskirche
Der Harz 1925
F. Tenner: Die Harzburgische Höhle
L. Schaar: Woher hat der Harlyberg bei Vienenburg seinen Namen?
Der Harz 1926
Karl Berthold Fischer: Die Burgkapelle und der Marienkultus auf der Harzburg
Der Harz 1936
A. Kehling: Gernrode

Harzburger Zeitung vom 28.3.1985
Hans Schmidt: Wie Burg und Amt Harzburg zu Braunschweig kamen
Die Reichsvogtei Goslar
19.3.1985 Der Wiederaufbau der Harzburg unter Kaiser Barbarossa
10.4.1985 Die staufische Reichsburg Harzburg
12.4.1985 Die Stellung als Reichsburg geht verloren
17.4.1985 Die Harzburg kommt endgültig zu Braunschweig-Wolfenbüttel

Harz-Zeitschrift 95/1962
Friedrich Stolberg: Der beabsichtigte Umbau der Großen Harzburg zu einer Renaissance-Festung
95/1962
Heinrich Spier: Die Harzburg als salische Residenz
1967/68
Heinrich Spier: Die Harzburg Heinrichs IV.

Niedersachsen Nr.3, 1974
Konrad Maier: Die Grabung auf der Harzburg im Jahre 1973

Niedersächsische Denkmalpflege Bd. 8 1972-75
Maria Keibel-Maier: Zur Grabung aus der Harzburg in den Jahren 1974 und 1975

Unser Harz 6/1959
Günther Lange: Der Tod Kaiser Ottos IV. auf der Harzburg
7/1959 Günther Lange: Der Tod Kaiser Ottos IV. auf der Harzburg
9/1959
H.A. Schultz: Die Harzburg im Blickpunkt neuer Forschung

Heimatbuch Wolfenbüttel 1971
Gerhard Laub: Der Sagenkreis um die Harzburg
Heimatbuch Wolfenbüttel 1973
Bernhard Wein: Die Grabungen an der Harzburg auf dem Burgberg

Beiträge zur Geschichte des Amtes Harzburg, Bad Harzburg 1977
Maria Keibel-Maier: Die Grabungen auf der Harzburg 1970-1975
Zeitschrift des Harz-Vereins 4/1871
Hilmar von Strombeck: Zur Geschichte der Harzburg

BAD HARZBURGS GESCHICHTE IN DREI BÄNDEN

Die erste umfassende Darstellung

Band 1
Hans Hoffmann
BAD HARZBURG UND SEINE GESCHICHTE
Bis Ende des 19. Jahrhunderts
188 Seiten, 38 Abbildungen, 29.80 DM
ISBN 3-928826-04-2

Band 2
Hans Hoffmann
BAD HARZBURG UND SEINE GESCHICHTE
Die erste Hälfte des 20. Jahrhunderts
228 Seiten, 52 Abbildungen, 8 Faksimiles, 32.– DM
ISBN 3-928826-10-7

Band 3
Hans Hoffmann
BAD HARZBURG UND SEINE GESCHICHTE
Die zweite Hälfte des 20. Jahrhunderts
205 Seiten, 57 Abbildungen, 1 Faksimile, 32.– DM
ISBN 3-928826-16-6

VERLAG DER BUCHHANDLUNG HOFFMANN
38667 Bad Harzburg Herzog-Wilhelm-Straße 65 Ruf: 05322/4511